KB220062

제3종교개혁 9개조 논제

- 한국인 교회에 대한 진단과 그 대처 방안 -

민병소 지음

도서출판 기빙백

제3 종교개혁 9개조 논제

-한국인 교회에 대한 진단과 그 대처 방안-

초판 1쇄 발행 2022년 11월 15일

지은이 · 민병소

펴낸곳 · 도서출판 기빙백

주　소 · 경기도 수원시 권선구 세권로 165번길 30-16

전　화 · 031) 233-5330

이메일 · bsm314@daum.net

등　록 · 제251-2012-15호(2012.4.10.)

ISBN　979-11-951410-4-3(93230)

참된 기독교회 및
온전한 그리스도인이
되기 위하여
고군분투하고 있는
모든 목회자들과
회중들에게
이 책을 바칩니다.

∘--------∘ 이 책은 1866년 한국 교회 최초 순교자 로버트 저메인 토마스 목사 기념예배당 기독교한국회중회 제일교회(소재 : 경기도 안양시 동안구 경수대로 570번길 67, 안양 덕현초등학교 후문)의 회중들의 기도와 후원으로 제작되었습니다.

들어가는 글

오늘의 한국 교회가 지금과 같은 형국이 되리라고 정확히 예측하였던 이는 함석헌이었다. 그는 민주투사로서 역사의 궤적을 꿰뚫어보는 혜안이 있었다. 그는 39년 전 1983년에 이렇게 절규하면서 개탄하였다.

> "사실 언제나 타락은 황금에서 온다. 광야의 교회는 금송아지 숭배로 타락이 되었다. 그로 인해 현상 유지를 원하는 기풍이 교회 안을 채워져 버렸고, 그러니 가나안의 소망이 '안 나가'의 현상유지로 타락해 버렸다. 이상하게도 '가나안'이 거꾸러지면 '안 나가'가 되지 않는가! 오늘의 한국 교회의 특징을 말한다면 '안 나가'라는 부대다. 빠져나간 것이 아니라 내쫓은 것이다."(함석헌, 「한국 기독교는 무엇을 하려는가?」〈함석헌 전집〉, 한길사, 1983, pp. 29~34 : 오늘의 가나안 및 안 나가는 한국 교회 참조)

함석헌의 그 같은 예측은 그대로 적중되었다. 역사관의 인식이란 것이 이렇게 중요한 것이다. 역사관에는 두 가지 서로 반대되는 사고방식이 있다. 하나는 역사는 반복한다는 것이고, 다른 하나는 반복이 절대로 없다는 생각이 그것이다. 사실 관계에 따라 그 역사관이 다르게 나타나겠지만, 오늘의 한국 교회가 그대로 반복하는 것을 보고도 무관심한 채 그대로 방관시할 수만은 없지 않겠는가를 되묻고 싶은 마음이 간절하다. 다시 말해서 그 같은 안 나가 현상이 더 이상 반복되지 않기 위하여 그런 수치스런 역사가 반복되어서는 결코 안 된다는 말이다. 이런 역사를 인식하고 있기에, 그동안 한국 교회는 그 심각한 문제점을 타개하기 위해서 이런 저런 진단과 함께 다양한 대처방안을 제시하느라고 고군분투해 왔다.

그런데도 아무런 영향력은 물론 효과가 없다. 고령화 저출산까지 겹쳐 오히려 더 가일층 가나안 신자들이 두려울 정도로 속출하고 있을 뿐이다. 내 교회는 당장은 그런대로 건재하고 있으니, 별 영향을 받지 않는다고 안도의 숨을 쉬고 있을지 모르겠다. 그러나 샛강 없이 큰 강은 없다. 그대로 방치해두면 급기야는 함께 공멸하고야 만다는 역사적 사실을 인지해 둬야만 한다. 이런 까닭에 종교개혁은 반드시 요청되는 것으로서, 이제 그 개혁은 과제라기보다는 생존의 문제가 걸린 시급한 사명인 것이다.

이리하여 논자는 좁은 식견이나마 갖고 있는 일련의 지식을 총동원해서 본 글을 기도하면서 집필하기로 마음을 먹었다. 감히 단언하건대 지금까지 전혀 없었던 총체적인 개혁적인 내용이 될 것으로 사료된다. 교만해서 드리는 말씀이 아니다. 주지하는 바 한국은 종교박물관으로 이 지구촌에서 다양한 종교들을 연구하는 데 가장 좋은 풍토를 갖고 있다. 최적지라는 말이다. 이에 다양한 종교들을 가치중립적, 객관적으로 연구하는 종교학의 주류(본영)을 학습 받은 논자로서는 그 다양한 종교들을 연구하는 가운데, 기독교의 실체를 나름대로 인지하게 되었다. 이것이 본 글을 쓰는데 있어서 결정적인 요인으로 작용하였다.

이렇게 언급하고 있는 이유는 한국인으로서 한국인의 종교들은 물론 한국인의 기독교까지 주도면밀하게 이해한 끝에, 개혁적인 차원에서 한국인의 교회를 연구하는 것 자체가 더 나아가 세계 교회에도 그대로 적용될 수 있다는 확신이 들었기 때문이다. 즉 가장 한국적인 교회가 가장 세계적인 교회가 된다는 것이다. 이 서구 유럽의 교회들이 거의 소멸된지 오래되었으며, 미국의 교회까지 점점 더 감소하고 있는 현상같은 것들이 바로 오늘 한국 교회의 개체교회 및 신자들의 감소현상에 대한 거울로 보이기 때문이다. 이런 의미에서 종교개혁적인 본 글은 지구촌에 산재해 있는 모든 교회들을 위한 지침적인 내용이기도 한 셈이다.

이러하니 끊임없는 관심을 갖고 인내하면서 정독하다 보면, 신학 연구 및 목회생활에 크나큰 도움이 되어 대전환점을 이루리라고 본다. 그 무엇보다도 개척(또는 비전) 교회 목회자들에게는 - 특히 이중직을 하고 있는 목회자들에게도 - 한 줄기의 소망을 안겨주리라고 본다.

그런데도 본 글의 내용이 전혀 도움이 안 되는 목회자들이 있을 수 있다. 이 목회자들은 이런 저런 생각없이 그저 모든 수단과 방법을 가리지 않고 꿩잡는 게 매라는 식으로 속(俗)되게 목회를 하고 있는 이들이다. 만일에 본 글로 말미암아 종교개혁이 성공하기라도 한다면, 한국 교회는 주위로부터 칭송을 받을 뿐 만 아니라 -논자의 경험상 이미 확인되었다- 더 나아가 사회개혁에로까지 번져 자연스럽게 이어질 것이다. 이럴 때 한국 교회는 물론 세계 교회는 또다시 새로운 황금시대(new golden age)를 맞이 할 수 있음이다.

미급하기 짝이 없는 본 글을 펴낼 수 있도록 허락해 준 제일회중교회의 회중 여러분들에게 진심으로 감사를 드린다. 더욱 감사를 드리는 것은 이번 기회를 통해서 평소에 생각하고 있던 바를 한국 교회에 널리 알려드리게 되었다는 점이다.

아무쪼록 본 글이 조금이나마 종교개혁에 밑거름이 되기를 간절히 소망한다. 이 모든 영광을 성 삼위일체 하나님께 올린다.

2022년 10월
민 병 소

목 차

개조 05 십자가가 없어 열납되지 않는 예배와 그 갱신 ········ 221

개조 06 가장 전형적이자 이상적인 순수정통 교회 ········ 241

개혁을 위한 입문

한국 교회의 개혁을 위한 일련의 9개조 논제

1. 목적 : 제3 종교개혁
2. 연구 방법론과 그 한계
3. 문제제기 : 9개조 논제
4. 교회의 성역화와 공론적 논쟁

개혁을 위한 입문 : 한국 교회의 개혁을 위한 일련의 9개조 논제

1. 목적 : 제3 종교개혁

본 글의 목적은 한국 교회의 진정한 개혁을 위하여, 조금이나마 도움을 주고자 문제를 제기하는 가운데 일련의 논제를 선정해서 논의하는데 있다. 여기에서 먼저 해제하고 넘어가야 할 관건이 하나 있다. 대체로 종교개혁을 언급할 때, 당시 로마 가톨릭에 저항하였던 루터를 시점으로 칼빈 등의 종교개혁을 제1 종교개혁으로 본다. 그 이후에 해야 할 종교개혁을 제2 종교개혁으로 간주하고 있다는 사실이 바로 그것이다. 이런 사실은 한마디로 말해서 역사적 인식의 결핍에서 비롯된 오류다.

일반적으로 종교개혁에는 교리적 개혁과 실천적 개혁이 있다. 잘 아는 대로 전자는 루터와 칼빈 등에 의해 이미 이루어졌다. 그들 교리의 핵심은 오직 성서로만, 오직 은총으로만, 오직 믿음으로만, 오직 하나님께 영광으로만, 만인 제사장직 등이었다. 이런 교리의 영향력은 실로 파급효과가 대단한 것이었다. 그 무엇보다도 로마 가톨릭의 막강한 교권에 의해 좌지우지 당하고 있던 사회 내지는 국가를 흔들어 놓았기 때문이다.

이런 와중에 칼빈의 이중예정론에 관한 설파는 그야말로 돌풍을 일으키기에 충분하였다. 이 예정론의 요체는 "절대주권을 가지신 하나님께서는 그의 속죄를 그의 선민에게 제한시킨다. 선택받지 못한 백성들은 공의로우신"[1)] 하나님의 진노를 받아 유기 당할 수밖에 없다는 데 있었다. 이로 인한 부작용은 의외로 지대하였다. 칼빈의 그 같은 교리를 따르는 사람들이 장로교회를 다니기만 하면 어쨌든 이미 예정에 의해 선택 받아 놓았으니, 이제는 무슨 일을 해도 무방하다는 식의 그릇된 구원의 확신을 갖게 되었다.[2)] 이에 따라 연이어 200여년 동안이나 장로교인들의 도덕과 윤리는 타락이 된 채 지속되고 있었다.

이러한 때에 혜성과 같이 등장한 종교개혁자가 있었다. 바로 웨슬리였다. 그는 먼저 그리스도인들 중에는 유사 그리스도인(Almost christian)과 진짜 그리스도인(Altogether christian)이 있다고 하였다.[3)] 이러면서 이렇게 구분해 주었다. 전자의 특징으로서는 이방인의 정직함이 있으며 경건의 모양도 있을 뿐만 아니라, 나름대로 진지하고 성실함이 있다. 반면 후자는 새 계명(마 22:37~40)을 준수하는 사람으로서 하나님을 열정적으로 사랑함과 동시에 온 마음을 다해 이웃도 사랑한다. 그 같은 구분에서 볼 때에, 그 새 계명을 준수하면 온전한 기독자(the perfect)가 되며, 준수하지 않으면 명목(名目)상 신자로서 90 퍼센트 그리스도인이 되는 셈이다. 즉 유사 그리스도인은 거의 그리스도인이 된 것으로 실상은 아직 성숙하지

못 한 사람으로서, 종(노예)의 믿음을 갖고 있기에 아들의 믿음이 없다.[4]

이런 식의 웨슬리의 구분은 당시 유행처럼 번져 교회안에 면면히 흐르고 있던 이중예정론과 함께 쌍벽을 이루었다. 그 만인구원론은 모든 사람(All)이라는 단어로 시작되는 4가지 교리로 요약된다.[5] (1) 모든 사람이 구원받을 필요가 있다. (2) 모든 사람이 구원받을 수 있다. (3) 모든 사람이 구원의 확증을 얻을 수 있다. (4) 모든 사람이 완전한 성화를 얻을 수 있다. 이를 바탕으로 해서 웨슬리는 몸소 진짜 그리스도인이 되고자, 당시 800~900만의 영국 국민을 구원 받아야 할 이웃으로 간주하고 온전한 성화를 목표로 사랑을 실천하였다. 이 실천은 박애운동(Philanthropy)으로 나타났다.[6] 이 운동은 하나님을 사랑하기에 응당 해야하는 것으로서, 할 수 있는 대로 많이 나눠주는 선행이었다.

이 결과, 사회적인 성화에까지 이르렀다. 이리하여 엘리 할레비와 렉키를 비롯한 여러 학자들은 18세기로부터 19세기 초까지의 웨슬리안 복음운동이 프랑스혁명과 같은 폭력적 피의 혁명의 위기에서 영국을 구원했노라고 주장하였다.[7] 이는 웨슬리가 실천적 개혁자로서, 제1 종교개혁의 미진했던 부분을 시대 상황에 따라 마무리지어 주었다고 할 수 있기에 종교개혁의 완결자였다는 것을 시사한다. 이런 역사적 사실로 보아, 우리는 그를 제2 종교개혁자라고 부를 수가 있겠다.

웨슬리가 1791년에 소천한 이후 200여년이 훨씬 넘었다. 그런데도 이렇다고 할만한 제3 종교개혁자가 나타나고 있지 않다. 그 무엇보다도 그 일련의 종교개혁의 정신이 심층적인 내용면에서 실종되었기 때문이다. 이러하니 세계 교회를 포함하여 한국 교회 역시 날이 갈수록 하루가 다르게 그리스도인들이 감소하고 있다는 것은 당면한 현상이 되고 말았다. 늦지 않았다. 이제야말로 제3 종교개혁을 단행하면서 분노하고 저항할 때이다.[8]

2. 연구 방법론과 그 한계

대체로 말하여 프로테스탄트 전통에서 볼 때, 루터는 그 전통의 비품을 준비해 놓았으며, 그 비품을 정위치에 갖다놓은 이는 칼빈이었으며, 그 비품을 새롭게 단장하기 위하여 시대 상황에 맞게 몸소 그 제작기술을 익힌 이는 웨슬리였다고 해도 그리 지나친 과언은 아닐 것이다. 이렇다면 본 글에서 주창하고 있는 제3 종교개혁을 단행하고자, 그 종교개혁자들과 관련하여 연구 방법론을 어떻게 정리해야 할 것인가 하는 문제는 중요한 관건이 된다.

그 이유는 제3 종교개혁이라고 해서 교의신학자 박아론의 주장대로 역사적 연속성을 벗어날 수 없기 때문이다.[9] 이에 제3 종교개혁은 교리적 개혁과 실천적 개혁을 모두 수용한다. 여기서 말하는 교리적 개혁이란 넓게는 모든 종교개혁자들의 논조 및 좁게는 그 종교개혁자들의 특정한 주장을 기초하여 나름대로 조직화시킨 각 교파들의 신학적 교리도 모두 수용함을 일컫는다. 이런 경우의 교리적 개혁은 이제는 더 이상 교리적 개혁은 없다는 것(전 1:9~10)을 전제한 후, 모든 정통교리들을 상관(correlation)시키는 통합 작업을 말함이다. 틸리히(P. Tillich)는 20세기 통합(synthesis)의 신학자로서 상관성의 방법을 제시한 바 있다. 이 통합은 분리(a cutting apart)를 배제한다.[10]

이후에 각 교파의 신학에 대해서 언급할 것이겠지만, 일단 논자가 통합시킨 결과로 얻어낸 교리들의 중심축은 세 가지로 집약된다. 이 세 가지는 신앙의 3단계(기복형, 구도형, 개혁형)와 자유(진리 : 예수 그리스도, 성령) 및 공동체이다. 두말할 것도 없이 교리적 주장은 실천적 개혁으로 이어져야 함이 마땅하다. 그런데 온통 교회들이 병들어 소멸되어 가고 있는 데도 불구하고, 제2 종교개혁(?)이 말로만 떠들어대고 좀처럼 이루어지지 않고 있는 것은 웨슬리 이후에 여전히 각 교파들마다 교리적 주장만을 내세우고 있지 실천적 개혁으로 연결되지 않았기 때문이었다.

이 실천적 개혁은 이미 살펴본 대로 웨슬리가 모범적으로 잘 보여 주었다. 아무리 교리들이 정통인들 그에 기초하여 행함이 없는 믿음은 헛된 것으로 죽어 있는 것이다.(약 2:26) 이로써 제3 종교개혁은 집약된 바로 그 세 가지의 중심축을 바탕으로 하여 기독교의 정체성인 사랑을 실천하는 것으로서의 과업을 지표로 삼는다. 기독교의 종국적 가치(terminal value)는 사랑이고, 이 사랑을 담아내는 교회는 도구적 가치(instrumental value)다.[11] 주객이 전도되어서는 안 된다. 다시 말해서 교회 자체를 기독교와 동일시하지 말라는 것이다.[12] 인도를 점령하고 있던 영국군이 철수할 때, 간디(Gandhi)는 "너희들이 섬기는 예수는 이 인도 땅에 그대로 남겨두고 너희들이 호화롭게 건축해놓은 교회는 들고 영국 땅으로 가라"고 일갈하였다.

이미 언급한 대로 제3 종교개혁의 지표를 이 땅에 성취하려면, 주도면밀한 연구 방법론에 대한 탐색이 그만큼 중차대하다. 근대 철학자 데카르트는 그의 「방법서설」에서 자신이 알고 있는 모든 것이 사실이 아닐 수 있다면서, 학문이 이성의 산물인 이상 도저히 의심할 수 없는 절대적인 진리에 이르기까지 치열하게 탐구해야 한다고 하였다.[13] 그래서 그는 모든 독단적인 권위와 편견을 부정하였다. 그리고는 "나는 생각한다. 그러므로 나는 존재한다"는 유명한 명제를 남겼다. 이렇게 데카르트의 말을 빌리는 이유는 신학(또는 교리) 역시 생각의 산물이기 때문이다. 이런 맥락에서 제3 종교개혁을 논함에 있어 연구 방법론을 운운하는 것은 여전히 중요한 관건이 되겠다.

1968년까지 한국 교회의 개혁을 위하여 종교개혁을 논한 사람들은 신학자 홍현설 외 21명, 목회자 강신명 외 7명, 대학교수 이어령 외 10명,

기타 전택부 외 18명이나 되었다.[14] 이어 글을 써서 자료에 나타나 있는 것들은 "기독교와 한국 문화"(좌담회 기록, 1957. 8)를 시점으로 36건이 되었다.[15] 이후에 이제까지 종교개혁을 논한 일련의 학자들의 주장을 시대순에 따라 간략하게나마 살펴볼 필요가 있다.

먼저 1967년 종교개혁 450주년을 맞이하면서 조직신학자 도양술은 이렇게 말하였다. "우리 한국 교회도 100년의 역사가 차가면서 노후한 폐물이 되어 가고 있다. 이럴 때 루터의 정신으로 성서에 입각한 종교개혁이 필요하다. 제도와 규율, 신앙의 모든 면에서 비성서적인 면이 있다고 하면 과감히 시정하여서 개혁자의 정신을 살리고 개혁교회의 면목을 나타내야 한다."[16] 이어 조직신학자 이종성은 한국 교회의 혁신이라는 절규를 듣는 자가 그렇게도 적은가! 라고 개탄하였다. 그러면서 그는 한국 교회에 개혁이 요청되는 면으로 교파신앙의 독선주의와 심각한 교권주의, 지도자의 함량 부족 등을 들었다.[17]

민중신학자 안병무는 바울의 사랑의 찬가(고전 13장)를 실천할 수 있는 것은 종말론적인 신앙에서만 가능한 것으로, 이 신앙만이 종교개혁에 이어서 사회개혁까지도 가능케 한다고 하였다.[18] 구약성서학자 김정준은 종교개혁 450주년기념 논문에서 한국 교회가 갱신해야 할 과제들로서는 수많은 주의(- ism): 열광주의, 교권주의, 교파주의, 지방색과 파벌주의 등이 있다는 것을 질타하였다.[19] 그리고 실천신학자 정용섭은 넓은 의미에서 예배의 갱신, 설교의 갱신, 교회의 구조적 갱신 등을 교회갱신의 원리로 제시하고는 실제로서 특히 예배의 갱신을 위해서는 축제로서의 예배와 한국 교회의 통합을 제시하였다.[20]

1993년에 이르러 박아론은 칼빈주의가 진정한 유신론과 기독교의 본연의 모습이요 완성이라는 반틸(C. Vantil)의 논리를 토대로 종교개혁을 위해서는 반드시 신본주의적 인간론과 교회관과 성경관에 대한 강조가 전제되어야 한다고 보았다.[21] 그래서 더 이상 종교개혁의 참뜻을 오해하지 말자는 것이다.

이어 1995년 총신대 총장이었던 김의환은 교회갱신의 우선 과제는 항상 바른 복음을 전하고 가르치는 일에 있다는 것을 분명히 해두었다. 특히 그는 한국 교회의 강단의 위기를 지적하면서, 지나치게 사람들이 듣기 좋아하는 인간기호와 취합에 맞추어 전하는 인기주의의 편승을 기복신앙의 팽배현상 탓으로 돌렸다.[22]

종교개혁 500주년을 목전에 두고 다수의 한국 교회의 지도급 인사들이 종교개혁에 대하여 집중적으로 논의하였다. 먼저 제2 종교개혁연구소장 임태수는 한민족의 세계적 사명은 제2 종교개혁을 하는데 있으며, 즉 믿음으로만 의롭게 되고 구원을 받는 제1 종교개혁과는 달리, 믿음과 행함으로 의롭게 되고 구원을 받는다(마 7:21, fide cum opera)는 신학을 모토로 삼았다.[23] KNCC(한국기독교교회협의회) 총무 김영주는 오늘 한국 교회의 도덕과 윤리의 부재현상(성추행, 교회재정 횡령, 성직매매, 타락선거 등)을 신랄하게 비판하였다.[24]

이어 전 WCC 중앙위원 박종화 역시 도덕과 윤리의 타락현상(성직세습, 상식 부재, 교파분열 등)을 지적하는 가운데, 실로 심각한 것은 그리스도를 맘몬(拜金)과 서로 혼재한 채 어깨동무하게 만들었다는 데 있다고 한탄하였다.[25] 전 장신대 총장 김명용은 제2 종교개혁의 핵심은 교회의 바른 삶과 실천에 있다고 하였다.[26]

전 서울신대 총장 유석성은 세습 문제를 거론하면서 한국 교회의 병폐는 샤마니즘적 기복주의, 반지성적인 신앙형태, 잘못된 성장주의적 우상주의 및 번영신학에 있다고 질타하였다.[27] 전 한국기독교 목회자협의회 대표회장 김경원은 목회자 문제와 그리스도인들의 삶의 문제로 인하여 실추된 도덕성을 개혁의 대상으로 보았다.[28] 이어 전 한국복음주의협의회

회장 김명혁은 제2 종교개혁은 세속화를 타파함에 있어서는 바로 십자가의 영성을 회복하는데 있다는 것을 강변하였다.[29] 전 고신대 석좌교수 손봉호는 신뢰를 상실한 한국 교회가 되게 하는 데는 성장제일주의와 목회 세습의 비윤리성에 있다면서 반드시 교회는 윤리적이어야 한다고 하였다.[30] 교회사가 민경배는 건강한 사회를 위해서 한국 교회는 한국을 지탱하는 중추층으로 성육신 신앙을 통하여 자리를 굳혀야 한다는 식의 원론적인 면을 강조하였다.[31]

전 한신대 총장 오영석은 한국 교회가 소생하려면 그 무엇보다도 목회자들의 청빈한 삶과 순교자 정신이 요청된다고 하였으며, 한국 교회의 문제점들로서는 심화되는 빈부 양극화 현상에 대한 분석과 비판의 목소리 부재, 교회 재산의 공공성 상실, 목회자들의 인문학적인 훈련의 결핍 등을 들었다.[32] 기독교 학술원 원장 김영한은 한국 교회의 세습관행과 성추행, 장로 신분의 권력화, 기복 및 번영추구의 저급 신앙행태, 교리적 극단주의, 금권선거, 금권의 만행 등을 개혁의 대상으로 간주하였다.[33] 이어 조직신학자 한인철은 한국 개신교인들의 신앙과 삶의 분리를 크나큰 문제점으로 간파하였다.[34] 21세기 교회와 신학 포럼대표 곽혜원은 제2 종교개혁을 영성의 회복과 도덕성 회복과 공동체성의 회복에서 찾았다.[35]

이상과 같이 자신들의 전공분야에서, 개혁에 대하여 쓴소리를 했던 학자들의 주장들을 논자의 주관적인 평가없이 객관적으로 일목요연하게 정리해 보았다. 이쯤해서 굳이 그들에게서 표출된 공통점을 총괄하여 찾아보자면, 이미 언급한 대로 제3 종교개혁이 각 신학들의 통합에서 얻어낸 중심축으로서의 신앙의 3단계와 자유 및 공동체와 상관되어 있는 문제들이라는 것이다. 여기에서 알아두어야 할 사실은 종교개혁을 위해 그들이 진단을 내린 내용에 대해서는 그런대로 수긍할 수 있겠으나, 정확하게 개혁의 대상이 되는 진원지인 중병 하나를 제대로 꼭 짚어내지 못하고 있다는 것이다. 그래서 제시해놓은 대처방안도 진단 내용만큼이나 각양각색이다. 앓고 있는 중병은 하나인데, 그로 인해 이런 저런 합병증세를 일으키고 있는 것 같이 지금까지 위에서 알아 본 학자들의 개혁의 대상들은 단지 그 합병증세를 논하고 있을 뿐이라는 것이다. 이 중병 하나가 그 중심축이 되는 신앙의 3단계와 자유 및 공동체에 따른 본연의 모습까지 흔들어놓고 있기에, 그 병에 대한 정확한 진단은 아주 중요한 관건이 되는 셈이다. 이는 의사가 이런 저런 합병증을 지니고 있는 환자의 병명을 정확하게 진단할 수 있을 때만이 환자를 완쾌시킬 수 있다는 원리와 같다.

1957년부터 시작해서 근 60여 년 동안이나 개혁을 위하여 그렇게들 줄기차게 외쳐 왔는 데도, 한국 교회에 좀처럼 개혁이 이루어지지 않고 있는 것은 한마디로 접근하는 연구 방법론에 한계가 있다는 것을 시사한다. 여기서 말하는 한계는 당연히 신학적 한계를 일컫는다.

종교신학자 유동식은 한국신학의 사조를 길선주로부터 시작되는 보수적 근본주의와 최병헌으로부터 시작되는 종교적 자유주의와 윤치호로부터 시작되는 진보적 사회참여주의로 대별하였다.[36] 이 태동시대를 지나 정초시대에 접어들어서는 박형룡이 근본주의로, 정경옥이 자유주의로, 김재준이 진보주의로 그 맥을 이어 나갔다.[37] 이어 전개시대에 와서 보수주의는 여전히 보수주의를, 자유주의에서는 토착화를, 진보주의는 세속화를 들고 나왔다.[38] 이어 1970년 대를 지나면서부터는 한국적 신학을 수립한다면서 서남동을 중심으로 한 민중신학이, 유동식과 김경재의 종교신학이, 부흥회가 성행하자 성령신학이 서서히 자리를 잡아갔다.[39] 이외에도 홍현설의 기독교윤리, 윤성범의 성(誠)의 신학, 김정준의 고난의 신학 등이 있었다.[40]

이런 특정 신학의 학습과 영향을 받은 학자들 및 목회자들이 -프란시스 베이컨의 말에 비춰- 그 교육받은 신학을 환상적 학문으로 알게 되면,

그 자체가 질병이기에 정신까지도 오염이 되어 독단과 속견, 맹신, 오류를 낳는 종족우상 내지는 동굴우상에 빠지게 되어 있다.[41] 현대 철학자 비트겐슈타인의 말대로 파리병에 빠져 있는 파리는 나와야 하듯이, 특정한 교파신학에만 몰두해 있는 한국 교회는 그 동굴 속으로부터 하루속히 나와 모든 신학의 사조(思潮)를 틸리히와 같이 통섭하는 작업을 치열하게 할 때다. 청년 다빈치로 불리는 와카스 아메드는 한계를 거부하는 다재다능함의 힘을 발휘해야 한다면서, 서로 연관이 없어 보이는 다양한 영역에서 출중한 재능을 이끌어내어 방대하고 종합적인 사고와 방법론을 지닌 사람(polymath)이 있어야 한다고 주창하였다.[42] 그 이유는 그런 사람이야말로 전문화 숭배를 벗어나 사고방식을 개혁하기에, 시대를 뛰어 넘으며 미래의 주인공으로서 다른 길을 창의적으로 인도하는 선도자이기 때문이라는 것이다.[43]

세상에서 제일 무섭고 위험한 사람은 단 한권의 책만을 읽은 위인이라는 말이 있다. 종교학의 비조 막스 뮐러(Max Müller)는 "하나만을 아는 자는 아무것도 모른다"는 금언을 남겼다. 때문에 한국 교회는 -세계 교회도 마찬가지로- 학습된 신학을 기초로 하되 타교파의 신학까지도 수렴해 통합시킨 후, 더 나아가 인문학(역사, 문학, 철학)과 사회과학(정치학, 경제학, 사회학, 법학, 심리학, 인류학, 고고학 등) 역시 나름대로 수립해놓고 있어야 한다.

중국철학자 최진석은 인문학 특강에서 인문학이란 인간을 그리는 무늬라고 하였다. 그리고는 인문학적 통찰을 통해서 독립적 주체가 될 수 있으며, 명사에서 벗어나 동사로 존재할 수 있다고 강변하였다.[44] 그러려면 먼저 멘토(mentor)부터 죽여야 한다는 것이다.[45] 한편 사회과학은 인간과 인간 사이의 관계에서 일어나는 사회적 현상과 인간의 사회적 행위를 탐구하는 과학의 한 분야이다. 그리고 자연과학의 입장에서의 과학적 탐구는 경배라면서 예수회(Jesuit) 신부 떼이아르 드 샤르댕은 코페르니쿠스의 지동설의 획기성과 대등한 자기의 과학적 비전에 의해서 하나님의 실재와 세계의 실재(신앙과 과학)를 융접시키는 작업을 해냈다.[46]

하나님을 알고 믿는다는 사람이 어떻게 인간들의 정신과 물질 세계를 모르고 어떻게 하나님을 알 수가 있으며, 믿을 수 있겠는가를 자문해봐야 할 것이다. 칼 바르트(K. Barth)는 이르기를 한 손에는 성경(상고-해제-적용)을, 한 손에는 신문(정치-경제-사회-문화)을 들고 있어야 한다고 하였다. 이 땅에 성육신하시사 오신 주 예수 그리스도 - Vere homo - 를 모르고서 하나님을 알 수 있는 방법은 없다.

이쯤에서 간과할 수 없는 종교학(Religiology)이라는 인문학 산하의 학문이 있다.[47] 이 종교학은 종교학의 본영(주류)으로서, 다양한 종교와 관련된 현상에 대하여 '있는 그대로'(as it is) 기술하는 가치중립적이자 객관적인 학문이다. 이런 종교학의 특성 때문에 종교학자 라다크리쉬난(S. Radhakrishnan)은 종교학이야 말로 병들어 있는 종교들을 치료하는 특효약으로 작용하는 기능을 갖고 있노라고 하였다. 이러하기에 신학교에서 교육하고 있는 것으로 타종교 및 타교파를 배척한 나머지 부정적으로 가치판단을 내리는 가운데, 호교론적이며 주관적인 태도를 취하는 '비교종교학'과는 방법론상 전혀 다르다.

이리하여 한국 교회가 각 교파신학을 통합시키며, 동시에 인문학과 사회과학은 물론 종교학의 본영까지 박학다식화(博學多識化) 시킬 수만 있다면, 제3 종교개혁의 길은 자연스럽게 열릴 뿐만 아니라 그 개혁을 성공시킬 수가 있다.

16세기 루터가 종교개혁을 단행하면서 성공할 수가 있었던 것은 로마 가톨릭 신학을 넘어서는 인간 생활의 전반에 걸친 해방운동인 르네상스(신생, 재생, 소생, 부흥, 개신)와 맞물려 있었기 때문에 가능한 일이었다. 이런 역사적인 맥락에서는 칼빈이라고 해서 별반 다르지 않다. 그러나 웨슬리는 제2 종교개혁자로서 시대적인 상황이 18세기 산업화가 한창 발흥하기 시작했던 때 인지라, 그 맥락을 달리한 그의 복음적인 경제행위 때문에 성공할 수 있었던 것이다.

3. 문제제기 : 9개조 논제

문화체육관광부가 작성한 '2018년 한국의 종교현황'에 따르면, 국내 개신교 교단 수는 374개다. 교회 수는 5만 5천여 개나 되는데, 안수받은 목사 수는 교회 수보다 훨씬 많다. 이 교회 수는 전국 편의점 및 치킨집을 능가한다. 교인 수는 성장이 한창일 때 무려 1,200만 명까지 치솟아 올랐으나, 최근에 와서는 700만 명으로 보는 통계도 있다. 앞으로 고령화 저출산이 한층 더 상향선을 타게 되면, 지방이 초토화되는 과정에서 신뢰도 추락까지 더해 교인 수는 더 감소될 것으로 보인다. 이러고 보면 이제 개혁은 스쳐지나가는 과제라기보다는 생존(生存)의 문제라는 것을 직시할 수 있겠다.

한국 교회 신뢰도와 관련하여 「국민일보」와 사귐과 섬김 부설 코디연구소에서 2022년 3월 31일부터 4월 4일 전국 성인남녀 1,000명을 대상으로 설문조사를 실시하였다. 그 결과 그 신뢰도는 26일 18.1%로 나타났다. 2년 전보다. 13.7% 포인트가 떨어졌다. 비기독교인들 중 기독교를 신뢰한다고 답한 비율은 8.8%였다. 기독교가 한국 교회 때문에 수모를 당하고 있음이다. 응답자 특성별로 보면 19~29세에서 신뢰한다는 비율이 11.7%로 가장 낮았고, 60세 이상에서 27.7% 가장 높았다.

기독교에 대한 호감도는 25.3%로 3대 종교 중 가장 낮았다. 천주교는

65.4%, 불교는 66.3%였다. 이렇게까지 된 원인으로서는 삶으로 증명되지 않는 신앙과 배타적인 이미지로 압축시킬 수 있다. 그리고 한국 교회 신뢰도 변화 추이를 살펴보면, 그나마 2020년에는 32%, 2021년에는 21%였는데 2022년에 와서는 언급한 대로 18.1%까지 추락하기에 이르렀다. 이렇게 된 원인들에 대해서는 이미 전 항목(연구 방법론과 그 한계)에서 학자들의 다양한 입을 빌려 일별해 놓았다. 그런데도 국민 10명 중 7명은 필요하다고 하였다. 이래서인지 성경만큼은 명실공히 스테디셀러의 자리를 굳게 유지하고 있다. 때문에 절망한 나머지 두손 놓고 있을 수는 없다.

이럴 때 일수록 희망의 끈을 놓지 말아야 한다. 이러려면 정확한 진단(diagnosis)과 함께 그에 따른 주도면밀한 문제제기가 긴히 요청된다. 이에 논자는 그 문제제기를 9개조 논제로 정리해 보았다. 이 문제제기는 병들어 있는 한국 교회에 대해서는 물론 총괄적인(all-inclusive) 내용이 되어야 한다. 이 문제제기의 9개조 논제를 충분히 이해하고자 할 때는 먼저 교회가 기독교를 담아내는 도구이며, 기독교 또한 종교들 중의 하나인 개별종교이기에 종교현상의 기본구조에 대한 인지가 필요하다.

시카고학파의 종교학자 요아힘 바하(Joachim Wach)는 그 기본구조를 일단 종교경험으로 보고, 이 경험은 세 가지로 표현된다고 하였다. 이 표현은 이론적 표현(신학적인 교리들 : 신론, 기독론, 성령론, 교회론, 인간론, 마귀론, 종말론 등)과 실천적 표현(전도, 헌금, 헌신, 봉사 등) 및 공동체적 표현(성당, 교회, 사찰, 움마 등)을 말한다.[48] 논자가 요아힘 바하의 주장을 여기에서 논의하고 있는 것은 한국 교회의 온갖 신앙병리현상이 그 기본구조와 상관되어 있기 때문이다. 종교학자 장병길은 신앙병리현상을 두고 이르기를 신의 독특한 은총을 자기 혼자만이 받았다는 식의 맹신으로 말미암아 망상을 일으키게 하는 질병이라고 하였다.[49]

이 종교현상의 기본구조에 이어서 살펴봐야 할 관건이 있다. 대체 한국 교회의 신뢰도를 추락시키는데 있어서 결정적으로 원인을 제공한 당사자는 과연 실제로 누구였는가 하는 것이다. 위 설문조사에서 한국 교회 신뢰도 회복을 위해 필요한 것이 무엇인지 묻는 질문에는 교회 지도자들의 윤리적인 삶이 필요하다는 응답이 50.2%로 가장 많았다. 배타적이고 독단적인 언행이 34.0%로 그 뒤를 이었다.[50] 이로 보아 한국 교회의 문제아는 바로 교회 지도자들이라는 사실을 부인할 수 없게 되었다.

종교학자 윤이흠은 종교의 구성원을 정예전통(elite tradition)과 대중전통(popular tradition)으로 구분하였다.[51] 그런데 이 정예전통에는 상아탑의 신학자들과 현장에서 뛰고 있는 목회자들이 있다. 여기에도 현실적으로 문제점이 하나 있다. 윤이흠이 지적한 대로 한국 교회를 지도해야 할 방향타가 실종되었다는 점이 그것이다. 즉 신학자들과 목회자들 간에 틈새(gap)가 생겨서, 그 신학자들이 아무리 신학적인 정론(正論)을 펴도 –통합된 신학 작업을 치열하게 하지 않은 탓도 있겠지만- 현장에 있는 목회자들에는 좀처럼 영향을 주지 못하고 있다는 말이다.[52] 반면 일부 신학자들은 특정한 대 교회를 위하여 어용신학자로 전락하는 경우도 있다. 결국은 쌍방이 성직무를 유기하고 있는 셈이다. 그래도 응당 무겁게 책임을 져야 할 정예전통은 많은 신자들을 치리하고 있는 목회자들이다.

그런 목회자들에게도 분명한 경계선이 그어져 있다. 이는 역사적 전통 교회를 담임하고 있는 이들과 소위 맨발로 개척해서 대 교회로 성공시킨 이들과 비전(또는 개척)교회를 담임하고 있는 미자립된 이들이다. 솔직히 말해 그들 중에서 오늘의 한국 교회에 병폐를 가져다 주었던 일부 목회자들은 과연 누구일까라고 할 때, 의심할 여지없이 개척해서 대 교회로 성공시킨 목회자들이다. 그들이 바로 한국 교회를 병들게 한 무소불위의 당사자로서 최우선적인 책임이 있다. 그들은 각 교단의 수장 및 중요 직책을 맡아 대부분은 권력을 누리고 있는 핵심 기득권 세력자들이다. 아무리 신앙의 비리현상들이 낱낱이 세상에 노출되어도 자정능력없이 여전히 건재해 있다. 이와는 달리 초빙 받아가는 역사적인 전통교회의 목회자들은 나름대로 제어할 수 있는 기층세력의 장로 그룹이 있기 때문에 언제든지 자정능력이 상존한다. 그런 까닭에 그들에게서 비리행위 같은 것들을 거의 찾아볼 수 없다. 그럼에도 문제는 있다. 그들 또한 교단의 기득권 세력자들로서, 그 개척 성공한 목회자들의 비리 행위들에 대해 아무런 영향력을 행사하지 않을 뿐만 아니라, 무관심하듯이 유구무언으로 처세하고 있다는 것이다. 일언해서 공동체 의식이 결여되어 있는 것이 된다. 반면 개척교회의 목회자들은 대부분 초년생으로 아무런 힘이 없다. 그들 역시 유구무언이다. 어쩌다 젊은 용기에 바른 소리하면 종교재판에 회부한다. 이런 와중에도 '무전유죄 유전무죄'가 적용되는 것이 비일비재하다. 이와 같은 한국 교계의 정예전통의 상황을 보노라면, 결국 한국 교회의 전반적인 문제가 총체적인 것임을 간파할 수가 있다.

이런 일련의 상황에 대해서 종교학은 총체적 이해(holistic understanding)를 지향하며, 연구상 다원방법(multi-method)을 채택한다.[53] 그래서 종교학은 거시적인 대형이론가(grand theoriests)를 필요로 하는 것이다.[54] 그는 특정신학의 교구주의(parochialism)를 배제한다.[55] 이럴 때만이 제3 종교개혁을 단행할 수가 있다. 이 종교개혁은 진정한 가치관의 변혁을 통해서 이루어진다. 따라서 윤이흠은 한국 교회가 변혁해야 할 핵심체를 신앙질병의 꼭지점이기도 한 신앙절대주의와 반지성주의와 반사회적인 도덕적 무감각증으로 보았다.[56] 이런 것들 역시 이미 지적한 바와 같이 그 세 가지의 바로 그 중심축이 되는 신앙의 단계와 자유와 공동체에 대한 인지의 결핍과 밀접하게 상관되어 있다.

이제부터는 총체적으로 문제를 제기함에 있어, 그 내용을 9개조(個條)로 나누어서 다음과 같이 논제를 제시하고자 한다.

개조 01 : 한국 교회 전체의 왜곡된 기복신앙에 대한 시각 교정
개조 02 : 반드시 재설정되어야 할 상황화신학 작업
개조 03 : 한국 교회의 역사의식과 구조적 변혁
개조 04 : 한국 교회의 세속화된 기능과 그 공동체 회복
개조 05 : 십자가가 없어 열납되지 않는 예배와 그 갱신
개조 06 : 가장 전형적이자 이상적인 순수정통 교회
개조 07 : 인기스타 산업화된 교회시장과 헌금사업
개조 08 : 신앙발달의 장애와 긴급 처방전
개조 09 : 새로운 시대의 제3 개혁교회

이상과 같은 개혁의 논제들에 대한 인식을 새롭게 한 후에, 신학자들은 전문가의 입장에서 각 교파들의 신학적 조화를 일궈내는 작업체계(system of work)에 분투해서 정립해 놓아야 할 필요성이 있다. 이와 함께 현장에서 하나님 나라의 확장을 위하여 고군분투하고 있는 목회자들에게는 그 논제를 중심으로 참조해서 현장에 적용(applicatio) 시키는 과감한 목회적인 태도가 요청된다. 그 이유는 그 9개조 논제 자체가 한국 교회에 대한 진단과 함께 대처 방안을 각 개조마다 제시하고 있기 때문이다.

4. 교회의 성역화와 공론적 논쟁

대한민국 헌법 제20조에는 종교의 자유(1항)와 정교분리의 원칙(2항)이 명시되어 있다. 그런데 전자에는 신앙의 자유와 포교의 자유가 있다. 이 신앙의 자유는 내적인 양심의 자유를 말하는 것으로서, 이는 어떤 형태로

든지 제약을 받아서는 안 되기에 궁극적인 보장을 받는다. 이런 연유로 해서 양심의 표현에 따라 이단적인 교리까지 남발되고 있는 것이다. 그런데도 법적으로 강제 제재할 수 없는 이유가 바로 거기에 있음이다.

그와는 달리 포교의 자유는 경우에 따라 사회규범과 상호관계 질서로 인해 제재를 받을 수가 있다.[57] 이렇게 헌법으로 신앙의 자유가 보장되어 있기 때문에, 한국 교회의 정예전통들이 그렇게도 무례하게 반사회적인 행태를 자행해 왔음에도 불구하고 실정법 위반에 저촉이 안 되면, 사법기관이 개입할 수 있는 여지가 없다. 이 대표적인 사례로서 관행으로 되어 있는 세습행위(아빠 찬스, 장인 찬스 등)가 그것이다.[58]

그 어떤 경우라 할지라도 한국 교회의 지성적이자 도덕적인 수준은 일반 사회의 수준보다는 높아야 한다.[59] 그런데도 현실은 정반대다. 그래서 교회는 '개독교'라는 모욕을 당할 정도로 세상이 교회를 우려하고 있는 지경에까지 와 있다. 이런 오명(汚名)을 탈피하는 방법에는 두 가지의 대처 방안이 있다.

첫째는 한국 교회의 정예전통들 중에서 현장에 있는 목회자들부터 스스로 자정능력을 발휘하는 일이다. 그런데 거의 불가능한 것처럼 보인다. 1957년부터 개혁 내지는 갱신·변혁하자고 지금까지 그렇게 부르짖고 있는 데도, 요지부동으로 한결같이 변함이 없기 때문이다. 시끄럽게 위장된 채 선언적 구호로만 끝나고 있을 뿐이었다. 시간이 가면 갈수록 '개독교'라는 비난은 더욱 세차게 들리니, 위기는 위기로 위기상황임에도 틀림없다. 이럼에도 불구하고 현장의 목회자들은 세례 요한의 외침에 이어 예수 그리스도의 회개 촉구(마 3:2, 4:17)에 따라 자정(自淨) 능력을 발휘해야만 한다.

둘째는 헌법 제20조 1항(종교의 자유)을 방패막으로 삼아 성역화되어 있는 한국 교회의 모든 영역 – 요아힘 바하의 그 이론적인 표현, 실천적인 표현, 공동체적 표현 등–에 기인된 일련의 문제들을 더 이상 기피하지 말고 당당하게 공론화하여 논쟁을 하는 일이다. 이렇게 되기라도 한다면 그 효과 및 영향력은 극대화되기에 충분하다. 그럴 때 성공할 확률이 상당하기 때문이다.

자연계시를 주창한 에밀 부룬너(Emil Brunner)는 사도들과 종교개혁자들의 '말씀의 신학'에서 오늘날 교회가 새롭게 이해할 필요가 있다는 것을 역설하였다. 그리고 그는 말씀에 의한 전도방법(Wie)과 말씀의 내용(Was)은 결코 분리할 수 없다면서 "한 목회자가 그 내용으로 봐서는 천국에 가지만 전도하는 방법으로 볼 때는 지옥에 간다"는 명언을 남겼다.[60] 이에 에밀 부룬너는 토론이라는 대화의 과정을 중요하게 제시하고 나섰다. 이 토론은 성역화를 탈피하고자 하는 공론(公論)에 해당된다.

윤이흠은 종교가 사회적 공론에서 기피하는 경향은 두 가지 면에서 악영향을 끼친다고 하였다.[61] 하나는 종교가 현대사회의 구조 안에서 건강하게 성장하지 못하고 부패케 되는 주원인이 된다. 다른 하나는 한국 사회의 건강한 발전에 해로운 결과를 초래케 한다. 대표적인 사례를 -이미 지적한 바 대로- 또다시 들자면 세습관행에 대해서 전문 경제학자들과 함께 한국 교회의 보수-자유-진보 진영의 정예전통들이 한 자리에 동석하여 심층 진지하게 연석 토론을 전개하는 일이다. 이렇게 하는 이유는 보란듯이 하고 있는 세습행위야 말로 한국 교회를 병들게 해 부패케 하는 중대 요인이 될 뿐만 아니라, 사회로부터도 지탄받는 것으로 작동하고 있기 때문이다.

사회에서는 공직에 있는 사람들의 부모 찬스 등을 날마다 문제삼아 떠들어 대고 있다. 이러한데 한국 교회의 릴레이식의 세습형태는 성역화되어 기피현상이 된 채, 기득권 세력의 카르텔(Cartel)로 아예 침묵 내지는 묵인하고 있음이다. 이런 것들이 일파만파 번져 무슨 전염병처럼 한국 교회 전체를 중병들게 해서 생사를 넘나들게 하고 있는 것이다. 이제 한국 교회의 비리나 병적인 현상은 현대사회의 건강한 양식에 근거하여 판단되어야 한다. 그런데도 이런 저런 신념체계로 정당화시키는 위장술은 광신과 집단 이기심으로 무장된 비이성적이고 병든 모습으로 보인다.[62] 그나마 다행스럽게 희망이 보이는 일은 자유진영과 진보진영은 그런대로 세습방지법을 –일부 편법이 있기는 하지만- 만들어 제어장치를 놓았다는데 있다.

유독히 한국 교회의 대다수를 차지하고 있는 보수진영만이 세습방지법이 없다. 성직도 공직이다. 이제는 공직자의 이해충돌 방지법이 시행된다. 세상은 그렇게 하루가 다르게 변하고 있다. 앞으로 살아남는 종(種)은 크고 강한 종이 아니라 변하는 종만이 생존한다. 그래서 공론화 작업이 절실히 요청되고 있는 것이다. 아이러니칼(ironical)한 것은 세습을 그렇게 하고 있는 보수진영의 교회들이 '개혁주의'를 내세워 항상 개혁, 개혁을 강력하게 주창하고 있다는 사실이다.

이에 더하여 신약학자 김세윤은 "성경에 무식하고, 신학적인 통찰력이 부족한 가운데 오로지 보수만을 외치는 그리스도인들은 처지를 막론하고 오로지 칼빈식으로만... 그들은 그렇게 함으로써 역설적으로 그들이 보수한다는 성경의 많은 말씀을 무시해버리는 우를 범할 뿐만 아니라, 복음을 심각하게 왜곡하고 구원까지도 일어나지 못하게 하는 큰 오류를 범하고 있다"[63]고 질타하였다.

두말할 것도 없이 기피현상을 일으켜 성역화된 종교의 폐해는 이미 언급한 바 있는 그 신앙절대주의와 반사회적인 반지성주의와 도덕적 불감증을 초래케 한다.[64] 일단 성역화 과정에 들어서면 개별종교는 자기팽창을 위한 무한경쟁을 하게 된다. 이렇게 될 때에 그 종교는 이익을 추구하는 집단으로 추락되는 바, 이를 우리는 세속화(世俗化)라고 부른다. 그게 온갖 부패 비리를 양산케 한다. 이와 같은 폐해를 막기 위해서 논자는 앞서 제3 종교개혁을 단행하고자 한국 교회에 문제를 제기하는 가운데, 그 9개조 논제를 내걸었던 것이다.

상기와 같은 일련의 맥락에서 보건대, 한국 교회의 문제를 기피하게 만드는 성역화를 막기 위해서는 반드시 공론화하는 토론의 과정이 필요하다. 국제크리스천 학술원 원장 예영수는 의사 출신의 목사 서사라와 전 총신대 대학원장 신성종의 천국과 지옥 간증 등을 정리하는 중에, 간증은 나라와 공동체 문화에 따라 다양하게 나타나기 때문에 천국 간증의 신학적인 논쟁은 아무런 의미가 없다고 하였다.[65] 그래도 토론 과장은 있어야 한다.(고후 12:1~6 참조)

예일대 로스쿨 교수 에이미 추아의 「정치적 부족주의」(김승진 역, 부키, 2020)에 있는 내용을 교회 언어로 재해석해 인용해 보자면, 자신이 속한 특정교파라는 집단본능(group instinct)에 함몰되어 있는 사람은 그곳에서만 충성심을 갖고 우월감을 보여주게 되어 있다. 그렇기에 그들은 교파 정체성에 근거하여 정치적으로 선택하며, 단일민족으로 균질한 한국 교회의 교파 계층에 갈등을 더 치열하게 조장하는 당사자들이다. 이런 부족주의적으로 편견적인 사람들은 토론(discussion) 과정에 참여하기란 거의 불가능한 일이다.

토론은 일정한 논제를 놓고 전개하는 발표자가 있고, 그 발표한 내용을 중심으로 논평(論評)하는 비판자가 있어서 쌍방간 논쟁하는 것으로 진행되는 수준 높은 지적인 대화다. 이 논쟁이 필요한 이유들 중의 하나는 개혁주의 신학을 갖고자 할 때, 개신교의 모든 교파의 사상을 모조리 포섭해야만 하기 때문이다.[66] 여기에서 공론적인 논쟁을 선교신학의 근간으로 삼고 주도한 신학자로서는 에밀 부룬너가 있다. 그의 선교신학은 변증법적 신학으로 위기의 신학, 종교개혁적 신학, 신중심적 신학, 존재론적 신학 등 다양하게 불리워진다. 그의 선교자적 열정은 괄목할 만한 것이었다. 이리하여 사도 바울의 「고린도후서」 10장 5절을 대전제로 삼고 있는 그의 선교신학은 「고린도후서」 10장 4절을 근거로 삼아 논조를 펴고 있는 논쟁학을 동일한 프로그램에 넣었다.[67]

이에 그의 논쟁학(polemische Theologie)은 인격적인 만남과 대화의 신학을 지향한다. 이 논쟁은 현대인으로 하여금 자기 자신과 하나님에 대해 올바른 질문을 하도록 하여, 인간 실존의 불투명과 비진리성을 드러나게 한다. 이렇게 하여서 모순속에 있는 인간이 하나님의 말씀에 부딪침으로 말미암아 모순을 모순으로 드러나게 하여 당황하게 하고, 드디어는 신앙의 좁은 문을 두드리지 않고는 견디지 못하게 한다.[68] 이런 논쟁학을 그는 그의 선교신학에 채용하였던 것이다.

그의 선교적인 변증학 개념에는 두 가지 요소가 함축되어 있는 바, 하나는 하나님을 대항하여 일어나는 모든 교만과 허황한 성(城)을 무너뜨리는 싸움(고후 10:4)과, 다른 하나는 모든 생각을 사로잡아 그리스도께 복종시키는 신앙(고후 10:5)이다.

이리하여 에밀 부룬너는 그의 신학을 전개함에 있어서 만남으로서의 진리(truth as encounter)를 내세워 논쟁을 위한 대화를 촉구하고 나섰다. 더 나아가 그는 주 예수 그리스도께 복종시켜서 참된 자유를 부여하기 위한 신앙에로 불러내는 것(initiate faith)과 사랑 실천의 선행조건으로 작동하는 정의를 실현하는 것이 바로 선교의 요청이라는 점을 부각시켰다. 이렇게 신학적인 입장이 확고하였던 그는 스스로 선교신학은 목회사업이라면서 공론적 논쟁을 펼쳐나갔다.

그의 대표적인 논쟁(public eristics)으로서는 칼 바르트와의 논쟁이 있다. 이 논쟁에는 두 가지가 있는데, 하나는 자연신학과의 논제를 둘러싸고 전개하였던 격렬한 논쟁이 있었다.[69] 여기에서는 그 논쟁의 내용에 대해서는 더 이상 논의하지 않고 -이하 다른 논쟁 간의 내용도 마찬가지로- 논쟁이 있었다는 사실만을 지적하고 넘어가겠다.[70] 다른 하나는 공산주의 세계를 대상으로 한 선교 논제로 논쟁한 일이 있었다. 이에 대해서 칼 바르트는 하나님 말씀의 능력을 주장하여 그 선교의 가능성을 강력히 시사하였다. 그러나 에밀 부룬너는 공산주의 자체를 전체주의로 보기에 기독교의 적으로까지 규정하여 단호히 선교의 가능성을 부정하였다. 이에 따라 전자가 논리적으로는 타당하다고 볼 수가 있겠으나, 후자는 현실적으로 보아 타당한 셈이 된다.[71]

이어 칼 바르트와 하르낙(A. v. Harnack) 간의 공개서신이 있다. 먼저 하르낙은 학문적 신학을 경멸하는 신학자들에게 묻는 15가지 질문을 공개서신의 형식을 갖춰 발송하였다. 이에 대한 반응으로 칼 바르트는 하르낙에게 답하는 15가지의 답변을 담아 답신을 보냈다. 이어 답신을 받았던 하르낙은 마침 베를린에 있었는데 얼마 후 후기형식을 빌어 칼 바르트에게 공개서신을 발송하였다.[72]

이제부터는 세계 교회사에 등장했던 신학논쟁의 흐름(하나님의 진리를 향한 여정론)을 초대교회-중세교회-종교개혁-근현대교회로 나누어서 간략하게나마 논제만을 선정해서 알아보기로 하겠다. 초대교회 때는 철학과 신학간의 관계를 논제로 논쟁하였다. 중세교회 때는 성화상과 성직자 임명권, 유명론 등을 논제로 삼고 논쟁하였다. 이어 종교개혁 때는 주지하는 대로 면벌부와 사순절의 소시지, 성만찬, 유아세례, 인간의 의지, 본질론 등을 논제로 삼아 그 어느 때보다 치열하게 논쟁하였다. 그리고 근현대교회 때는 하나님의 은혜와 타신앙과의 공존, 그리스도인의 전쟁관, 자연계시 등을 논제로 해서 논쟁하였다.[73]

당연히 한국 교회에서도 논쟁이 있었다. 이 논쟁의 논제로서는 자유주의 원천과 성경의 권위에 대한 도전에 따른 모세 저작권 부인과 여성의 권리, 아빙돈 주석 문제 등이 있었다. 이런 와중에 보수진영의 박형룡의 전투적 변호는 프린스톤 정통주의에 입각한 것으로 그 영향력은 대단한 것이었다. 이어 1935~1945년 사이에 있었던 논제는 전천년설과 신사참배가 중심 논쟁으로 전개되었다. 그리고 1945 ~1953년에 이르러서는 성경무오가 논제(Thesis)로 떠올라 논쟁하면서 진보진영이 태동하기 시작하였다.[74]

1988년 한국 종교사회연구소 소장이었던 윤이흠은 유교와 불교, 기독교, 민족 및 고유종교에 관련된 신학자들을 모아놓고 '한국 종교문화 대토론회'를 벌인 적이 있다.[75] 이 때의 논제는 '1945년 이후 한국 종교의 성찰과 전망'이었다. 기독교의 경우, 발제자는 한신대학교의 종교신학자 김경재가 '기독교의 성찰과 전망'이라는 논제로 발표하였다. 이에 대한 논평은 감리교신학대학교의 구약학자 민영진이 맡았다. 김경재는 발제하면서 "전래 역사 100년을 넘어선 한국 기독교는 이제 선교사가 전해다 주어 서구화된 기독교로부터 탈피하여 갈릴리 원복음에로의 환원운동과 함께 주체적인 한국 기독교의 복음적 자기표현과 교회 갱신에 힘써야 할 것"[76] 이라고 제의하였다. 이에 대한 민영진의 논평은 19세기 서양 기독교가 자본주의 문명과 팽창주의와 결부되어서 한국에 유입되었기에 어쩔 수 없이 서양 기독교에로 예속화의 길을 걸을 수밖에 없다고 논하였다.[77] 이와 함께 그는 교회일치에 이어 교회 갱신을 강력히 주장하는 가운데 영성신학에 기대를 걸었다.[78]

지금까지 '개혁을 위한 입문'으로서 한국 교회의 개혁을 위한 일련의 9개조 논제에 대하여 논의하는 가운데, 그 목적을 제3 종교개혁으로 설정해놓고 이어서 신학적 연구방법론과 그 한계를 지적하였다. 이 한계를 극복하는 방법으로서는 종교학을 비롯하여 인문학 및 사회과학 등을 수렴하는데 있다는 것을 제시하였다. 그리고 난 후에 한국 교회를 향한 문제제기로 9개조 논제를 개별로 제목만을 언급해 놓았다. 그리고는 이어서 기피현상을 동반하는 한국 교회의 성역화 문제와 그와 관련되어 있어야 할 공론적 논쟁에 대하여 일괄하여 정리해 보았다.

그 논쟁에 따른 과정은 한국 교회가 반드시 거쳐야 하는 필연적인 숙제인 것이다. 이 숙제는 신학의 어느 진영(보수, 자유, 진보)에 속해 있든 제3 종교개혁자는 자신이 속해 있는 진영을 근간으로 하되, 경계에 우뚝서서 다른 진영의 신학까지도 포용하는 힘을 발휘할 때만이 풀어줄 수 있음이다. 이와 같이 경계에 서 있는 그 개혁자는 자신만의 문법(文法)을 과감히 탈피하여 완장까지도 벗어던지고, 급기야는 창조적인 지성인으로 전환되어 있는 사람인 것이다. 경계의 철학자이기도 한 최진석은 "나는 경계에 서 있을 때만 오롯이 나다. 경계에 서 있지 않는 한, 한쪽의 수호자일 뿐이다. 정해진 틀을 지키는 문지기 개다. 경계에 서야 비로소 변화와 함께 할 수 있다"[79]고 토로하였다.

종교학자 찰스 킴볼(Charles Kimbol)은 종교가 사악해 질 때에는 징후들이 나타나게 되어 있다고 하였다. 이 대표적인 징후들에는 세 가지가 있는 바, 절대적인 자신만의 진리 주장과 그에 대한 맹목적인 복종과 이로 인한 목적이 모든 수단을 정당화시키는 일이 그것이다. 이런 그의 주장은 한국 교회에도 그대로 적용된다. 이제 더 이상 한국 교회는 생사를 넘나드는 사막의 종교로 남아 있을 수는 없다.

기독교는 이슬람과 같은 사막의 종교가 아니다. 그런데도 기독교를 변질시킨 것은 그 도구로서 쓰임받고 있는 교회 자체에 있다. 이슬람이 아직도 그 종교의 신앙심을 본래적 형태라면서 유지하고 있는 배경에는 사막이 있었다. 문제는 그 본래적 형태가 보편적 지성과 충돌하고 있으니 심각한 것이다. 그 문제들 중의 하나는 사막의 종교가 낳은 부르카(Burka)이다.[80] 이 부르카는 망사를 통해서 눈만 보이도록 디자인한 것으로 여성을 학대하는 인권의 문제와 직결되어 있다. 그런데 바로 그 사막은 이제 문화와 문명의 혜택으로 도시화된 지 오래되었다. 이렇게 시대가 변했는 데도 요지부동하게 부르카를 고집하고 있는 것이다. 오늘날 환경이 바뀌어 낙타에 짐싣고 다니는 시대가 아니니 만큼, 부르카 패션도 바뀌야 하는 것이 보편적인 지성이다. 이와 같은 맥락에서 보건대, 로마 가톨릭에 항거했던 루터와 칼빈의 시대적 상황과 이어 200여년 후 당시 태동하기 시작한 산업화 부조리 현상에 저항했던 웨슬리의 시대적 상황은 오늘의 시대적 상황과는 서로가 판이하게 다르다. 당연한 역사적인 변화인 것이다.

중세시대의 루터와 칼빈의 시대적 상황에 이어 근대 초입의 계몽시대의 시대적 상황을 현대의 시대적 상황과 동일시한 나머지, 그 개혁자들만을 한 없이 붙들고 있을 수만은 없다. 이를 테면 그 개혁전통을 이어받기는 하되, 오늘의 시대적 상황에 대하여 면밀히 재해석하는 작업을 하자는 말이다. 이런데도 오늘의 시대적 상황(토양)을 간과한 나머지, 여전히 "예수 그리스도는 어제나 오늘이나 영원토록 동일하시니라"(히 13:8)는 말씀(씨)만을 내세워 특정한 교조주의(dogmatism)에만 함몰되어 있다면, 그야말로 그 정예전통은 자존감도 없으며 자부심마저도 없는 나태자들이다. 왜냐하면 나태자들일수록 자기에게 필요한 것만 찾는 소인배적인 탐욕(a small - minded greed)에 지배당하고 있기 때문이다.

바로 이 탐욕이 제3 종교개혁의 길을 가로막고 있는 너무나 큰 바위덩어리인 것이다. 당시 맘모니즘(Mammonism)에 빠져서 권력과 명예를 추구하는 탐욕을 부르기에 급급했던 로마 가톨릭에 저항하여 루터는 1517년 독일의 한 작은 성당문에 95개조 논제(반박문)를 붙어 놓았다. 이것은 새로운 종교의 시작과 함께 새로운 역사, 새로운 사상, 새로운 문명을 알리는 기상나팔이었다. 이 나팔소리를 듣고 개혁의 전통을 이어받아 200

여년 후에 웨슬리가 1738년 올더스게이트의 복음적 체험을 기점으로 제2 종교개혁의 깃발을 높이 올렸던 것이다. 이와 같은 종교개혁의 전통(tradition)은 이제와서는 요란스러운 선언적 구호만 있을 뿐 완전히 소멸되기에 이르렀다.

세계에서 대 교회가 제일 많이 있는 한국 교회는 종교개혁의 선도적인 주체세력이 되어야 하는 데도 불구하고, 오히려 개혁의 대상으로 추락되고야 말았다. 이 때문에 한국 교회의 정예전통에 대해서 한국 교회의 개혁을 위하여 문제제기로 9개조 논제를 선정해놓고 공론적 논쟁을 하자고 하는 것은 지극히 당연한 셈이 된다. 이렇게 할 수밖에 없는 이유를 교회사가 쿨트 아란드(Kurt Aland)의 주장이 뒷받침해 주고 있다. 그는 이르기를 종교개혁만큼은 '아래로부터 위로'가 아니라 '위로부터 아래로' 진행되는 것이라고 하였다.[81)]

그럼 이제부터는 앞서 언급된 제3 종교개혁 9개조 논제를 중심으로 해서 논제별로 1개조 씩 나누어서 구체적으로 해제해 보려고 한다.

주(註)

1) *Inst*, Ⅲ, 21, 5와, Ⅲ, 21 전체 참고.
cf. 논자가 서울대학교 대학원(종교학) 재학 시 한철하 교수(당시 아세아 연합신학대학교 총장)로부터 1학기 동안 칼빈의 「기독교 강요」를 직접 사 사받았다.
2) 김세윤, 「구원이란 무엇인가」, 두란노아카데미, 2011, p. 108: 예정을 올바르게 이해하지 못할 때, 예정 교리의 그 오묘함이 완전히 도치되어 오히려 우리를 불안하게 하고 우리를 괴롭히는 교리로 다가올 수도 있다. 사실 예정의 교리는 우리에게 위안을 갖게 한다.
3) John Wesley, *The Holy Spirit and Power*, Bridge-Logos, 2003, 김광석 역, 요단출판사, 2011, pp. 64~77.
4) 조종남, "웨슬리의 올더스게이트 체험에 대한 해석", 「철학박사 조종남 목사 : 성역 50주년기념 논문집」 도서출판 두루, 2006, p. 16.
5) 김진두, 「웨슬리의 실천신학」, 도서출판 진흥, 2000, pp. 31~55.
6) *Ibid.*, pp.321~341.
7) *Ibid.*, pp.316~317.
8) Stéphane Hessel, *INDIGNEZ-VOUS!*, Montpellier, 2010, 임희근 역, 솔베게, 2011, p.13 : 지금은 분노하고 저항해야 할 때이다. 무관심이야 말로 최악의 태도다.
cf. 정훈택, "복종·항거·개혁", 「신학지남」(여름호), 신학지남사. 2009, p.6 : 복종·항거·개혁은 우리가 평생 실천해야 할, 하나님이 우리에게 주신 신학적 과제요 하나님의 명령이다.
9) 박아론, "권두언 : 종교개혁의 참 뜻을 오해하지 말자!", 「신학지남」(가을호), 신학지남사, 1993, pp. 4~6.

10) Robert C. Johnson, 유석종 역, "폴 틸리히", 「현대신학자 20인」(현대신서 21), 대한기독교서회, 1970, pp. 68~71.
11) cf. 김외식, "실천신학에서 본 영성", 한국기독교학회 편, 「오늘의 영성신학」(신앙과 신학 제4집), 도서출판 양서각, 1988, p.179.
12) Peter Kuzmic, *The Church and the Kingdom of God*, 명종남 역, 새순출판사, 1990, pp.77, 88 : 교회는 왕국이 아니다... 교회는 왕(국)의 종이다.
13) cf. Samuel E. Stumpf, *A History of Philosopy,* McGraw- Hill, Inc., 1975, 이광래 역, 종로서적, 1992, pp.310 ~ 320.
14) 구체적인 명단은 김정준, "한국 교회의 갱신의 길", 『신학논단」(제9, 10집), 연세대 신과대학 신학회,, 1968, p.82에 실려 있으니 참조하라.
15) *Ibid.*, pp.81~82.
16) 도양술, "종교개혁 450주년을 맞아", 「기독교사상」(10월호), 대한기독교서회, 1967, p.5.
17) 이종성, "종교개혁과 한국 교회", *Ibid.*, p.31.
18) 안병무, "종교개혁과 사회개혁", *Ibid.*, p.22.
19) 김정준, *Op.cit.*, pp.64 ~ 65,
20) 정용섭, 「교회갱신의 신학」(실천신학총서), 대한기독교출판사, 1989, pp.15~82, 138~171, 232~240, 255~268.
21) 박아론, *Op.cit.*, p. 6.
22) 김의환, "권두언 : 교회 갱신의 우선과제", 「신학지남」(겨울호), 신학지남사, 1995, p. 6.
23) 임태수, "발간사 : 한민족의 세계적 사명은 제2 종교개혁", 제2 종교개혁연구소 엮음, 「제2 종교개혁이 필요한 한국 교회」, 기독교문사, 2015, pp.5~7.
24) 김영주, "추천사: 제2 종교개혁이 필요한 한국 교회", *Ibid.*, pp.8~9.

25) 박종화, "추천사: 한국 교회는 제2 종교개혁을 이끌어야 한다, *Ibid.*, pp.10~12.
26) 김명용, "추천사: 제2 종교개혁의 핵심은 교회의 바른 삶과 실천" *Ibid.*, p.13.
27) 유석성, "추천사: 교회는 끊임없이 개혁되어야 한다", *Ibid.*, p.15.
28) 김경원, "추천사: 교회개혁은 계속되어야 한다", *Ibid.*, p.16.
29) 김명혁, "추천사: 십자가의 영성을 회복하여야 한다", *Ibid.*, p.21.
30) 손봉호, "한국 교회의 윤리와 세습", *Ibid.*, pp.29~37.
31) 민경배, "건강한 사회를 위한 교회의 역할", *Ibid.*, pp.38~48.
32) 오영석, "한국 교회의 소생과 사회적인 책임 수행을 위한 교회의 개혁", *Ibid.*, pp. 64~69.
33) 김영한, "한국 교회의 개혁", *Ibid.*, pp.79~81, 86~87, 92~93, 103~104.
34) 한인철, "종교개혁에 대한 한국 개신교 신앙 양식의 허와 실", *Ibid.*, pp.122~123.
35) 곽혜원, "한국 교회에 대한 한국사회의 인식", *Ibid.*, pp. 174~204.
36) 유동식, 「한국신학의 광맥 : 한국신학사상사 서설」, 전망사, 1983, pp. 45~66.
37) *Ibid.*, pp.133~142.
38) *Ibid.*, pp. 227~241.
39) *Ibid.*, pp. 278~282.
40) *Ibid.*, pp. 283~314.
41) Samuel E. Stumpf, *Op.cit.*, pp.289~290.
42) 와카스 아메드, *The Polymath : Unlocking the Power of Human Versatility*, John Wiley & Sons Limited, 2019, 이주만 역, (주) 로크미디어, 2021, pp.28~29.

43) *Ibid.*, pp.33, 147, 189~192, 313, 437.

44) 최진석, 「인간이 그리는 무늬」, 소나무, 2014, pp.217~221.

45) *Ibid.*, pp.197~205.

46) 이윤모, "떼이아르 드 샤르댕", 「현대신학자 20인」(현대신서 21), 대한기독교서회, 1970, p.185.

47) 사회(Society)를 연구하는 학문이 사회학(Soclology)이고 심리(Psyche)를 연구하는 심리학(Psychology)이듯이, 종교(Religion)를 연구하는 종교학을 'Religiology'라고 부르자고 종교철학자 황필호는 제창한 바 있다. 마치 한국학을 'Koreanology'라고 부르는 것과 같다. 실제 종교학의 정착이 이미 오래 전에 이루어진 일본학계에서도 안본영부(岸本英夫)는 종교학을 'Religiology'로 번역해야 된다고 주장하였다.
cf. 황필호, "중교학이란 무엇인가 : 종교학과 신학의 관계" 「종교학 연구」(1), 종교학연구회, 1978, pp.85~88.

48) 이상의 요아힘 바하의 일련의 주장은 그의 대표 명저 *Comparative Study of Religion*, Columbia University Press, 1958, pp.16~28에 상세히 해제되어 있다.

49) 장병길, 「종교학 개론」(대학전서 : 종교학 강의), 박영사, 1975, pp. 149~152.

50) 이상 설문조사에 관련된 구체적인 통계상황은 「국민일보」(2022년 4월 27일자, 29면 : 미션라이프)를 참조하라.

51) 윤이흠, 「한국종교 연구」(1), 집문당, 1991, p. 42.

52) 윤이흠, 「한국종교 연구」(2), 집문당, 1991, PP.303~304.

53) *Ibid.*, p.36.

54) *Ibid.*, p.42.

55) *Ibid.*, p.60.

56) 윤이흠, 「한국종교연구」(4), 집문당, 1999, pp.54, 57~58, 333, 341.

57) cf. 이상에 대한 구체적인 내용은 졸저, 「헌금을 매주일 나눠주는 교회」(기빙백, 2018, pp.152~153)을 참조하라.

58) 논자는 한국 교회 최초로 세습을 건강하게 비판한 「교회세습의 바벨론 포로 : 한국 교회 혁신론」(왕중왕, 2008)을 단행본으로 펴낸 바 있다. 이후에 한국 교회 처음으로 (기) 감리교가 세습방지법을 제정하는데 있어서 적지 않게 영향을 주었을 것으로 사료된다.

59) 철학적 처지에서 종교를 연구하는 학문을 철학적 종교학(Phi- osophical religiology)이라고 부를 수 있다. 그러나 실제로는 종교철학(philosophy of religion)이라고 부르는 것이 학계의 상례로 되어 있다. 이 종교철학에서는 하나님을 믿을 수 있는 근거로서 4대 유신 논증을 제시하고 있다. 즉 존재론적 논증과 우주론적 논증, 목적성에 의한 논증, 도덕적 논증이 그것이다. 이 중에서 도덕적 논증이란 하나님의 실재를 진정 믿고 있다면, 그 신앙은 도덕적이어야 한다는 것이다. 기독교의 전통에는 최고의 도덕인 실재로서의 하나님을 믿는 믿음이 필요하다. 이러한 데도 한국 교회에 여전히 도덕적인 비리현상들이 끊임없이 문제되고 있다는 사실은 심각한 것이다. 이로 볼 때 한국 교회의 일부 정예전통은 말로는 하나님을 믿는다(이론적 유신론자)고는 하나, 실제적인 것으로 봐서는 행동적 무신론자들이다.

John H. Hick, *Philosophy of Religion,* Prentice- Hall, 1973, pp.35~65.

cf. 박아론, 「왜 우리는 기독교를 믿는가?」(기독교변증학), 세종문화사, 1978, pp.224~249 : 박아론은 도덕적 논증을 양심 논증과 도덕적 질서 논증으로 나누어 해제하였다.

60) 김광식, 「현대의 신학사상」, 대한기독교서회, 1975, p.108.

61) 윤이흠, 「한국종교연구(4)」(집문당, 1999, pp.49~73)을 참조하라.

cf. 논자가 윤이흠(논문지도 교수)을 본 글에서 빈번히 언급하는 이유는 논자의 스승으로 한국 종교들에 대한 심층 연구를 배웠기 때문이다. 그는 한국 종교학을 처음으로 수립한 걸출한 학자였다.

62) *Ibid.*, p.50.

63) 김세윤, 「복음이란 무엇인가」, 두란노, 2011, p.210.

64) 윤이흠, *Op.cit.*, p.52.

65) cf. 예영수, 「천국과 지옥 : 하나님 나라와 사탄왕국」, 하늘빛출판사, 2020.

66) William Hordern, *The Case for A New Reformation Theology*, 김관석 역, 대한기독교서회, 1968, p.20.

67) Emil Brunner, *Dogmatics*, Vol. I., pp.101-103.

68) 안병무, "에밀 부룬너", 「현존」(30호), 1972, pp.12~13.

69) William Hordern, *Op.cit.*, pp.26~27.

70) cf. 윤성범, 「칼 바르트」(현대신학자 총서), 1968, pp.133~136.

71) Charles C. West, *Cammunism and Theologians*, Macmillan, 1958, p.50.

cf.이 책을 정독한 후에 칼빈의 이중예정론이 하나님 편에서 논리적으로는 타당하고, 웨슬리의 만인구원론은 인간 편에서 현실적으로 타당하다는 생각이 들었다.

72) 이상 칼 바르트와 하르낙 간에 주고 받은 서신들의 내용은 김광식, *Op. cit*, pp.243~254에 실려 있다.

73) 박경수, 「신학논쟁 핵심톡톡」, 대한기독교서회, 2021에 역사적인 논쟁의 내용들이 상세히 해제되어 있다.

74) 이상의 상세한 내용은 박용규, 「한국장로교 사상사」(총신대학출판부, 1994)에 실려 있다.

75) 여기서 말하는 '신학자'는 불교 신학, 유교 신학, 흰두교 신학, 기독교 신학, 유대교 신학, 이슬람 신학 등을 전문적으로 연구하는 학자들을 통틀어서

지칭한다. 그런데 기독교만이 신학을 가질 수 있다는 주장은 기독교인들의 독단일 뿐이다.

76) 김경재, “기독교의 성찰과 전망”, 「1945년 이후 한국 종교의 성찰과 전망」, 한국 종교사회연구소, 1988, p.38.

77) *Ibid.*, p.43.

78) *Ibid.*, p.46 : 이 영성신학의 요체는 기독교의 종말론적 신앙을 수립하여 대립과 갈등이 극복되는 샬롬의 완성에 있었다.

79) 최진석, 「경계에 흐르다」, 소나무, 2020, p.8.

80) 부르카가 생기게 된 유래는 사막의 생활상에서 비롯되었다. 사막은 장사로 먹고 살았다. 교역품을 낙타에 싣고 몇 날씩 사막을 떠나 중계 무역을 해야 하는 남자들은 장시간 집에다 남겨 놓은 여자들 때문에 항상 불안해하였다. 이 불안은 성적인 문란을 우려하는 의심에 있었다. 특히 여성의 신체노출은 사막에서 시달리는 남자들의 성욕을 자극한다고 늘 우려했던 것이다. 이에 대한 궁여지책으로 생각한 것이 부르카라는 묘안이었다.

81) Kurt Aland, *Four Reformers*, Augsburg Publishing House, 1979, 김흥수 역, 대한기독교서회, 1984, pp.174 ~ 177.

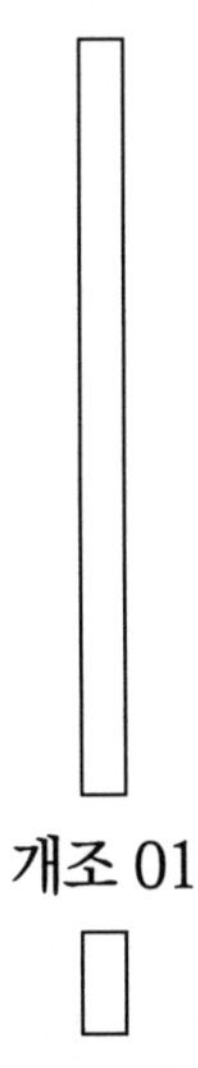

개조 01

한국 교회 전체의 왜곡된 기복신앙에 대한 시각 교정

1. 한국교회사 연구의 3대 요인
2. 경험적 현세주의
3. 기복신앙에 대한 정예전통의 견해

한국 교회 전체의 왜곡된 기복신앙에 대한 시각 교정

어느 영역이든 현재의 비정상적인 상황에 대해서는 일단 부정적으로 보아 비판하는 태도는 경우에 따라 필요하다. 그 이유는 그런 상황에 대하여 무조건 긍정적인 태도로만 일관할 때, 그 영역은 결단코 변혁을 이루어 낼 수 없기 때문이다. 이 비판작업 뒤에야 선도적인 주체세력이 있으며, 독립적인 자아 형성이 이루어지며, 진정한 자아를 발견할 수 있을 뿐만 아니라 올바른 문제제기를 할 수가 있는 것이다.[1)]

이렇게 언급하고 있는 까닭은 한국 교회 전체가 한결같이 기복신앙에 대하여 전적으로 그 모두가 다 왜곡하고 있기에 하는 말이다. 기복신앙에 대하여 그렇게 왜곡하고 있으니, 한국 교회가 이 사회에서 선도적인 주체세력이 될 수 없다는 것은 당연한 것이다. 이와 함께 한국인으로서 독립적인 자아 형성마저도 이루어 낼 수 없으며, 진정한 자아 발견의 결핍으로 말미암아 뭔가에 대해서 문제제기 하나 제대로 할 수가 없었음이다.[2)] 바로 기복신앙에 대한 한국 교회의 왜곡 현상이 그것에 절묘하게 상응한다.

이제라도 왜곡된 기복신앙에 대한 한국 교회의 시각을 당당하게 교정할 때이다. 이 교정 작업없이 한국 교회를 이렇게 저렇게 하는 식으로 개혁을 하자고 운운하는 행태는 흡사 한국인으로서 스스로가 주제 파악하지도 못한 채, 뭔가를 해보겠다고 물총들고 마구 대드는 어린아이의 장난놀이(trick)와도 같다.[3)]

그 시각 교정을 위하여 3가지 주제에 주안점을 두고 집중 논의하려고 한다. 첫째는 한국교회사 연구의 3대 요인을 제시한다. 둘째는 한국 교회는 한국인의 교회이기에 한국인의 정서인 경험적 현세주의와 샤마니즘의 상관성을 중심으로 논의하면서 올바른 태도를 제시한다. 셋째는 기복신앙을 왜곡하고 있는 한국 교회의 정예전통의 견해를 비판하는 가운데 합리적인 입장을 제시한다. 그리고는 세 가지의 신앙유형(기복 · 구도 · 개혁)을 확인하며, 그런 중에 가장 바람직한 신앙의 태도를 제시한다. 이렇게 논의되는 일련의 방법론은 종교학 본영에서 채택하고 있는 다원적이자 총체적인 접근(multi-holistic approach) 방법이 될 것이다.

1. 한국교회사 연구의 3대 요인

그동안에 있어왔던 한국 교회사관의 주된 학맥을 보면 백락준의 선교사관, 민경배의 민족교회사관, 이만열의 실증주의사관, 주재용의 민중교회사관 등이 있었다.[3)] 여기에 더하여 총신대 교회사가 박용규는 사상사관을 새로운 방법론으로 내세웠다.[4)] 이와 같은 일련의 역사 연구 방법론은 근시안적인 역사적 연구의 태도로서, 그 사관 자체가 사관을 기술하고 있는 당사자가 한국인인 데도 불구하고 한국인인 것을 잊어버리고 기술하는 오류를 범하고 있다는 것이다. 다시 말해서 한국 교회사는 한국인의 주체성적인 의미에서 한국인의 교회를 한국인이 기술해야 한다는 말이다.

교회사가 홍치모는 교회사 대신에 종교사라는 명칭으로 대치된 이래, 일반적으로 교회사가들이 교회사를 연구하는 태도와 방법 및 그 전체가 크게 달라지게 되었다고 언급하였다.[5] 이는 데이비드 로츠(David W. Lotz)의 주장을 인용하여 그렇게 논증해 주었던 것이다.[6] 이에 따라 종래의 교회사가들이 종교사가로 탈바꿈하게 되었으며, 그로 인해 종교사가는 연구의 과학성을 견지하게 되었다. 뿐만 아니라 그들은 초교파적으로 역사를 서술하였으며, 다원적 패러다임을 가지고 종교와 사회의 역동적 관계도 함께 연구하기에 이르렀다.[7]

이렇게 종교사가의 연구하는 태도를 일일이 소개하고 있는데, 홍치모 자신은 정작 극단적 보수주의자답게 종교사라는 이름 아래 전개되는 교회사 연구는 무의미한 것이라면서 도외시 해버렸다.[8] 그 이유를 그는 교파의 독선적 태도를 지향해야 한다면서 그 교파가 갖고 있는 교리와 제도, 전통을 그대로 살리는 의미에서 고전적 교회사관에 입각한 교회사 연구는 절대로 필요하다는 데서 찾았다.[9] 이런 주장을 하고 있는 홍치모 역시 - 경험주의 철학자 프랜시스 베이컨에 따르면 - 동굴속에 빠져있어 종족의 우상을 벗어나지 못하고 있는 셈이 된다. 이제 시대적 상황이 하루가 다르게 몰라볼 정도로 변하고 있다. 마땅히 한국 교회사는 한국인의 교회사이니 만큼 한국 종교사적인 방법론을 택하여 한국 교회사를 서술해야 한다.[10] 그래야만 하는 이유는 그동안 면면히 흘러왔던 한국 교회사의 흐름을 주도면밀하게 관조할 수 있기 때문이다.

한국 교회사를 연구하는데 있어서는 3대 요인이 필요하다. 첫째는 개별

교파사 연구이고, 둘째는 교파전통의 상호관계 연구이며 셋째는 한국인의 정서(심성)에 내장된 한국 교회에 관한 연구이다.[11] 이 3대 요인들을 총괄해서 총체적으로 연구하는 것이 오늘의 시대적 상황의 맥락을 이해하는데 있어서 요청되는 과제인 것이다.

1) 개별교파사 연구

이 연구는 일반 역사학에서 볼 때 편년사의 성격을 띠는 것이 대체적인 경향이다. 당연히 편년사가 모든 역사적 사실에 대한 자료들을 정리하는 것이 기본 작업이듯이, 개별 교파 전통에 관한 연구 또한 한국 교파들의 통사(通史)를 쓰는데 기본적인 자료가 된다. 따라서 이 연구는 그 전통 안에서 역사적 의미와 함께 정보를 밝혀주는 데는 효과적인 유익함이 있다.

이에 여기에서는 왜곡된 기복신앙에 대한 시각을 교정하는데 목적이 있기에 개별 교파들에 대한 편년사 기술은 생략하기로 한다. 그러나 한국 교회사를 이해함에 있어서 필요한 첫 번째 요인이 되는 개별교파사 연구에 따라 개별 교파들에 나타난 특정 신학 내지 교리는 살펴 볼 필요가 있다. 역사가 랑케(L.v, Ranke)는 역사 연구는 개별적인 것에 대한 파악에서부터 시작하는 것[12]이며, 마이네케(F. Meinecke)는 고유성, 개별성을 이해하는 일이 제1차적이고도 긴급한 과제라고 설파하였다.[13] 이런 견해들은 한국 교회사적인 방법론에도 그대로 적용된다. 이리하여 한국 교회사의 연구에 있어서 우선 개별교파사를 이해하는 것을 선조건(先條件)으로 삼는다. 이 개별교파사란 이미 언급한대로 개별적인 것(das Individuelle)으로서의 신학 내지 교리를 일컫는다.

그럼 이제부터 한국에 실재하고 있어 잘 알려져 있는 교파들을 선정해서 간단히 표지만을 피력해 보기로 한다. 장로교는 보수적인 정통개혁주의 및 개혁주의 생명신학과 바른 신앙 · 바른 신학 · 바른 교회를 내세우고 있다. 감리교는 자유주의적인 토착화신학,[14] 성결교는 4중 복음으로서의 중생 - 신유 - 성결 - 재림, 침례교는 침례신학을 특징으로 삼는다. 이어 구세군은 이웃 사랑의 실천(자선냄비), 하나님의 성회(순복음)는 5중 복음(중생 · 성령충만 · 축복 · 신유 · 재림)과 3박자 축복(영혼의 잘 됨 · 범사의 잘 됨 · 강건함)을 강조한다.[15]

2) 교파전통의 상호관계성

한국 교회사를 이해함에 있어서 필요한 두 번째 요인은 교파전통의 상호관계에 대한 연구이다. 이 연구는 글자 그대를 상호관계이니 만큼 두 개 이상의 개별 교파들이 등장하게 되어 있다. 그러므로 서로 간에 비교행위가 있다는 것은 필요불가결한 일이다. 즉 이 한국 땅에 있는 각 교파들이 프로테스탄트(Protestant)로 존립하고 있는 이상, 지극히 개별적인 것으로 특이점(Particularity)만을 부각시키는 행태를 고수할 수만은 없기 때문이다. 그래서 각 교파는 우선 개별적인 것(고유한 개체로서의 특수성)으로 이해되어야 하겠지만, 한국인의 교파이기에 동시에 그 자체 내에 뭔가 공통점(Something Common)이 있을 것이라 추정하고 그 공통점을 찾아내야 한다. 다시 말해서 각 교파전통들 간의 상호관계성을 탐색하다 보면, 한국인이라는 종교적 인간(homo religiosus)으로서 일정한 유사성(Similarity) 같은 것이 있다는 것이다.

이 유사성은 한국 교회사의 면면히 흐르는 조류 속에서 시간적, 공간적 조건을 초월하여 항시적으로 있어 왔던 것이다. 그래서 일반적인 것(das Allgemeine)이기도 하다. 이를 테면 한국 교회사 일반에서 일종의 역사적 법칙과 같은 보편적 성격을 지니고 있는 것으로 이해할 수 있겠다.

랑케는 이르기를 "역사에서 본래적으로 생동하는 것은 일반적인 움직임이다. 수세기 동안 끊임없는 흐름 속에 흐르고 흘러온 일반적인 삶의 동향은 깊고 깊기에 훨씬 더 포괄적인 것이다"[16]라고 갈파한 바 있다.

더 나아가 랑케는 역사 연구란 개별적인 것에 대한 파악으로부터 시작하여 보편적인 것에 대한 파악으로 진행되는 것이라고 부연하였다.[17] 이 보편성을 '한국 교회사적 공통점'이라고 부를 수가 있다.[18] 이것은 전사(前史)에 있었던 개별 교파가 현사(現史)에 실재하고 있는 개별 교파에도 뭔가 영향을 주어서 상호연락이 이루어짐으로 말미암아 병행을 이루고 있기 때문에 그렇다. 이것이 역사의 도도한 법칙이다.

이상에서 살펴본 대로 우리는 이렇게 정리할 수가 있을 것이다. 한국교회에는 본질적으로 이중운동(dual movement of Church history)이 있어서, 언제나 교회 행위에는 특수주의와 보편주의가 병행(Parallelism) 현상으로 나타나고 있다. 따라서 어느 하나를 유별나게 강조한다고 해서 다른 하나가 포기되는 법이 교회 행위에는 없다.[19]

3) 한국인의 정서

한국교회사를 이해함에 있어서 필요한 첫 번째 요인인 개별교파사 연구와 두 번째 요인인 교파전통의 상호관계 연구만 가지고는 접근상 한계가 있다. 누차 언급한 대로 한국 교회는 한국인의 교회로서 한국인의 정서에 의해 동향되고 있다는 태생적 주장은 지극히 당연한 것이다. 이렇다면 그 개별 교파들이 갖고 있는 표지로서의 특정신학 내지 특정신학에 대한 태도는 어떻게 정리되고 있는가를 유의깊게 살펴봐야 한다. 그리고 앞서 교파전통의 상호관계성에는 그 뭔가의 공통점이 있다고 했는데, 그것이 바로 한국인의 정서라고 이른 적이 있다. 이에 이 한국인의 정서가 개별 교파들의 특이성(Unigueness)을 포용한 채 한국인답게 요리되고 있다는 것은 그것 또한 역사의 법칙이다.

이런 맥락에서 한국교회사를 이해함에 있어서 세 번째 요인이 되는 한국인의 정서에 대한 논의는 중차대한 과제가 되기에 충분하다. 환언하면 한국인의 정서에 대한 심층적인 탐색 작업이 있어야 한국교회사를 올바르게 읽을 수가 있기에 하는 말이다. 당연히 장로교와 감리교, 성결교, 침례교, 구세군, 하나님의 성회(순복음)과 같은 개별교파 연구와 교파 전통의 상호관계 연구를 단지 그 모두를 합(合)하는 것이 한국 교회사일 수가 없다. 현실적으로 보아 특히 교파전통의 상호관계는 한국인의 정서와 분리해서 연구될 수 없다는 것이다. 이런데도 그렇게 하지를 않아서 한국인의 정서를 누락시키는 연구는 한국 문화의 역사적 맥락 밖에서 파악하는 이른 바, 이론적 추상화로 자료 수집을 하고 있는 셈이 된다. 이 경우에 예의없이 이론적 교구주의(theoretical parachialism)에 함몰되고 마는 결과에 이른다.[20)]

그 동안에 진행되어온 교회사가들이 한국교회사를 연구하는데 있어서 문제점이 있다면 바로 그 3대 요인의 균형이 결여됨으로 말미암아 시대적 상황이라는 맥락 속에서 총괄적으로 해석하지 못하였다는데 있다. 이러하기에 이제는 연구하는 태도를 과감히 수정할 때인 것이다.

우리가 '한국 교회'라 할 때에 도대체 무엇을 두고 한국 교회라고 하는가? 라는 질문에 먼저 답하고 난 후, 한국인의 정서에 대해서 구체적으로 파악해 보기로 하겠다. 그래야만 한국인의 정서의 실체를 정확히 포착할 수 있기 때문이다. 주지하는 대로 한국 교회의 중심이 되는 개별교파들은 이른 바, 프로테스탄트의 정통교회들로서 칼빈파(Calvinist)와 웨슬리파(Wesleyan)로 이어져 있다. 일단 1885년 한국에 유입된 칼빈파와 웨슬리파는 필연적으로 한국인의 정서로 받아들여 질 수

밖에 없다. 이는 역사적 사실이다. 즉 미국의 교파라 할지라도 한국인의 교파라는 것이다. 이것은 마치 미국의 민주주의와 한국인이 만들어가는 민주주의는 서로간에 다르다는 것과 같은 이치다. 민주주의의 개념과 발달과정, 근본이념, 기본원칙, 현대적 과제, 실천적 과제는 이미 교과서(textbook)에 다 기록되어 있는 데도 말이다. 민주주의의 원판은 그 교과서에 있지 미국의 민주주의가 아닌 것이다. 그런 의미에서 볼 때, 참된 신앙의 진면목은 성경(Text)에 다 말씀되어 있지, 손가락에 불과한 칼빈파와 웨슬리파에 절대적으로 있지 않다는 것이 된다. 그들은 단지 프로테스탄트의 정통성을 우리들에게 먼저 가르쳐 준 선각자들일 뿐이다. 그래서 그들은 절대자가 아닌 것이다.

윤이흠은 한국인의 정서에 대한 개념을 이렇게 해제해 주었다.

> "한국인은 그의 독특한 문화적 체취를 갖고 있다. 우리는 이를 정서라고 부른다. 한국인은 의식적으로 또는 무의식적으로 한국적 정서를 가지고 산다. 이를 한국인의 심성이라 해도 좋다. 행위자로서의 한국인은 그만의 문화적 과거 유산을 갖고 있으며, 그것이 정서나 심성이라는 말로 표현된다. 다시 말해서 그가 한국인으로 있는 한, 그는 문화적 공백상태에 있을 수는 없다."[21]

그럼 여기에서 종교학 본영에서 지칭하고 있는 한국인의 정서를 확실히 밝히기에 우선하여, 먼저 한국인의 정서를 너무나 쉽게 찾는 경향이 한국 학계에 만연되어 있다는 것을 지적하면서 그들의 주장을 간략히 언급해 보고자 한다. 이 대표적인 것으로서 서남동을 중심으로 하는 민중신학은 한국인의 정서를 한(恨)으로,[22] 철학자 이진우는 정(情)으로, 일부 민속학자들은 신바람으로 보는 주장이 그것이다. 그러나 종교학 본영에서는 한국인의 정서를 그 한-정-신바람으로 보지 않는다. 이렇다면 바로 그 한국인의 정서를 제대로 찾고자 할 때는 그에 대한 전이해의 작업으로서 한국 교회의 역사적 사실 하나를 먼저 고찰해 볼 필요가 있다. 여기서 일컫는 역사적 사실이란 과거에 일어난 사건들 중에서 현재까지 역사 생활에 지속적인 반복으로 영향을 주고 있는 독특한 현상의 사실을 두고 지칭하는 말이다. 이 현상 중의 하나가 한국 교회에는 절대주의(absolutism)를 열정적으로 추구하는 모습이 있다는 사실이다.[23)]

그런데 그 절대주의에는 배타적 절대주의와 관용적 절대주의가 있다. 전자는 철저한 당파성을 갖고 있는 태도로서 특정 신학 내지 교리를 내세워 자신의 이기적인 입지를 방어하며, 타인을 공격하는 이론적 무기로 삼는다. 칼빈파의 극단적인 보수주의자들이 여기에 속한다. 반면에 후자는 조화의 이상을 지니고 있으며 개방적이기에 친화적인 태도를 취한다. 이렇게 한국인의 교회 안에는 두 가지의 얼굴 모습을 가지고 있는 바, 이런 야누스적(janus faced)인 심성이 한국인의 정서에 내장 되어 있는 것이다.[24)]

이에 그 배타적 절대주의와 관용적 절대주의를 완전히 포섭하여 불가변적인 요인으로 작동하는 것이 있다. 이것 또한 한국인의 정서인데 이 정서는 한국의 정체성과도 상관되어 있으며, 주어진 삶의 정황에서 요청되는 현안들을 해결하고자 할 때는 여지없이 현세주의적 경향을 지닌다. 뿐만아니라 이 정서는 주체적으로 동향하고 있으면서도 동시에 고유적인 대중성도 지니고 있다.

2. 경험적 현세주의

한국인의 정서안에 지금 이 세상이 전부라는 현세적인 경향이 농후하다는 것은 철학자 탁석산의 말대로 한국인이 현세주의자들이기 때문이다.[25] 만일에 이 현세주의라는 틀에 개별교파들이 내세우고 있는 형이상학적 체계와 고매한 인간상이 용해되었더라면, 이미 유입된 그 개별교파들에 따른 특정 신학 및 신학적 사고에는 선험적 전제가 분명하게 자리잡고 있지 않았을 것이다. 이러하니 한국인의 정서는 경험적 세계에서 얻은 경험적 지식과 판단에 의거하는 성향을 지닐 수밖에 없게 되어 있다. 이런 의미에서 한국인의 정서는 경험적 현세주의(experiential realism)인 셈이 된다.

1) 샤마니즘과의 상관성

한국인의 정서인 경험적 현세주의에서 오는 포용적인 태도를 가장 활발하게 보여주는 종교전통이 샤마니즘이다.[26] 이 개별종교로서의 역사적 전통이기도 한 샤마니즘만큼은 그 어느 종교전통보다도 현세적 욕구와 동기를 강하게 전수시키는 신념체계를 가지고 있다. 여기에서 하나의 오류에 빠지지 않도록 해야 한다. 즉 한국인의 정서는 곧 샤마니즘이라고 간단히 단언해 버리는 경우다. 한국인의 정서를 경험적 현세주의라고 부를 때, 이는 하나의 맥락이라는 넓은 의미에서의 축(軸)을 두고 하는 말이다. 이리하여 이것을 샤마니즘과 상관시켜서 논하는 경우에, 샤마니즘은 하나의 역사의 전통으로서 경험적 현세주의 정신을 언표(言表)해 주고 있는 일종의 대표성이라는 사실이다. 그래서 샤마니즘은 경험적 현세주의의 전수매체가 되는 셈이다.

2) 포용주의적인 샤마니즘

개별종교 전통인 기독교와 불교 등은 교의학 체계를 완벽하게 갖추고 있는 조직화된 종교다. 이와는 달리 샤마니즘은 교단조직과 교리가 제대로 조직화되지 못하고, 다만 가치관과 관습과 같은 사회적 잠재기능으로서 비조직화된 종교다. 이런 샤마니즘을 한국의 정체성과 연결시키면서 한국인의 정서를 논한 이로서는 탁석산이 있다. 그는 이르기를 정체성으로서 한국의 문화를 꿰뚫고 있는 샤마니즘이야 말로 한국인의 정서에 맞기 때문에 지금까지 살아 남을 수 있었다고 피력하였다.[27]

이러한 과정에서 샤마니즘은 역사적으로 자연스럽게 포용적일 수밖에 없었다. 이런 현상이 한국 종교사에도 그대로 나타났다. 우선 신라 때 샤마니즘은 유입된 불교와 만나면서 백좌법회와 점찰법회, 팔관제회, 연등회 등을 여지없이 무속화시켰다. 이런 현상은 고려 때까지 이어졌다. 조선시대에 이르러 샤마니즘은 유교까지도 무속화시켜서 관왕묘를 설치해 놓고 섬기기도 하였다. 그 중에서도 특히 신라 때의 샤마니즘은 유교와 불교 와 도교까지도 절충시켜서 화랑도를 창안해 냄으로 말미암아 통일신라를 이루는데 있어서 결정적인 중추역할을 담당토록 하였다.

그렇게 한국인의 기층종교인 샤마니즘이 그토록 강한 포용력으로 절충시킬 수 있었던 가치관의 요체는 현세주의적인 기복으로 무병장수와 부귀영화, 자녀의 입신양명 출세 등과 같은 복의 개념이었다.[28] 이와 같이 샤마니즘은 그런 포용주의 정신으로 고대로부터 현대를 사는 오늘에 이르기까지 – 한국 종교사의 흐름에서 볼 때- 근원종교의 역할을 한 번도 상실하지 않은 채, 감당해오고 있는 터에 있다. 이러하기에 한국인에게 있어서 샤마니즘은 각 종교현상들의 구심력을 이루는 핵(核)으로서의 원본(arche-pattern)인 것이다.[29]

3) 포용주의에 대한 종교학적 이해

한국에 있어서의 샤마니즘의 강렬한 포용력으로 말미암아 불교 및 유교 등을 무속화시켰다는 역사적 사실은 샤마니즘 자체가 주체세력으로 다른 종교와 이미 절충했다는 것을 시사한다. 이렇게 절충된 불교가 샤마니즘을 수용함으로서 승려들이 기복화되어 온갖 신앙병폐현상들이 속출하기에 이르렀다.

고려시대 최치원의 증손자로 유학자였던 최승로(927~989)는 성종에게 중요하게 시급한 일이라면서 '시무(時務) 28조'를 통하여 당시 불교의 비리를 고지하였다. 이 내용은 절 재산으로 이자를 받고 있으니 못하게 해 달라는 것이었다(제 6조). 이어 그는 기복화된 유교의 음서제(귀족 출신의 자녀들을 시험없이 관리로 채용하는 제도)에 대해서도 비판하였다.[30] 이런 것들은 기복신앙에서 비롯된 병폐현상을 지적하고 있음이다. 그 같은 불교의 샤마니즘적인 기복신앙은 조선시대에 와서도 계승되었다. 불교의 개혁주의자 만해 한용운은 불교 안에 오로지 자기 배만을 위하는 위아파(爲我派)가 있다면서, 절을 이용하여 돈을 모으는 수전노 따위가 있다는 것을 탄핵하고 나섰다.[31]

여하튼 그와 같이 행해지는 절충을 혼합이라고도 부르는 바, 종교학에서는 습합(Syncretism)이라 칭한다. 종교학자 반 델 레에우(Gerardus van der Leeuw)는 그 습합에 대하여 이르기를 습합은 종교의 역동성으로서 아무리 분명한 특징을 가진 종교들이라 할지라도, 결코 혼자서 외따로 존재하지 않는다는 사실을 확실히 해두었다.[32] 이어서 그는 종교 습합이란 항상 다른 종교와의 절충의 결과이며, 일단 혼합된 것은 또다시 새로운 혼합으로 이어진다는 것은 아주 당연한 보편적인 현상이라고 부연하였다.[33] 예를 들자면 불교는 힌두교에서, 도교는 유교에서, 기독교는 유대교에서 비롯되었다는 것이 그것을 말해준다.

그런데 본시 습합을 일컫는 'Syncretism'이라는 용어를 긍정적인 화해의 의미로 사용했던 이들은 인문주의자들이었다. 이후에 그 용어가 신학자들에게 넘어오면서부터 경멸적인 용어로 변해 사용되기 시작하였던 것이다. 이에 신학자들은 그 'Synretism'을 어원상 이질적인 것과의 절충으로 혼합시키는 것으로 보아, 습합주의자를 거의 혼성(混成)을 뜻하는 'Hybrid'라는 용어로 아예 동일시해 버렸다. 이런 신학자들의 태도는 배타적인 아브라함(Abraham)의 전통에 따라 배타적 절대주의의 보수 진영을 고수한다면서 습합현상 자체를 애시당초 불성실한, 마구잡이식의, 부패한, 자의적인, 피상적인, 잡종과 같은 등등의 온갖 형용사들을 동원하여 매도하고 있다.[34)]

이쯤해서 확인하고 넘어가야 할 것이 있다. 동일한 신학자들이라 할지라도 관용적 절대주의의 입장에 서 있는 자유 내지 진보 진영의 신학자들의 태도는 전혀 다르다는 것이다. 먼저 1880~1920년 사이 독일에서 일어난 종교사학파가 있었다.[35)]

이 학파는 신구약성서학과 역사적 신학을 연구 목적으로 삼아 연구하는 가운데, 그 동안 믿어 왔던 계시종교라는 의식에서 벗어나 기독교도 역시 하나의 종교(a religion)로 간주하여 다른 종교와 동일한 입장에서 일반종교사적인 방법론을 채택해 연구하였다. 이제부터 신학의 연구는 종교의 비교 연구가 되어야 한다는 것이다. 이와 맥락을 같이 했던 학자로서는 루돌프 볼트만(R. Bultmann)이 있다. 그래서 그도 역시 기독교를 하나의 습합현상을 지닌 종교로 간주하였다. 주후 1. 2세기 동안 원시 기독교는 유대교 전통에다가 근동종교와 스토익 철학, 헬라적인 이질종교의 신앙, 영지주의 등으로 조합되어 있기에 혼합주의적(syncretic)이었다고 설파하였다.[36)]

이상과 같이 기독교의 습합현상을 두고 양분화되어 있는 상황에 대하여 한국 교회의 정예전통은 엘리트답게 정리해 둘 필요가 있다. 이 정리작업을 제대로 하려면, 포용주의의 결과로 표출되는 습합현상에 대하여 가치판단(epoche)을 중지하고 객관적으로 서술하는 종교학은 실제적으로 어떻게 이해를 하고 있는가를 집중적으로 알아봐야 한다.

먼저 종교학자 에릭 샤페(Eric J. Sharpes)는 종교사적 입장 또는 종교현상학적 입장에서 그 습합현상을 단순히 경멸적인 현상으로 매도하는 것을 타당치 못한 태도라고 일갈하였다.[37] 이에 더하여 요야힘 바하는 "모든 종교는 그 자체의 전력을 다 가지고 있다. 따라서 모든 종교는 얼마쯤은 다 습합현상을 가지고 있다"[38]고 천명하였다. 또 말하기를 그는 개인이 선구자에게 은혜를 얼마간은 입고 있듯이, 종교 또한 과거에 이미 발생하였던 것에 은혜를 입고 있다면서 종교사 역시 언제나 상호관계에서 파악되어야 한다는 것을 부연하였다.[39] 이것을 두고 그는 역사적 연속성이라고 하였다.[40] 그리고 종교학자 윈스톤 킹(Winston L. King)은 종교의 습합현상은 자연스러운 역사적 현상으로서 그 본가(本家)로 인도를 예로 들었다.[41]

이렇게 종교학에서는 하나의 종교의 습합현상을 역동적인 보편적 현상으로 보며, 포용주의에서 비롯된 결과로 인식한다. 이 세상에 실재하고 있었던 과거의 종교이든 지금 실재하고 있는 종교이든 간에 막론하고, 모든 종교들은 백지상태(tabula rasa)와도 같은 순백한 고유의 종교는 실재하지 않는다. 배타적 절대주의와 같이 말(신학 내지 교리)로는 그렇다고 강변해서 그런 종교가 실재할 런지 모르겠으나, 역사적인 맥락에서 현실적으로는 불가능한 일로써 있을 수가 없는 것이다. 종교사에는 현사(現史)는 전사(前史)에 빚지고 있다는 법칙이 있다. 이런 의미에서는 특히 기독교 역시 마찬가지다. 그 이유는 소위 세계의 큰 종교라할지라도 그 신앙 내용 속에서 얼마든지 신앙의 섞임(mingling)으로 보이는 습합현상 같은 것을 찾아낼 수 있기 때문이다. 이런 불구하고 기독교 자체가 일관성 있는 교리체계와 함께 조직화된 신학이 병행하고 있기 때문에, 우리는 기독교를 두고 혼합주의적 종교라고 평가절하하지 않는다.

이런 상황에서 배타적 절대주의를 표방하고 있는 극단적인 보수진영의 정예전통들이 한결같이 습합현상에 대해 부정적 경멸어를 쓰면서 운운하고 있는 것은 생각해 볼 여지가 있다. 그들은 스스로 되물어야 한다. 전도서의 말씀대로 진정 해 아래에 새로운 것이 있을 수 있겠는가를 말이다.

> "무엇을 가리켜 이르기를 보라 이것이 새것이라 할 것이 있으랴 우리가 있기 오래 전 세대들에도 이미 있었느리라."(전 1:10)

이제까지 1) 한국교회사 연구의 3대 요인을 논의하는 가운데, 한국 교회는 한국인의 교회이기에 반드시 한국인의 정서에 대한 탐색의 필요하다고 하였다. 그 한국인의 정서는 2) 경험적 현세주의라고 이름하였는바, 이 정서를 대표성을 갖고 종교로 표출된 것이 샤마니즘이었다는 것을 알게 되었다. 이 샤마니즘은 한국인의 기층이자 근원종교로서 한국의 정체성과도 상관되어 있어 주체세력으로 주인 역할하기에 충분하였다. 이 샤마니즘의 신앙체계는 기본적인 것으로 그 핵심은 무병장수와 부귀영화, 자녀의 입신양명 출세 등이었다. 이로 본다면 한국인에게 있어서는 기층, 근원적으로 여전히 샤마니즘적인 기복신앙인이라는 사실을 간파할 수가 있었다. 다시 말해서 한국인은 태생적으로 샤마니즘을 믿을 수밖에 없는 기복신앙인이라는 것이다. 그래서 객(客)으로 유입된 불교는 물론 유교까지 여지없이 무속화시키고 말았던 것이다. 이런 한국 종교사적 사실은 샤마니즘이 포용주의적이었다는 것을 말해준다. 따라서 이 포용주의가 다른 종교와 만날 때에는 필연적으로 습합현상을 일으키게 되었다는 것도 알아보았다. 그리고는 이어서 그 현상에 대한 신학자들의 태도 역시 확인해 보았다. 이와는 달리 그 습합현상에 대한 종교학자들의 긍정적인 측면을 논의하였다.

3. 기복신앙에 대한 정예전통의 견해

여기에서는 두 가지의 항목으로 나누어 살펴볼 것인 바, 하나는 그동안 한국 교회에 관심을 갖고 그 샤마니즘적인 기복신앙에 대해 피력한 일반 지식인들의 견해를 알아보는 일이다. 다른 하나는 한국 교회의 정예전통들의 샤마니즘적인 기복신앙에 대한 견해를 알아보는 일이다. 이 두 가지를 알아보기 위해서는 먼저 대전제를 설정해 둘 필요가 있다. 샤마니즘이 주체가 되어 불교와 유교 등을 기복화시켰던 그 샤마니즘이 한국인의 교회라고 해서 예외로 하지 않았을 것이라는 사실이다. 즉 한국 교회도 여지없이 샤마니즘적인 기복신앙을 수용했다는 것이 그 대전제이다.

1) 일반 지식인들의 기복신앙관

먼저 함석헌은 한국의 기독교는 무엇을 하고 있는가라고 물으면서 과연 하나님의 교회인가? 맘몬의 교회인가?를 제기하고 나섰다. 단적으로 그는 한국의 기독교는 맘몬의 교회가 되었노라고 비판하는 중에, 소유가 아니라 존재하는 종교가 되어야 한다는 것을 강변하였다.[42] 이렇게 맘몬의 교회가 되었다는 것은 그것 자체가 샤마니즘적인 기복신앙의 중추가 되는 맘몬의 우상에 젖어 있다는 것을 말함이다. 이것은 맘몬이야말로 무병장수와 부귀영화, 자녀들의 입신양명 등을 보장해주는 최후의 보루로 작용하고 있기 때문이다.

문학평론가 원형갑은 오히려 작금의 기독교의 허다한 유파들은 한국적 샤마니즘과의 혼동을 일으켜, 급기야는 샤마니즘의 역습을 받아 샤마니즘적으로 변질되고야 말았다고 지적하였다.[43] 철학자 이태하는 오늘날 기독교인들 특히 성직자들의 부와 권세는 하나님의 축복으로 간주한 나머지 비도덕화되었으며, 상당히 기복적인 것이 되기에 이르렀다고 개탄하였다.[44] 이어서 비교정치학자 김광웅은 "종교인들 중에도 자리와 부를 분식해 자식 대대로 누리는 것을 보면, 그게 악덕기업인과 무엇이 다를까 하는 회의가 가득든다. 이런 기복적인 욕망을 잠재울 수 있어야 한다"[45]고 하였다.

그리고 철학자 최정호는 더 노골적이다. 그는 한국인의 복 사상의 표상이 현세주의 · 향락주의 · 물질주의 · 권세주의 등 무도덕적 · 탈도덕적 특징을 보이는 중에, 그런 복 사상이 이 땅에 들어온 고등종교를 거의 예외 없이 기복종교화하고 말았다는 것을 지적하였다.[46] 이어 민속학자 최길성은 아예 대놓고 한국 기독교화의 과정에서 가장 두드러진 특징은 성령운동이라면서, 이것이 샤마니즘과 밀접한 관련이 있다고 하였다.[47] 철학자 탁석산 같은 경우는 종교학자 못지않게 '있는 그대로'(as it is)의 모습을 그렸다.

> "한국의 기독교는 기복신앙화되었는 데, 이것은 한국의 토착사상인 샤마니즘의 영향 때문인 것으로 보인다. 즉 샤마니즘이 기독교를 잡아먹은 것이다. 겉모습은 기독교의 원형을 그대로 보존하고는 있지만 실상 그 내용에 있어서는 샤마니즘의 승리다. 바로 말하면 한국 사상과 한국 문화는

불교 · 유교 · 도교는 물론 기독교까지도 샤마나이즈(Shamanize) 해서 받아들인 것이라고 하겠다."[48)]

이어 그는 현세에서 복을 구하는 종교를 일언하여 현세구복적으로서 - 눈에 보이고 손에 잡히는 - 세속적인 복을 추구하는 이익단체로 간주해 버렸다.[49)] 더 나아가 그는 한국 문화의 뿌리는 샤마니즘이며, 때문에 기독교가 한국에 들어왔어도 그 바탕에는 언제나 샤마니즘이 도사리고 있었다고 주장하였다.[50)] 문화학자 최준석이 쓴 『한국을 다시 본다』는 한국사를 통틀어 그래도 멸하지 않고 지금까지 흘러온 것이 있다면, 샤마니즘밖에 없기 때문에 이 사상의 핵심을 아는 것은 대단히 중요하다고 적고 있다.[51)]

이상과 같이 일련의 일반 지식인들에게서 찾아낸 공통점은 넓게는 한국인들은 물론 좁게는 한국 교회에 이르기까지 한결같이 불가변적 측면으로 기복신앙을 갖고 있는 바, 이것 또한 샤마니즘과도 당연히 밀착되어 있다는 것이었다. 환언하면 샤마니즘적인 기복신앙이 불가변적 측면으로 작동하고 있다는 사실이다.

2) 한국 교회의 정예전통의 견해

이제부터는 기독교를 변호하고 그래서 가치판단을 내릴 수밖에 없는 한국 교회의 정예전통들(신학자 및 목회자)의 그 샤마니즘적인 기복신앙에 대한 견해들을 알아보기로 하겠다.

1976년 대한기독교서회가 특별기획으로 사회학자 한완상과 종교신학자 유동식과 당시 목회자(실천신학자) 은준관이 동석하여 문제발굴 정담을 나눈 적이 있다.[52)] 이때의 주제는 '한국 교회는 무당 종교를 극복할 수 있는가'이었다. 우선 은준관은 기독교가 계시종교라고 한다면 기복종교가 될 수 없다고 단언하였다. 이어 그는 십자가와 함께 세속적인 기복신앙이 부서지면서 부활과 함께 새로운 삶이 시작된다고 강조하였다. 그리고 한완상은 예수님 당시 많은 사람들이 그를 세속적 메시야로 받아들였다가 막상 십자가에 죽자, 그들의 기복신앙이 깨졌다는 식으로 나름대로 이해를 하였다. 이러하니 그런 기복신앙을 극복해야 한다는 것이다. 이에 더하여 유동식은 자신의 이기적 욕망을 채우거나 자기 주장을 절대적으로 내세우기 위해서 기독교의 이름을 빌리고 예수의 이름을 판다면, 이런 것들은 다 무당종교적인 것이라고 일렀다. 이것 역시 기복적인 것이기 때문에 응당 극복되어야 한다면서 기독교의 존재 이유를 명제로 내세웠다.[53] 이와 같이 정담을 마친 후에 그들은 한국 교회가 샤마니즘적 요소를 극복하는 방안으로서 자기희생적 개방의식과 역사의식을 가져야 한다는 것에 함께 동의하였다.[53]

2011년 전 한국기독교장로회 총회장 박원근은 한국 교회의 예배에서 기복신앙적 요소를 물질과 건강의 복, 성공주의, 교회성장지상주의로 간주하였다. 그에 대한 해결책으로서는 먼저 자기를 부인하고, 자기 십자가를 지고 주님을 따르는데 있다고 하였다.[54] 그리고 설교학자 류응렬은 한국 교회의 설교에서 기복적인 요소들을 모색하였다. 그 요소들로서는 예수님을 잘 믿으면 지상에서도 복을 누린다는 설교, 지상에서 축복을 받아야 좋은 신앙이라고 강조하는 설교, 우리의 열심과 헌신이 하나님의 축복을 받는 통로라고 가르치는 설교 등이라고 정리해 주었다. 이에 대한 해결책은 기복신앙을 넘어서서 성경적인 신앙을 정착하는데 있다면서, 그 지침을 우선 모든 설교자들의 성경적인 신학의 정립과 성경적인 설교의 정립과 함께 그리스도인의 건강한 정체성의 확립, 순례자 정신의 회복으로 제시하였다.[55] 이어서 전 분당 한신교회 목회자 이윤재는 크리스천의 윤리의식 속에서 기복신앙을 찾아낸 후, 그것은 샤마니즘적인 것이라면서 현세적인 것으로 규정하였다. 더 나아가 그는 기복신앙이야말로 신앙생활을 변형시켰는가하면 교회를 굿판처럼 인식하게 되었다고 하였다. 이런 기복신앙을 극복하려면 성경적 복의 세계를 추구하며, 오로지 그 해답은 예수의 영성의 회복에 있다고 하였다.[56]

역사신학자 김의환은 기복신앙과 샤마니즘을 이렇게 설파하였다 "극과 극은 쉽게 맞는다는 말처럼 기복신앙은 쉽게 배금주의와 물량주의와 입 맞추게 된다. 샤마니즘이 복음으로 정복되고 건전한 성경적 축복관이 정립되어야 교회가 다시 성장할 수가 있다."[57] 신약학자(현 목회자) 권성수는 기복신앙에 대한 대안으로서 근시안적 태도를 시정하는 것에 주안점을 두었다. 그리고는 한국 교회의 성장을 방해하는 신앙병리현상으로서의 무속화와 세상적인 축복관을 언급하는 가운데, 그에 대한 대안을 성령의 인도에 순종하는 삶의 성숙함으로 제시하였다.[58] 그리고 신약학자 이한수는 1970년 이후에 한국 교회의 급성장의 부작용으로 자주 언급되는 것들은 샤마니즘적 현세주의의 구복신앙과 맞물린 복의 신학, 물량주의 외형주의 탈역사적이고 탈사회적인 개인주의 등이기에, 이런 미분화된 사고방식은 추방되어야 하는 것이 마땅하다고 역설하였다.[59]

선교신학자 정병관은 나름대로 구체적으로 샤마니즘에 대해서 피력하였다. 그는 토착종교인 샤마니즘에 대한 안일한 대응이 신실한 성도들의 성장을 방해하였다고 지적하였다. 그래서 한국 교회 안에 극복되어야 할 커다란 신앙의 난제로 대두하게 되었다는 것이다. 실제로 샤마니즘은 크리스천의 삶을 방해하는 장애물이 된지 오래되었으며, 이런 상황은 오늘날 한국 교회를 다수의 맹목적인 신자들(mominal Christians) 또는 혼합주의자들로 채우게 했고 지속적인 성장의 지대한 기반을 점차 상실하게 한 원인이 되었다는 것을 부연하였다.[60]

주한 선교사 나일선은 외국인 교수인 데도 교회성장의 부정적 측면으로서 목회의 무속적인 관점과 함께 유교적 구조 및 교회의 불교적 요소를 예로 들면서 마땅히 극복해야 한다는 것을 강조하였다.[61] 한편 크리스천 철학자(고신대 석좌교수) 손봉호는 샤마니즘이란 것이 본래 윤리성이 전혀 결여되어 있는 것이 특징인데, 인과응보의 원칙 또한 전혀 없어서 윤리보다는 운수가 얼마나 있는가 하는 것을 더 중시한다고 하였다.[62]

이제까지 논의한 결과, 배타적 절대주의자들(보수진영)은 물론 관용적 절대주의자들(자유 및 진보진영)을 막론하고 모두가 다 한결같이 샤마니즘적 기복신앙에 대해서 대응하여 극복, 정복, 시정, 추방하자는 식으로 부정적으로만 탄핵하고 있다는 것을 확인하였다. 이런 확인은 그 자체로만 봐도 한국 교회 전체가 기복신앙에 대하여 전적으로 왜곡하고 있다는 사실을 간파할 수 있겠다. 이 사실은 한국 교회의 정예전통들이 특정한 신학에만 매달려 있는 이론적 교구주의 및 환원론(reductionism)에 함몰되어 있다는 것을 시사한다. 즉 그 정예전통들이 특정한 신학만 인지하고 있을 뿐, 인문학 내지는 사회과학 등 특히 종교학 본영에 따르는 현상학적 해석학의 결핍에서 오는 오류라는 것이다. 또 하나 부연하자면 그 정예전통들이 한국인인 데도 불구하고 한국인의 정서 및 정체성도 인지하지 않은 채, 사대주의 심리로 서구 유럽과 미국의 신학이라는 동굴 속에 빠져 종족만을 자랑하고 있는 오류를 범하고 있다는 것이다.

단언하건대 그 어느 누구도 샤마니즘적인 기복신앙을 타도해서 소멸시킬 수가 없다. 오히려 그런 기복신앙에 힘을 받아 그동안에 한국 교회가 급성장해 왔음에도 불구하고, 이제 와서 성장이 정체되었다고 하는 것을 빌미로 삼아 그 책임을 기복신앙에 돌리고 있다는 것은 어불성설이다. 이를 테면 기복신앙을 토사구팽(兎死狗烹), 감탄고토(甘呑苦吐), 득어망전(得魚忘筌)하자는 셈이다. 우리 한국인의 한국 교회는 기복신앙과 함께 동고동락할 수밖에 없는 한국인이기에 그 기층 내지는 근원신앙을 탈피할 수 없다. 이런 한국 종교사적 사실을 인지하고, 샤마니즘적 기복신앙에 대하여 이제 새롭게 창조적인 해석을 시도할 때만이 현금 겪고 있는 한국 교회의 난문제를 해결할 수가 있음이다.

그럼 여기에서 기복신앙을 결단코 토사구팽시킬 수가 없다는 역사적 사실을 다시 한번 확인해 보기로 하겠다. 주한 교회사가 클라크(C. A. Clark)는 샤마니즘이야말로 한국에서는 가장 강력한 세력이라는 사실을 분명히 해 두었다.[63] 이어서 그는 한국 교회는 효율적인 차원에서 그 강력한 토속종교인 샤마니즘에 따라 절묘한 적용을 연출해 왔다고 지적하였다.[64] 그리고 1996년 '교회갱신을 위한 목회자 협의회'에서 영성수련회를 개최하면서 참석한 목회자 400명을 대상으로 한 설문조사를 실시한 적이 있다. 이 설문의 내용은 '기복신앙이 교회성장에 미치는 영향이 어느 정도인가'라는 질문에 무려 67.3%가 양적인 성장에 도움을 주었다고 대답을 하였다.[65] 한편 선교신학자 이재범은 한국 교회의 팽창인구의 과반수가 기복적인 오순절 신앙인이라고 직시하였다.[66] 이렇게 한국 교회 안에는 샤마니즘적인 기복신앙으로 채워져 있다는 것을 아무리 강조해도 지나친 과언은 아닐 것이다. 이리하여 종교학자 윤이흠은 한국 종교들 중에서 기복행위가 흘러넘쳐나는 기복집단이 있다면, 한국 교회가 제1의 선두에 있다고 갈파하였다.[67]

3) 세 가지의 신앙 유형에 대한 분석

진보진영의 실천신학자 박근원은 한국에 있어서 종교적 영성의 맥을 이어준 영성의 원목을 샤마니즘으로 보았으며, 이것이 신라의 화랑도를 발족케 했을 뿐만 아니라 역사적으로 이 땅에 들어온 모든 외래 종교들이 바로 그 영성의 원목에 접목이 되어 우리 민족의 종교로서 동화되어 발전되어 왔다고 일렀다.[68] 이에 더하여 자유진영의 조직신학자 윤성범은 화랑정신과 한국 샤마니즘의 연구를 통하여 그 자체가 한국인의 '멋'이라면서, 그 밑바탕에는 한국의 샤마니즘이 있었다고 하였다.[69]

그와 같이 강렬한 주체세력이 되는 샤마니즘을 두고 초지일관 부정적인 언어로 탄핵만을 일삼고 있는 한, 한국 교회에는 더 이상 희망이 없다. 그 이유는 서구 유럽의 교회들처럼 소멸되어 갈 확률이 많아 보이기 때문이다. 한국 교회의 여전한 문제는 샤마니즘적 기복신앙에 대한 올바른 진단을 내릴 수 있을 때만이 주도면밀한 대처 방안을 내놓을 수 있다는 현실을 간파해야 하는데 있다. 이에 먼저 확실히 해둬야 할 절대적인 명제가 있다. 누차 언급한 바와 같이 한국 교회가 그 어떤 신학 내지 교리를 내세워 이리저리 난도질한다 할지라도, 그 신앙은 변함없이 건재하다는 것을 포용하는 태도 지향이 바로 그 명제라는 것이다.

이런 맥락에서 볼 때, 한국 교회의 신학자들보다 오히려 불교학자 조명기의 견해가 더 학문적으로 보나 현실적으로 보나 정당하다.

> "자문화와 타문화 간에 상호 색채를 버리고 완전히 합류(合流)하는 것이 이상적이다. 이 현저한 실례를 몽고의 불교에서 찾아볼 수 있다. 이 불교는 몽고의 본래 문화를 수용하여 융합시킴으로 말미암아 신문화가 되는 라마를 창출하였다. 이후에 라마는 생활 전반을 아우르게 되었는 바, 형식은 불교이었으나 내용은 모두 습합된 몽고문화이었다. 한국 문화 역시 마찬가지다. 이미 외국으로부터 유입된 불교와 유교와 기독교가 한국문화에 접목되어 있는 데도, 이것을 두고 금일의 두뇌로 이것은 고유한 것이니 저것은 외래의 것이니 하면서 각각의 요소를 분석하여 찾아내려고 한다. 이런 행태는 마치 누룩과 곡물을 합하여 양조한 청주(清酒)를 다시 누룩과 곡물의 원형을 분출(分出)하려는 것과 다름이 없다. 현재 한국문화에 접목이 되어 하나의 문화로 형성이 된 이상, 그 모두가 다 한국인

의 것이 된다. 여기에서부터 한국 문화를 새롭게 창조해야 할 필요성이 있는 것이다."[70]

이렇다고 할 때에, 과연 이미 한국 교회에 기층문화로 자리를 잡고 있었던 샤마니즘적인 기복신앙과 융합되어 있는 상태에서 자신들이 믿고 있는 신학이나 교리라는 명분을 내세워서 각각의 요소들을 색출해낼 수 있는 자신들이 있을까. 어느 누구라도 불가능한 일이다. 이제 한국 교회가 생태적으로 가질 수밖에 없었던 샤마니즘적인 기복신앙과의 혼합주의는 더 이상 거역(betray)될 수 없는 한국종교사의 필연적인 보편적 현상인 것이다.[71]

이런 보편적 현상을 확인해준 이로서는 미북감리회 소속 선교사 헐버트(Homer Hurbert)가 있다. 그는 이르기를 논리적으로 보면 한국인은 수세기에 걸쳐서 모든 종교들에 두루두루 통함으로써 하나의 종교적인 혼성물을 이루어왔다고 간파하였다. 그래서 한국인들은 사회생활할 때는 유교도이고, 뭔가를 생각할 때는 불교도가 되기도 하다가 고난을 받아 정작 문제가 생겼을 때는 정령을 숭배하는 귀신숭배자(a spirit worshipper)가 된다는 것이다.[72] 이렇다고 보아 그 절대적인 명제를 받아들일 수밖에 없겠다고 용인하는 순간에, 한국 교회의 입장에서 볼 때 바로 그 샤마니즘적인 기복신앙은 졸지에 애물단지가 되고 만다. 이에 좀 강하게 말하면, 지금까지 한국 교회의 정예전통들의 학문적인 소양으로부터 나오는 신학적인 천편일률적 사고방식 가지고는 결단코 그 애물단지를 정리할 수가 없다.

논자는 앞서 병들어 있는 종교를 치유하는 특효약으로 작용하는 종교학의 방법론(Religiological method)은 다원적인 총체적 연구를 지향한다고 하였다. 따라서 그 애물단지가 되는 문제의 그 샤마니즘적 기복신앙에 대한 관건은 종교사적인 방법에 이어 종교신학적인 방법 또한 동원이 되어야 해답을 얻어낼 수 있다. 종교신학이란 종교적인 전문으로서의 신학과는 달리 종교전통에 대한(about) 전문으로서 중교학적인 시각을 신학에 접목시키는 학문이다.[73)]

이에 따라 샤마니즘적 기복신앙에 대하여 논의하는 중에, 여기에서 종교신학적 방법론을 택한 이유는 그 신앙이 변함없이 항상 한국 교회의 신학계에서 문제가 되고 있는 현실이니 만큼, 중교학적인 시각을 접목시켜 그 해답을 모색해 보겠다는 의도가 있기 때문이다. 이런 의도에는 죽어가는 한국 교회를 위하여 희망의 불씨를 어떻게 해서라도 되살려야 한다는 나름대로의 책무가 내장되어 있다. 그럼 이제부터는 주어진 주제인 '세 가지의 신앙 유형에 대한 분석'에 대하여 구체적으로 항목별에 따라 논의해 보기로 한다.

(1) 기복형의 신앙

종교학에서는 모든 종교에 있어서 신앙의 유형을 기복형(magic type)과 구도형(truth-questing type)과 개혁형(eschatological type)으로 구분한다. 그리고 각 신앙의 유형은 사상적 동기와 사회적 태도를 갖고 있다. 먼저 기복형은 사상적 동기에 있어서 생존 생계에 있으며, 사회적 태도는 일률적 행동양식을 띠는 가운데 극단적 보수주의 성향으로 현상 유지를 위하여 현세적 조건을 충족시키고자 하는 믿음의 태도다. 이런 기복형에 대하여 한국 교회의 정예전통들은 이미 살펴본 대로 만장일치해서 부정적으로 탄핵하고 있다는 것을 확인한 바 있다. 그러나 종교학은 그 시각이 전혀 다르다.

윤이흠은 이르기를 실제로 모든 종교경험은 기복동기를 갖고 있고, 이 동기가 완전히 배제된 신앙체계는 이미 종교적 신앙이 아니라 철학이나 정치사상으로 변해진 것이라고 언급하였다.[74] 이렇게 종교학에서는 종교적 인간(homo religiosus)이 신앙으로 갈구하는 인간적인 생존 생계의 추구를 받아들이고 있는 것이다. 뿐만 아니라 신앙인의 현세적 조건을 위한 충족 또한 인정하고 있다. 좀더 해제하자면, 기복형의 신앙은 두 가지의 동기를 그 안에 담고 있는 신앙체계다. 하나는 세속적 욕망을 충족시키는 동기이고, 다른 하나는 이기적인 동기다. 아마도 어떤 이는 종교란 모두 그런 두 가지의 동기를 가져야 한다고 말할런 지 모른다. 맞는 이야기다.

주 예수님은 이 땅에 성육신하시사 하나님 나라의 복음을 선포하면서, 동시에 대중들의 배고픔을 오병이어로 해결해 주었으며 각양각색의 병든 자와 귀신들린 자까지도 치유해 주셨다. 그런데도 그 분은 분명히 세속적이고 이기적인 동기와는 무관한 삶을 보여 주셨다. 그 분은 세속적인 기준에서 볼 때는 십자가상에서 단명도 마다하지 않은 그야말로 허망할 정도로 폭망한 참 사람(Vere homo)이었다. 그 분은 그렇게 병을 치유하는 등 많은 이적을 행하셨지만, 그것을 빌미로 삼아 어떤 경우에도 세속적이고 이기적인 동기를 동반하지 않았다. 이는 그 분이 일체 기복을 하지 않았다는 것을 말해준다.[75]

이처럼 주 예수님은 고전종교의 모습을 삶으로 몸소 직접 보여주셨던 것이다. 여기서 말하는 고전종교란 교리체계와 함께 도덕 윤리적으로도 완벽한 삶이 제시되어 인간들에게 이렇게 살아야 한다는 모본을 보여주었던 성현들의 종교를 일컫는다. 여기에는 석가모니의 불교와 공자의 유교 등이 해당된다. 그런데 그와 같은 일련의 고전종교들이 있는 곳에는 언제든지 기복이 있어 왔다는 사실에 주목해야 한다.

일반적으로 말해서 잘 사는 데는 두 가지의 길이 있다. 하나는 물질적으로 풍요롭게 사는 길이며, 다른 하나는 사람이 사람답게 사는 길이다. 이 두 가지의 길은 나란히 평행선을 유지할 수도 있고, 서로 갈라질 수도 있다. 우리 사회에서는 아직까지는 잘 산다는 기준을 물질적인 풍요에다 촛점을 두고 있다. 이런 외형적인 삶의 풍요를 확보하기 위하여 지금까지 우리의 정치계와 정부가 노력하고 투쟁해 왔던 것이다.[76] 이에 따라서 한국 교회들이 공동보조를 맞추어 왔던 셈이다. 여기에 바로 문제가 있었다. 일언해서 기복신앙이란 소시민적 욕망을 추구하는 행위의 신앙이다.[77] 배 부르고 등을 따뜻하게 하고 사는 것을 희망하는 것은 기본적인 생존 생계의 소시민적 욕망이다. 산업화 이전의 인간 사회에서 그 같은 소시민적 욕망이 충족되지 못했기 때문에, 고매한 고전종교라 할 수 있는 기독교의 한국 교회가 기복신앙과 평행선으로 나갈 수밖에 없었던 것이다. 이렇게 함으로써 한국 교회의 성장에 큰 도움을 받았는 데도, 그것을 지금까지도 여전히 잘못 읽음으로 말미암아 기복신앙을 때려 잡겠다면서 내내 허공을 치고 있는 모양새다. 이것은 마치 한국 교회가 등에 기복신앙을 업은 채로 기필코 기복신앙을 찾아내 반드시 소멸시키고야 말겠다는 것과 흡사하다.

이에 즈음해서 도저히 묵과할 수 없는 중대한 사실이 하나 있다. 언급한 대로 교회의 구성원에는 정예전통과 대중전통이 있다고 한 바 있다. 본시 '대중'(Popular)이란 함석헌에 의하면 우주시대 사람의 이름으로 피플(people)이 아니라 매스(mass)에 가깝다고 하였다.[78] 그래서 종교는 대중의 종교가 되어야 한다는 것이다. 따라서 그 매스는 덩어리로 살아가고 있기에 코뮤니티(Community)가 되는 셈이다. 이에 반해서 아예 탁석산은 대중을 노골적으로 표현하였다. 그에 의하면, 대중은 흔히 상업성과 동의어로 사용하기에, 대중성을 확보했다는 것은 상업적 성공을 거뒀다는 것과 동의어처럼 쓰이고 있다고 하였다.[79]

그와 같은 의미를 정리해 보자면, 교회라는 공동체에 모여 있는 신도들은 우선적으로 보아 상업성이 강하다는 말이 성립된다. 따라서 그대로 기복신앙은 상업적이란 의미에서 대입(代入)시킬 수가 있을 것이다. 이런 맥락에서 보건대, 대중전통이 생존 생계를 해결하려고 현세적 조건에 만족시키고자 상업적이 되어야 한다는 것은 너무나도 당연한 자연적인 태생적 본능이다. 이와는 다르게 정예원통은 엘리트(elite)로서 교회의 영적인 지도자이다. 이 엘리트가 다른 영역에서는 대중이 될 수는 있겠으나, 양들의 터전이 되는 교회라는 믿음의 공동체 안에서 만큼은 결단코 대중이 되어서는 안된다. 문제는 오늘날 한국 교회의 정예전통들이 교회안에 있는 대중전통들보다 더 기복신앙에 매몰된 채, 상업적으로 온갖 신앙병폐현상들을 합병증세로 이렇게 저렇게 야기시키고 있다는데 있다. 이런 합병증세를 일으키게 하는 중병은 맘모니즘(Mammonism)이다. 그래서 도저히 묵과해서는 안된다는 것이다.

다시 강조하건대 주 예수님은 당시 대중들에게 기복을 채워 주시기는 했으나, 정작 스스로는 어떤 경우에도 기복을 하지 않았다는 사실을 똑바로 상기하고 있어야만 한다. 이에 정예전통은 실천에 옮김으로써 양들인 대중전통들에게 모범을 보여줘야 한다. 이런 리더십을 발휘하는 정예전통이 제3 종교개혁을 주도하는 선도적 주체세력이 될 수가 있는 것이다. 이렇게 되기라도 한다면, 그 영향을 받은 대중전통들도 삶의 변화를 일으켜 사회의 진정한 누룩과 소금이 될 수 있다. 이것이야말로 진정 위(정예전통)에서 아래(대중전통)로 하강하는 종교개혁인 것이다. 이것은 종교개혁만큼은 결코 대중전통에서부터 시작되는 것이 아니라는 사실을 말해준다. 이런 까닭에 제3 종교개혁이 안되고 있는 결정적인 책임은 전적으로 정예전통에게 있는 셈이 된다.

이제까지 알아본 바, 이런저런 이유로 해서 일단은 기복신앙을 받아들이는 관용의 태도가 요청된다. 신학은 호교론적으로 가치평가를 내릴 수밖에 없는 학문으로서 해제작업이 필요하지만, 종교학은 종교현상에 대하여 어떤 선입주관을 제거하고 공평한 입장에 서서 가치중립적인 태도와 객관성 및 보편성을 갖고 연구하는 학문이다. 그래서 오늘날에는 이해의 종교학이 많이 강조된다. 이에 종교학은 창조적인 해석학(creative hermeneutics)을 지향한다.[80] 여기에서 이 말을 언급하는 이유는 기복신앙을 제대로 이해하려면, 그 해석학을 구축함에 있어서 일반론자(generalist)의 입장에 서 있어야 하겠기 때문이다. 만일에 신앙인이 기복신앙에만 정체된 채 그대로 머물러 있다면, 그 사람은 여지없이 샤만교 신자(shaman)다. 이어 그 사람이 허울만 그리스도인이라고 할 때에, 그에게 있어서 교회는 굿당이고, 예배는 굿판이고, 담임 목회자는 무당이고, 내는 헌금은 굿돈이고, 병 고침 받는 것은 우환 굿이고, 감사기도를 받는 것은 추원이 되는 격이다. 이럴 수는 없다.

그 다음 단계의 신앙인 구도형으로 발돋음해야 한다. 이 신앙을 올바르게 이해하고자 할 때는 기복신앙에서와 같이 바로 그 창조적 해석학에 따른 일련의 작업이 필요하다. 이 구도형의 사상적 동기는 진리를 추구하는 가운데 자아를 완성하는데 있다. 그리고 그 사회적인 태도는 삶의 현존적 조건과 이상에 대한 깊은 각성을 하며, 이와 더불어 고행과 극기를 통해서 엄격한 도덕생활을 감내한다. 따라서 극단적 보수주의를 취하고 있는 기복형과는 달리 구도형은 낭만적 보수주의를 취한다. 이 구도형의 다음으로 이어지는 최종 단계의 신앙으로서는 개혁형이 있다. 이 개혁형의 동기는 황금시대를 대망하는데 있다. 그 사회적인 태도로서는 현존 사회, 문화질서와 이상사회와의 괴리(gap)에 대한 각성을 치열하게 하는 열정이 있다. 그리고는 급진적(radical) 사회개혁을 부르짖는다.

여기에서는 이상과 같이 구도형과 개혁형에 대한 서두를 간단히 언급하는 것으로만 마무리하고, 그에 따르는 구체적인 설명은 각각 다음에 이어지는 별도의 항목에서 다루도록 하겠다.

(2) 구도형의 신앙

일단 샤마니즘적 기복신앙을 받아들이기는 하되, 그 기복신앙을 넘어서는 그 다음 단계인 구도형에서 비롯되는 구도신앙으로 성장해야만 한다. 고전종교로서의 기독교의 특징은 자아의 존재론적 각성에 있다. 이에 따라 먼저 진리의 추구를 선도한다. 그리고는 이어서 정비된 우주관과 세련된 형이상학 체계를 개발하고 그에 입각하여 인간과 자아의 의미를 추구하게 된 기독교는 오늘에 이르기까지 이른 바, 인간 문화의 지혜의 연원은 이루고 있다. 이것은 삶의 외적인 조건에서 오는 두려움과 당혹감에 대한 자기방어적인 생존 본능에서부터 인간이 이상적 자아를 성취하려는 능동적 자아완성의 추구(quest for self-fulfillment)로 전향하게 된 것이다. 이로 본다면 존재론적 각성에는 사상적 동기로 진리의 추구와 함께 자아의 완성이 동반되어야 한다는 것을 알 수가 있다.

이리하여 구도 신앙인은 최우선적으로 존재론적 각성에서부터 출발한다. 이것을 성경신학적으로 말하자면, 성령의 구원론적 기능에 이어 그 은사론적 기능(갈 5:22~23 참조)이 증대되는 성화론적인 성찰이 되겠다. 독일의 신비사상가 마이스터 에크하르트(Meister Eckhart)는 인간이 깊이 생각해야 할 것은 내가 무엇을 행해야 할 것인가이기 보다는 나는 과연 어떤 존재인가를 성찰하는 것이라고 일침을 가하였다. 그리고 심리학자 에리히 프롬(Erich Fromm)은 인간의 존재양식을 일상적 경험상 소유적 실존양식과 존재적 실존양식으로 나누었다. 그에 의하면, 전자는 그 밑바탕에 뭔가 이윤을 추구하려는 마음이 강렬하여서, 나 자신보다는 내가 가지고 있는 그것이 나를 존재하게 한다는 주체성이 본질적으로 상존해 있다는 것이다.[82)] 이리하여 그런 사람은 소유에 매달려 있는 이로서 특성상 항문애적인 성격을 갖게 되어 있다.[83)]

한편 심리학자 프로이드(Sigmund Freud) 역시 에리히 프롬과 맥을 같이하여 소유지향의 지배적 특성은 완전한 성숙기 이전에 나타나며, 그 특성은 이후의 삶에도 계속 두드러지면 그것은 병적인 것으로 간주해야 한다고까지 하였다.[83] 환언하면 이런 사람은 소유와 점유에 전적으로 몰입하는 위인이기 때문에, 결국은 정신적으로 병든 사람이며 신경증 환자라는 것이다.[84] 이에 따라 구도신앙에로 성숙하지 않고, 기복신앙에만 함몰되어 있는 사람은 항문애적 성격이 우세한 자로서 그 자체가 병주머니라는 추론이 얼마든지 가능하다.

이와는 달리 존재적 실존양식을 지니고 있는 사람은 능동적으로 자율적이며 덕목과 화음을 도모하는 가운데 베풀고, 나누고, 기꺼이 희생하고자 하는 의지를 갖고 있다.[85] 이런 구도형적인 신앙인이야말로 새로운 사람으로서 새로운 사회를 만들어가는 구심력이 있는 신앙인 것이다. 이렇게 설명을 이어가고 있는 에리히 프롬은 존재적 실존양식의 모범적인 사례를 아브라함과 초대 예루살렘교회에서 찾아냈다. 즉 구약성경의 주요 주제 중의 하나는 '네가 가지고 있는 것을 떠나라, 모든 속박으로부터 너 자신을 자유롭게 풀어라, 존재하라'면서 아브라함(창 12:1)을 그 사례로 들었던 것이다.[86] 이어 신약성경은 소유지향적 삶에 대한 구약성경의 반론(反論)을 그대로 이어받았다면서, 일체의 물질적 재산을 공유하려는 자발적 소망의 공동체였던 초대 예루살렘교회(행 2:43~47, 4:32~35)를 그 사례로 들었음이다.[87] 이와 같은 존재적 실존양식을 갖고 있는 사람은 분명히 구도신앙인임에는 틀림이 없다. 이렇게 구도신앙인은 자연스럽게 진리를 추구하게 되어 있다. 이때의 진리는 주 예수 그리스도이시다(요 14:6, 17). 주 예수 그리스도는 구세주로서 사랑의 영웅이며 권력 없는 영웅으로 아무것도 소유하려고 하지 않은 영웅이었다.[88]

그 분은 존재의 영웅으로서 베풀고 나누는 영웅이었던 것이다. 그리고 과정신학자 존 B. 콥(John B. Cobb)은 철학자 칼 야스퍼스의 차축시대적 존재를 언급하는 중에, 기독교적 존재를 사랑안에서의 자기초월적인 영적인 존재로 규정한 바 있다.[89)]

이로써 우리가 직시할 수 있는 것은 구도신앙인은 진리를 추구하면서 주 예수 그리스도로부터 사랑을 배워 알게 되었을 뿐만 아니라 그런 사랑을 몸소 실천(praxis)하는 사람이라는 것이다. 이 사랑은 새 계명(마 22:37~40)에 따라 자기 목숨을 내놓을 수도 있다는 순교정신으로 하나님을 사랑하고 이웃을 사랑하는데 있다. 이 사랑은 성령의 열매(갈 5:22~23)에서 비롯된다. 이런 사랑을 실천하는 사람을 두고 에리히 프롬은 기독교의 진정한 영웅이라고 극찬하였다.[90)] 이 영웅이야말로 자아를 스스로 능동적으로 자율해 완성을 위하여 뚜벅뚜벅 걸어가는 순례자(pilgrim)인 것이다.

이제는 구도신앙인의 사회적 태도에 대해서 해제해 보기로 하겠다. 진리의 추구와 함께 자아의 완성을 일궈낸 구도신앙인은 신앙발달상 이미 중생하였으며 양자의 영을 받았다는 구원의 확신이 서 있기에, 자연스럽게 눈을 외부(outside)로 돌리게 되어 있다. 그래서 삶의 현존적 조건과 이상에 대한 깊은 각성을 하기 시작한다. 여기서 말하는 삶의 현존적 조건이란 오늘날 우리들이 살아가고 있는 삶의 터전이라 할 수 있는 삶의 정황(Sitz im Leben)을 일컫는다. 이 삶의 정황에 대한 기복신앙인의 태도로 볼 때에, 정예전통들은 단지 교회성장주의적인 전도 대상으로만 간주하고 있으며, 대중전통들은 그저 생존 생계를 위한 경쟁의 정글(jungle)로만 인식하고 있을 것이다.

하지만 구도신앙인은 삶의 정황을 보는 시각이 전혀 다르다. 그들이 보는 시각은 '민주적인 자유주의적 자본주의'로 그 삶의 정황을 디자인한다. 여기에는 정치학과 경제학이라는 학문적인 탐색이 반드시 병행되어 있어야 한다. 한걸음 더 나아가 설명하자면, 민주주의의 핵심 가치는 자유와 평등과 박애이고, 자유주의의 핵심가치는 시장경제와 사유화, 경쟁, 이윤이다. 자본주의는 역사상 단계별 발달과정으로 보아 자유방임주의(1.0: 19세기 초~1930년대) → 수정자본주의(2.0: 1930년대~70년대) → 신자유주의(3.0: 1970년대 말~2000년대) → 공동체: 공생의 생태계(4.0: 2000년대 말)로 정리할 수 있다.[91] 이로 볼 때, 우리들이 현재 살아가고 있는 삶의 정황은 정치체제로서는 자유민주주의이고, 경제체계로서는 자본주의라는 사실을 인지하게 된다.

이런 상황에서 구도신앙인이 그리고 있는 이상(Ideal)과 조우하면서 각성할 때의 그 이상은 두말할 필요도 없이 하나님 나라이다. 이 하나님 나라 또한 하나님의 구원 계획에 의한 점진적 계시에 따라 진행되어온 그 발달과정은 다섯 단계로 이루어져 왔다. 즉 최초로 수립된 하나님 나라(에덴동산의 원초상대) → 언약된 하나님 나라(아브라함) → 예표된 하나님 나라(왕조시대) → 성취된 하나님 나라(주 예수님의 초림) → 완성될 하나님 나라(주 예수님의 재림)가 그것이다.[92]

이렇다면 현실적으로 지금 우리들이 살고 있는 삶의 정황은 이미 확고히 정립되어 있는 셈이 된다. 다시 말해서 세상적으로는 신자유주의시대에 살고 있으면서도 공생의 생태계를 지향하는 공동체를 만들어가야 하는 때이고, 신앙적으로는 이미(already) 성취된 하나님 나라의 때에 있으면서도 동시에 아직(not yet) 이루어지지 않은 완성될 하나님 나라를 대망하고 있는 순례자라는 사실이다. 이런 사실에 더하여 구원의 확신을 확고히 하고 있는 구도신앙인은 진짜 그리스도인으로서[93] 온갖 고행도 마다하지 않으며 극기를 통한 엄격한 도덕생활을 영위한다.

신약학자 이한수는 "윤리적인 사람이 반드시 신령한 사람인 것은 아니다. 하지만 진실로 영성의 사람은 반드시 윤리적일 수 밖에 없다"[94]고 설파하였다. 이렇다고 할 때에 오늘날에 와서 한국 교회에 그토록 많은 도덕적 불감증세를 하루가 멀다하고 이곳저곳에서 보이고 있다는 것은 그만큼 영성을 지닌 구도신앙인이 거의 없다는 것을 시사한다. 공동체주의자 마이클 샌델(Michael J. Sandel)까지도 민주사회에서 도덕적인 가치는 매우 중요한데 그런 중에도 종교인은 반드시 도덕적이어야 한다고 일갈하였다.[95)]

이리하여 도덕 윤리적인 생활을 감내하는 구도신앙인은 성령의 구원론적인 기능에 따라 구원의 확신을 반석위에 세운 사람으로서, 그것으로 끝나지 않고 성령세례를 받음으로 말미암아 성령의 은사론적 기능에 따라 성령의 열매(갈 5:22~23)도 맺은 사람이다. 이 열매는 단수 '칼포스'로 사랑을 말하는 것으로서 이 사랑은 희락, 화평, 오래참음, 자비, 양선, 충성, 온유, 절제라는 8 가지의 맛을 낸다. 이 사랑을 품은 구도신앙인은 기복신앙인과는 달리 말틴 루터의 말대로 돈지갑부터 회심한 사람이기에, 존재적 실존양식으로서 아낌없이 물질을 베풀어주는 각성자다.

영국 라브리공동체 창설자 프란시스 쉐퍼(Francis Schaffer)는 이렇게 말하였다.

> "물질의 소유나 필요의 영역에서 생활에 필요한 요소와 관련되지 않은 사랑을 말하는 것은 아무런 소용이 없다. 그리스도 안에 있는 형제들과 함께 우리의 물질을 나누지 않는 사랑은 전혀 아무것도 의미하지 않는다.[96)] 이어 백작 니콜라우스 루트비히(N. Ludwig)는 "한 알의 살아 있는 신앙은 한 파운드의 역사적 사실보다 훨씬 가치가 있으며, 거기에서 나오는 한 방울의 사랑은 바다같은 과학보다도 훨씬 가치가 있다."[97)]

진영논리상 사회적 태도에 있어서 구도신앙인은 – 웨슬리의 말대로 한 줄의 구슬이 기독교의 경건이 아닌 것처럼 한 줄의 의견만을 줄기차게 내세우고 있는 - 극단적 보수주의와는 달리 낭만적 보수주의를 지향한다.

이 낭만적 보수주의는 문학용어 낭만주의와 정치용어 보수주의가 합성된 정치적 개념이다. 먼저 낭만주의는 이성을 강조하는 계몽주의와 18세기 합리주의 및 물질적 유물론 일반에 대한 저항운동으로서 특히, 감성과 초월성 등을 강조하고 나섰다. 이것이 후에는 시각예술과 음악 및 문학에까지 영향을 끼쳤다.

한편 보수주의는 한마디로 현상을 유지하고 변화에 반대하는 의식체계로서의 역사, 전통, 관습 및 사회질서와 그 기능을 수호하려는 정치적 태도 또는 사회적 조류라고 할 수 있다.[98] 이 보수주의를 일반적으로 심리적 태도로서의 보수주의와 정치적 이데올로기로서의 보수주의로 대별한다. 그러나 종교학에서 낭만적 보수주의라 할 때의 그 의미에는 구체적으로 비물질적인 유물론으로 물질적인 태도를 뛰어넘자는 초월성이 내장되어 있다. 그런데 여기에는 이성보다는 감성적인 사고방식을 우선시하는 태도가 도사리고 있다. 이것이 바로 구도신앙인의 한계점이다. 그럼에도 초보적인 항문애적 기복신앙보다는 구도신앙 자체가 훨씬 진일보한 신앙인 것만큼은 틀림이 없다.

(3) 개혁형의 신앙

16세기에 이룩한 제1 종교개혁에 근거를 두고 있고, 그 이후 18세기 제2 종교개혁을 거치면서 변함없이 항상 외쳐지는 프로테스탄트 교회의 불변의 표어가 하나 있다. 이것은 "교회는 개혁되었다. 그러므로 계속해서 개혁되어야 한다"(Ecclesia reformanda quia reforma)는 표어가 그 것이다. 여기서 말하는 개혁형을 영어로는 'Eschatological type'라고 부르는데, 이를 쉽게 풀이하면 영어 그대로 종말론적인 유형이 되겠다. 종교학에서는 개벽형이라고 번역해서 사용을 한다.

개혁형으로 제3 종교개혁자가 선도적 주체세력이 되고자 할 때는 총망라적으로 사상적 동기와 함께 사회적 태도에 대한 일련의 온갖 지식을 포섭해야 하며, 그것으로부터 나오는 융합된 지식(harmonious knowledge)을 지혜롭게 사용할 수 있어야 한다. 이런 태도가 구도신앙과 다른 점이다. 이에 개혁형에 있어서 사상적 동기는 황금시대에의 희망인데, 이 황금시대에 대한 이해는 앞서 논한 바 있는 이미(already) 성취된 하나님 나라와 주님의 재림 때 완성될 하나님 나라에 따르는 중간기의 삶에 대한 분석 작업을 필요로 한다. 이 작업을 전 이해(pre-understanding)로서 정리해 놓아야 문제투성이로 작동하고 있는 오늘날의 신자유자본주의의 병폐를 치유하고, 공동체자본주의에로 나가는데 있어 한국 교회가 선두에서서 모본을 보여줄 수 있기 때문이다. 이렇게 할 수 있는 것은 개혁신앙인밖에 없다.

이리하여 개혁신앙인은 사회적 태도로서 급진적(radical) 사회개혁주의 정신에 따라 현존사회의 문제점을 간파하고, 문화질서와 이상사회와의 괴리에 대한 각성을 치열하게 난 후에 로드맵(road map)을 설정하는 선두주자인 것이다. 이 로드맵을 설정해놓은 것이 바로 그 〈개혁을 위한 입문 : 한국 교회의 개혁을 위한 일련의 9개조 논제〉였던 것이다.

지금까지는 '개조 01 : 한국 교회 전체의 왜곡된 기복신앙에 대한 시각교정'을 살펴보았으니, 이후에 '개조 02 : 반드시 재설정되어야 할 상황화신학 작업'부터 시작해서 차례차례 순서에 따라 '개조 09 : 새로운 시대의 제3 개혁교회'에까지 구체적으로 상세히 논의해 보기로 할 것이다. 그런데 문제는 그 논의하는 접근 방법이 기존의 신학 방법론과는 - 보수, 자유, 진보진영을 막론하고 - 전혀 다르게 전개하겠다는 것을 밝혀둔다. 그 때문에 〈개혁을 위한 입문〉의 4에서 '교회의 성역화와 공론적 논쟁'을 제시했던 것이다. 한국 교회의 건강한 성장, 부흥을 위하여 재차 공론적 논쟁을 기대해 본다.

아무튼 우리는 세 가지의 신앙 유형에 대한 분석을 해오면서 기복신앙과 구도신앙과 개혁신앙에 따른 내용들을 살펴보았다. 한국 교회의 특색은 그 세 가지의 상호관계에 의해서 결정된다. 환언하면 한국 교회의 그 특색은 기복, 구도, 개혁의 세 가지 유형의 삼자관계(triadic relation)에 의해서 결정되며, 이 삼자관계는 신앙체계의 구조적 관계를 이루고 있다는 말이다.[99] 당연히 그 세 가지의 유형이 한국 교회안에 동시에 공존하면서 균형을 이룰 때 가장 조화된 한국 교회의 모습이 될 수가 있다는 것은 두말할 여지가 없다.[100]

이에 오늘날 한국 교회 전체의 심각한 문제는 온통 기복형의 신앙에만 몰입한 채, 허우적거리며 우왕좌왕하고 있다는 사실에 있다. 이러므로 이제라도 늦지 않았으니, 왜곡된 기복신앙에 대한 시각을 하루빨리 교정할 때이다. 이 시각을 교정하기 위해서는 자신만이 안다는 주장을 과감히 포기할 수 있어야 한다. 얕은 지식을 갖고 최고 최상이라고 믿고 있는 것은 하나님에 대한 다른 사람들의 지식을 경멸하는 것보다 훨씬 더 위험한 오만이다. 이러하기에 무지와 편협한 신학 내지 교리, 일방적인 이미지, 제한적인 지적 능력을 인정하고 다른 사람들이 더 깊은 지식을 갖고 있을 수 있다는 가능성을 인정할 때 희망이 보인다.[101]

이제야말로 일대 방향전환이 절대 필요하다. 이를 위해서는 한국 교회가 경계선상에 서서 신앙은 보수주의요, 행동은 자유주의가 내장된 급진주의라는 깃발을 올릴 수 있어야만 한다.[102] 이에 대한 첫걸음은 일단 기복신앙을 포용하고서 동시에 구도신앙을 거친 후에 개혁신앙으로 급기야는 개혁을 일궈내는데 있다.

주(註)

1) 최진석, 『탁월한 사유의 시선』, 21세기북스, 2020.
2) Cf. *Ibid.*
3) 졸저, 『한국 종교사』(하 : 현대), 왕중왕, 2006, pp.ⅶ~ⅷ.
4) 박용규, 『한국장로교사상사』, 총신대학출판부, 1994, pp.378~379.
5) 홍치모, "미국에 있어서 교회사 연구와 서술의 변천 : 1888~1998", 『신학지남』(봄호), 신학지남사, 1999, pp.122~123.
6) *Ibid.*, p.123.
7) *Ibid.*
8) *Ibid.*, p.125.
9) *Ibid.*, pp.124~125.
10) 실제로 논자는 2006년 한국의 종교들을 종교사적인 방법론으로 적용시켜 집필하는 가운데, 한국인의 원시시대부터 현대까지의 연구를 3권으로 나누어 펴낸 바 있다.
    cf. 졸저, 『한국 종교사』(상 · 중 · 하), 왕중왕, 2006.
11) 윤이흠, 『한국종교연구』(4권), 집문당, 1999, PP. 201~212.
    cf. 윤이흠의 한국 종교사적 방법론을 논자가 차용하여 한국 교회사 연구에 적용시킨 것이다. 이렇게 한 이유는 역사방법론이 동일하겠다는 동의성(同意性) 때문이다.
12) L.v, Ranke, *Hardenberg und Geschichte der preußischen Staates,* SW, 46, Bd., S. VI.
13) 이상신, 『역사학 개론 : 역사와 역사학』, 신서원, 1996, p.230.
14) 『교리와 장정』, (기)감리회, 2016, pp.21~23, 41~42.

15) 조용기, 『5중복음과 3박자 축복』, 영산출판사, 1983.
16) L. v. Ranke, *Op. cit.*
17) *Ibid.*
18) cf. 장병길, 『종교학개론 : 종교학강의』, 박영사, 1975, pp.49~50,
19) 윤이흠, 『한국종교연구』 (3권), 집문당, 1991, p.264.
20) 윤이흠, 『한국종교연구』(4권), 집문당, 1999, p.203.
21) *Ibid.,* p.208.
22) 서남동, 『민중신학의 탐구』, 한길사, 1983, pp.37~44 (한의 사제).
NCC신학연구위원회 편저, 『민중과 한국신학』, 한국신학연구소, 1989, pp.319~342.
cf. 강영선, "한의 정세와 설교", 『기독교사상』(1월호), 대한기독교서회, 1990, pp.218~219.
이기춘, "한국인의 심성과 목회상담", 『신학과 세계』(가을호), 감리교신학대학교, 2003, pp.85~86.
23) 본시 종교사상은 기본적으로 절대사상이다.
24) 윤이흠, "샤마니즘과 한국 문화사", 『샤마니즘연구』(제1집), 한국샤마니즘학회(문덕사), 1999, pp.92~98.
25) 탁석산, 『한국인은 무엇으로 사는가』, 창비, 2015, pp.46~78.
26) 종교학 본영에서는 대체로 샤마니즘(Shamanism)이라 부른다. 종교신학자 유동식은 그를 무교(巫敎)라 부르고, 인류학자 조흥윤은 무(巫)라 부르고, 민속학자들은 무속(巫俗)이라 부른다. 특히 유동식은 『한국 무교의 역사와 구조』(연세대학교 출판부, 1997)라는 명저를 펴냈다.
27) 탁석산, 『한국의 정체성』, 책세상, 2001, pp.102~103.
28) cf, 최정호, 『복에 관한 담론』(기복사상과 한국의 기층문화), 돌베개, 2010.
29) 김태곤, 『한국 민간신앙 연구』(한국무속총서VI), 집문당, 1994, p.14.

30) 『고려사』(권 93), 열전 6, 최승로조.
31) 한용운, 『조선불교유신론』, 불교서관, 1910, 이원섭 역, 운주사, 2007, p.132.
32) Gerardus van der Leeuw, *Inleiding tat die Phaenomenologie von den Godsdienst,* Haatlem: De Erven F. Bohn N.Y., 1948, 손봉호 · 길희성 역, 분도출판사, 1995, p.276.
33) *Ibid.,* p.274.
34) cf. Richard Gombrich, *Precept and Practice; Traditional Buddism in the Rural Highlands of Ceylon,* Oxford Claredon Press, 1971, p.47.
35) 대표적인 학자로서는 리츨을 중심으로 궁켈, 부세트, 브레테 등이 있다. cf. Van A. Harvey, *A Handbook of Theological Terms: The Meanings and backgrounds exposed of over 450 articles,* 박양조 역, 기독교문사, 1985, p.391.
36) Rudolf Bultmann, *Das Urchristentum im Rahmen der antiken Religionen,* 1969, 허혁 역, 이화여자대학교 출판부, 1977, pp.231-237. cf. Roland Robertson, *The Social Interpretation of Religion,* Schocken Books, 1970, p.103.
37) Eric J, Sharpe, *Comparative Religion*(50 key words), John Knox, 1971, pp.70~72.
38) Gerardus von der Leeuw, *Religion in Essence and Manifestion*(tr. J. E. Turner), Haper & Row, 1963, P.601에서 재인용.
39) Joachim Wach, *Religionswissenschaft,* J. C. Heinrichesche Buchandlung, 1924, s. 85.
40) *Ibid.*
41) Winston L. King, *Introduction to Religion,* Harper & Raw,

1968, p.107.

42) 함석헌, 『한국 기독교는 무엇을 하려는가』(함석헌전집 3), 한길사, 1989, pp.45~46, 343~ 350.

43) 원형갑, "기독교와 샤마니즘", 『기독교사상』(4월호), 대한기독교서회, 1974, p.93.

44) 이태하, 『종교적 믿음에 대한 몇가지 철학적 반성』, 책세상, 2000, pp.93~99.

45) 김광웅, 『서울대 리더십강의』, 21세기북스, 2011, p.303.

46) 최정호, 『복에 관한 담론』(기복사상과 한국의 기층문화), 돌베게, 2010, pp.186, 223.

47) 최길성, 『한국 무속 이해』, 예전사, 1994, pp.28~35.

48) 탁석산, 『한국의 정체성』, pp.100~101.

49) 탁석산, 『한국인은 무엇으로 사는가』, 창비, 2015, pp.48~49.

50) 탁석산, 『한국적인 것은 없다』, 열린책들, 2021, pp.59~70.

51) *Ibid.*, p.61에서 재인용.

52) cf. 한완상, 유동식, 은준관, "한국 교회는 무당종교를 극복할 수 있는가", 『기독교 사상』(6월호), 대한기독교서회, 1976, pp. 66~85.

53) cf. 유동식은 분명히 기복신앙을 극복해야 하는 대상으로 보았다. 그런데 "토속신앙에 나타난 복의 이해", 『기독교사상』(1월호), 대한기독교서회, 1977, p.38에서는 6개월 만에 재래 토속신앙이 구하던 복의 내용을 우리가 배척하는 것은 아니라면서 입장을 바꿨다. 그에게 있어서 샤마니즘적인 기복신앙을 극복하자는 것인지 아니면 용인하자는 것인지가 애매모호하다.

54) 박원근, "예배에서의 기복신앙, 무엇이 문제인가", 『월간목회』(6월호), 월간목회사, 2011, pp.24~31.

55) 류응렬, "설교에서의 기복신앙, 무엇이 문제인가", *Ibid.*, pp.32~39,

56) 이윤재, "크리스천 윤리의식 속의 기복신앙, 무엇이 문제인가", *Ibid.,* pp.40~47.
57) 김의환, "한국 교회의 성장둔화와 번영신학", 『신학지남』(가을호), 신학지남사, 1998, pp.14~15, 20.
58) 권성수, "한국 교회의 성장정체와 대안", *Ibid.,* pp.41~42, 51.
59) 이한수, " 한국 교회의 성장정체와 윤리적 대안", *Ibid.,* pp.81~82, 97.
60) 정병관, "한국 교회의 성장과 정체에 대한 교회성장학적 진단과 대안", *Ibid.,* pp.130~131.
61) 나일선, "외국인이 본 한국 교회의 성장 평가", 『목회와 신학』(7월호), 두란노, 1993, p.115.
62) 손봉호 · 김명혁 · 김상복 대담, "이제 목회자 윤리를 혁신하자", 『목회와 신학』(4월호), 두란노, 1993, p.30.
63) C. A. Clark, *Religions of Old Korea*, CLSK, 1928, p.78.
64) *Ibid.*
65) 교회갱신을 위한 목회자협의회 기획, "한국 교회 성장둔화에 대한 예장 합동교역자들의 의식현황과 과제(2)", 『교회갱신 소식』(3 · 4월호), 1997, p.6.
66) 이재범, "오순절신학", 『순복음』(7 · 8월호), 1983, pp.34~40.
67) 윤이흠, 『한국종교연구』(1권), 집문당, 1991, P.236.
68) 박근원, "한국 기독교 영성의 뿌리", 『기독교사상』(7월호), 대한기독교서회, 1987, pp.30~31.
69) 윤성범, 『기독교와 한국사상』 , 대한기독교서회, 1983, pp. 159~184.
70) 조명기, 『신라 불교의 이념과 역사』, 신태양사, 1962, pp.28~29.
71) Judith Berling, *The Syncretic Religion of Lin Chao-en*, Columbia University Press, 1980, pp.4~10.
72) 한국 문화를 심층 연구한 헐버트는 『한국사』(*The History of Korea*, 1905)와 『대한제국멸망사』(*The Passimg of Korea*, 1906)라는 두권의

저서를 펴냈다.

73) 대표적인 종교신학자로서는 피조물의 감정을 일컫는 누멘(Numen)의 감정을 논증한 루돌프 오토(Rudolf Otto)가 있다. 이 누멘의 감정은 두려움(tremendum), 신비로움(mysterium), 매혹(fascinans)으로 요약된다.
74) 윤이흠, 『한국종교연구』(1권), p.31.
75) 윤이흠, 『한국종교연구』(4권), p.312.
76) *Ibid.,* p.330.
77) *Ibid.*
78) 함석헌, *OP. cit*, pp.254~258.
79) 탁석산, 『한국의 주체성』, p.132.
80) cf. 정진홍, 『종교문화의 인식과 해석 : 종교현상학의 과제』, 서울대학교 출판부, 1997, pp.183~244.
81) Erich Fromm, *To Have or To Be*, Harpercollins Punlishers, 1976, 차경아 역, 까치, 1999, pp.101~105.
82) *Ibid.,* p.118.
83) *Ibid.,* p.119에서 재인용.
84) *Ibid.*
85) *Ibid.,* pp.140~149.
86) *Ibid.,* p.74.
87) *Ibid.,* p.82.
88) *Ibid.,* p.191.
89) John B. Cobb, *The Structure of Christian Existence*, The Westminster Press, 1980, 김상일 역, 전망사, 1980, p.175.
90) Erich Fromm, *Op.cit.*, p.192.
91) 김덕한, 『자본주의 4.0로드맵』, 메디치, 2012, p.11.

92) Graeme Goldworthy, *Gospel and Kimgdom*, The Patermoster Press, 1984, 김영철 역, 성서유니온, 1988, p.60.

93) Donald G. Bloesch, *Faith and its Counterfeits*, Inter Uarsity Christian Fellowship, 1981, 김해규 역, 생명의 말씀사, 1993, pp.137~149.

94) 이한수, 『신약의 성령론』, 총신대학출판부, 1994, p.189.

95) Michael J. Sandel, *Why Morality,* Harvard University Press, 2010, 안진환 · 이수경 역, 한국경제신문사, 2012, pp.325~327.

96) Donald G. Bloesch, *Op. cit.*, p.136.
cf. 김현진, 『공동체신학』, 예영커뮤니케이션, 1998, pp.482~490.

97) *Ibid.*

98) 채정민, "보수주의", 『현대정치사상의 이해』, 형설출판사, 1997, p.100.

99) 윤이흠, 『한국종교연구』(1권), p.32.

100) cf. *Ibid.,* p.31.

101) David F. Ford, *Theology*, Oxford University Press, 1999, 강혜원 · 노치준 역, 동문선, pp.2l4~215.

102) 보수적(Conservative)이라 함은 과거의 일정한 형식을 보존하기 원하며, 현재의 변화를 거부한다는 의미이다. 자유적(Liberal)이라 함은 과거의 권위에 별로 개의치 않고 현재의 요구에 직면하여 변화에 마음을 더 많이 연다는 의미이다. 신학의 경우, 하나님의 자유와 하나님이 주시는 자유에 호소하는 것이다. 급진적(radical)이라 함은 예수와 초대교회 안에서 기독교 뿌리에 호소함으로 말미암아 근본적 변화를 받아들이는 것을 의미한다.
cf. *Ibid.,* p.33.

개조 02

반드시 재설정되어야 할 상황화신학 작업

1. 성경적 상황화 신학
2. 민주적인 자유주의적 자본주의
3. 다원주의 사회와 문화의 변혁

반드시 재설정되어야 할 상황화신학 작업

신학을 하는 사람은 과연 누가 신학을 할 것인가 라는 물음에 신학은 하나님이 하신다는 고백을 늘 하고 있어야 한다. 어느 신학자이든 진영논리에 빠진 채, 전통을 내세워 앵무새 같이 되뇌이는 신학을 해서는 안된다는 말이다. 이것은 진영논리의 신학전통만 가지고는 포괄적 수용성에서 자연스럽게 묻어 나오는 지혜를 얻어낼 수 없기 때문이다. 이리하여 구도신앙으로 소유에서 존재로 각성된 개혁신앙은 이미 고여져 있는 물에 빠져 허우적대는 소인이 아니라, 도도히 흐르는 물줄기에 따라 당당히 헤엄치는 대인의 것이 된다.

신학을 하는 사람은 언제나 건너가는 존재다. 즉 주저앉아 있는 명사형의 신학만을 하지 말고 시선의 차이를 만들어주는 신학을 제대로 하자는 것이다. 이제는 신학을 하긴 하되 서구신학의 꽃다발을 들고 졸졸 따라다니는 레밍쥐(Lemming)가 되지 말고,[1] 한국인이라는 주체의식을 가지고 프레임(frame)을 할 때이다.[2]

이제 더 이상 레밍쥐가 되지 많고 프레임을 바꿔야 할 때라고 주장하는 데는 그럴 만한 충분한 이유가 있다. 그 무엇보다도 세계 제2차 대전이 끝난 1945년 후에 서구 유럽에서부터 교인 수가 급격히 줄어들면서 그 여파가 미국에 이어 1990년대 이래 한국에까지 와 있는 데도 불구하고, 지금까지 정확한 진단과 함께 성경적인 대처 방안 하나 내놓는 신학자들은 물론 목회자들이 없었기 때문이다. 단지 있었다면 그럴듯한 종교기술(religious engineer)에 의한 프로그램들만 있었을 뿐이었다. 조직신학자 김광식은 그 종교기술을 신앙술(信仰術)이라 이름하였다. 이런 상황에서 더한층 서구의 꽃다발 신학에 기대하려고 하는 태도는 무리수이다. 여기에도 그럴 만한 충분한 이유가 있다.

하나님이 서양인과 동양인에게 주신 생각의 지도(geography of thought)가 다르다. 서양인은 삼단논법 논리와 홀로 사는 삶, 부분을 보는 관점, 본성론, 명사적 사고방식 등으로 하는 생각의 지도를 갖고 있다. 이와는 달리 동양인은 더불어사는 공동체의식과 함께 전체를 관조하는 상황적 통찰력을 갖고 있다. 그리고 동사를 통해 세상을 보며 경험을 중시하는 성향이 강하다.[3]

이런 연유로 해서 이제 서양인의 신학은 1517년 말틴 루터의 종교개혁이래 프레테스탄트(Protestant)의 교리를 수립하고 창대(창 9:27 참조), 정착시키는데 있어서 그동안에 공헌해 왔던 것이다. 이런데도 1945년 이후 지금까지 근 80년이 다되도록 소멸되어가는 교회들을 살려내는 신학 하나 발표하지 못하고 있다. 이것이 서양인 신학자들의 생각하는 지도의 한계점이다. 이에 따라 공은 동양인에게로 넘어온 셈이다. 이럴 수밖에 없는 것이 동양인에게는 삶의 정황의 전체를 아우룰 수 있는 경험적인 공동체의식이 강하기 때문에 그러하다.

이에 즈음해서 본장에서는 그동안에 논의되어 왔던 기존의 상황화 신학에 대하여 확인, 점검해 보고자 한다. 그리고는 이어서 삶의 정황을 정치와 경제, 사회, 문화라는 영역으로 나누어서 집중적으로 전개할 것 이다.

1. 성경적 상황화 신학

여기에서는 우선하여 상황화 신학을 하는 목적과 함께 마귀론을 언급하는 가운데 상호관련성을 알아보도록 한다. 이어 상황화 신학을 주도하는 선도자는 누구여야 하는가에 대하여, 그것을 설명하는 해석자와 겸해서 살펴보려고 한다. 따라서 상황화 신학은 오늘날 우리들이 살고 있는 삶의 정황에 대한 신학을 수립하는 것이기 때문에, 마땅히 이 세상에 대하여 승리(Victory)하는 삶을 제시하고자 한다.

1) 상황화 신학의 목적과 마귀론

주지하는 바, 상황화 신학은 선교신학에 속한 응용신학으로서 선교의 궁극적 목표인 하나님 나라의 복음의 확장을 위하여 선교신학적인 작업을 수행하는 학문이다. 따라서 상황화 신학의 목적상-파딜라(Rene Padilla)의 말대로-신학의 상황은 구체적인 역사적 상황이기에 상황화(contextualization)를 한다는 것은 단지 지적인 과제를 수행하는 정도가 아니라 구체적 실천의 상황에서 하나님의 뜻을 분별하는데 있다.[4] 이에 하나님의 뜻을 분별하고자 할 때는 상황화의 성경신학적 원리라는 측면에서 보건대 삶의 정황(Context)과 성경 말씀(Text)의 상호관련성을 간과해서는 안된다.

이 상호관련성에는 두 가지의 태도가 있다. 하나는 성경 말씀은 강조하는데 삶의 정황을 무시하는 경향으로서, 극단적인 근본주의와 세대주의가 여기에 속한다. 다른 하나는 성경 말씀은 무시하고 삶의 정황만을 강조하는 경향으로서, 자유주의 신학이 여기에 속한다. 이에 가장 바람직한 상황화 신학의 태도는 바른 성경해석관과 현실적인 삶의 정황을 충분히 통전 인식하고, 그 정황 속에서 사회에까지 확산되어 맥동치는 신학이 될수 있도록 하는데 있다.

본장에서는 삶의 정황에 대한 내용만을 다루기로 하고, 바른 성경해석에 대한 일련의 내용은 다음 장(개조 03 한국 교회의 역사 의식과 구조적 변혁)에서 집중 논의하도록 할 것이다. 특히 히버트(Paul G. Hiebert)는 상황화 신학의 중요성을 언급하는 가운데, 그 중의 하나로 이단들과 투쟁하는데 있다고도 하였다.[5] 이 이단들에 대한 실체를 더 정확히 알려면, 응당 마귀에 대한 탐색이 있어야 한다. 이에 따라 상황화 신학을 수립함에 있어서 그 궁극적 목표가 하나님 나라의 복음의 확장에 있다고 할 때에, 그 대칭이 되는 마귀 나라에 대한 탐색 또한 병행되어야 하겠기에 하는 말이다.

다른 하나의 이유는 그 무엇보다도 우리들이 살고 있는 삶의 정황의 모든 것을 장악하고 있는 영적 존재가 바로 마귀이기 때문이다. 이런데도 그동안에 상황화 신학자들은 이 세상의 신으로 왕 행세를 하고 있는 마귀에 대한 이론(demonology)을 간과해 버리고 말았던 것이다. 이 마귀의 놀이터가 되는 삶의 정황을 신학화한다면서 마귀론을 배제하는 상황화 신학은 맨주먹으로 허공을 치고 있는 것이나 다름이 없다.

하나님 나라가 있듯이 마귀 나라도 있다. 이 마귀(헬; 디아볼로스)는 사탄(히; 사탄, 헬;, 사타나스)으로서 이 세상의 신(고후 4:4), 세상의 임금(요 14:30), 귀신들의 왕(마 12:24), 어둠의 세상 주관자(엡 6:12), 죽음의 세력을 잡은 자(히 2:14), 거짓의 아비 · 살인한 자 · 거짓말쟁이(요 8:44), 공중권세 잡은 자(엡 2:3), 원수(마 13:39), 대적(벧전 5:8) 등으로 불리어진다. 그리고 영적인 존재인 마귀가 육신을 입고 이 세상에 침투한 대적자가 그 적그리스도 666인 것이다.(요1서 2:18, 4:3)

따라서 악한 영들로서는 신이 되는 마귀로부터 조종을 받고 있는 귀신들과 이단의 영들, 미혹의 영들, 거짓 선지자들의 영들이 있다.[6] 이상과 같은 것을 마귀론으로 종합해서 정리해 보자면, 우리는 삼분일체 마귀(마귀: 사탄-적그리스도-악한 영들)이라고 부를 수가 있겠다.

이와 같이 마귀론이 성경 말씀에 분명히 있는 데도 불구하고, 그동안 특히 조직신학자들이 등한시해 왔다. 이제는 기독론(Christology)만큼이나 중대하게 연구하여 조직신학의 항목에 넣어야만 한다. 주 예수님이 이 땅에 오심 또한 마귀의 일들을 멸하시려고 오셨기 때문이다.(요1서 3:8) 이러하기에 상황화 신학의 목적상 마귀론을 전제로 하고 재설정되어야 함이 마땅하다. 이럴 때 하나님 나라의 복음을 확장함에 있어서 마귀 나라의 훼방을 받지 않고 승리할 수가 있는 것이다.

2) 선도자와 해석자

상황에 있어서 그 선도자가 된다고 하는 것은 매우 중요한 관건이 된다. 그 이유는 오늘날 삶의 정황이란 것이 정치면-경제면-사회면-문화면으로 조직되어 있는 바, 그 모든 면을 주체세력으로 주도해나갈 수 있는 선도자가 있어야만 하겠기 때문이다. 이에 파딜라는 이르기를 진정한 상황화는 지역에 있는 믿음의 공동체가 책임을 지고 진행하는 것이라고 일렀다.[7] 여기에 동조하고 있는 로버트 슈라이터(Robert J. Schreiter)는 이렇게 피력하였다.

> "어느 누구도 복음의 능력의 역사와 성령의 충만함 없이 지역 신학을 개발하고 교회공동체를 말할 수 없다. 신학은 은혜받은 인간과 공동체를 통한 하나님의 역사를 잊어서는 안된다."[8)]

또한 도날드 제이콥(Donald R. Jacob)도 상황화는 지역교회에 의해서 이루어져야 한다면서, 증거 공동체로서 상황화된 교회는 주 예수 그리스도 안에 있는 성도들의 기본적인 필요들이 채워지는 교회라는 점을 역설하였다.[9)]

이로 보아 상황화된 지역교회를 이룰 수 있는 이를 선도자라 할 때, 이 선도자는 각 교파신학의 방법론을 체득한 현장의 목회자이어야 한다는 것을 간파할 수 있다. 동시에 이 선도자는 주체세력답게 삶의 정황의 바로 그 사면들(정치 · 경제 · 사회 · 문화)에 대한 이해를 총체적으로 해석하는 능력을 발휘한다. 여기에는 해석학(Hermeneutics)이 요청된다.

피터 와그너(peter Wagner)는 신학의 상황화에 있어서 중요한 문제를 이렇게 지적하였다.

> "결과적으로 신학의 상황화의 기초적인 방법론적 문제는 몇몇 사람들이 알고 있는 것처럼 성경적인 권위, 영감 혹은 무흠의 교리적인 개념 등의 주위를 맴도는 것이 아니다. 오히려 문제는 해석학에 있다."[10)]

이에 즈음해서 많은 선교 신학자들은 상황화의 작업에 가장 중심적인 것은 해석학이라는 것에 동의하면서도, 정작 상황화를 위한 해석학적인 모델들을 제시하지 않고 있다.[11)] 한편 니콜스(Bruce J. Nicholls)는 해석학은 두 개의 초문화 왕국, 즉 하나님의 왕국과 사탄의 왕국 - 교회와 세상의 차이의 인식과 함께 시작된다고 하였다.[12)] 이런 경우의 해석학은 신학의 방법론과 더불어 비판적 해석학이 동반될 수밖에 없다. 이 해석학은 사회과학(정치 · 경제 · 사회 · 문화)을 중심으로 전개한 바 있는 철학자 하버마스(Jürgen Habermas)가 주장한 것이다.[13] 여기에서 논자가 그의 주장을 피력하는 이유는 삶의 정황을 이루고 있는 바로 그 사면에 대한 냉엄한 비판을 가(加)할 필요가 있기 때문이다. 이 비판적 해석학은 종교학계에서 볼 때는 창조적인 해석학이 될 수 있을 것이다.

종교학자 정진홍은 종교에 있어서 해석학이란 특정한 현상의 근원적인 본성을 밝히고 그 의미를 읽으려는 것을 뜻한다고 설파하였다.[14] 이런 맥락에서 보건대, 주체세력이 되려는 선도자가 주도적으로 상황화 신학을 수립함에 있어서 오늘을 살아가는 마당이 되는 삶의 정황을 정치적인 측면에서, 경제적인 측면에서, 사회적인 측면에서, 문화적인 측면에서 그 비판적인 해석학의 식견으로 조망(lookout)한다는 것은 그만큼 중차대한 관건이 되기에 충분하다.

3) 승리하는 상황화신학 작업

그동안에 한국 교회사에 등장하였던 상황화 작업으로서는 영국 회중교회 선교사로 한국 교회 최초 순교자 로버트 J. 토마스(Rober Jermain Thomas)목사의 순교년 1866년부터 시작해서 1910년 까지는 존 로스의 예수 성교전서(1884), 사랑방전도, 네비우스 원리, 1907년의 평양 대부흥운동 등이 있었다. 이어 1910년 이후에는 성경번역위원회, 길선주의 보수적 근본주의, 김익두의 신유운동, 최병헌의 종교신학, 대중집회운동, 1960년의 자유주의의 토착화운동, 1970년대의 민중신학운동, 최근의 종교다원주의 사상 등이 있었다. 이와 함께 서구에서 유입된 각양각색의 신학 유형들과 교회성장을 위한 성공신학, 예배형식, 설교방법, 전도기술론, 성경공부의 교육방법론, 큐티운동, 기타 다양한 프로그램 등등 상황화의 대상들은 매우 다양하였다.

상기에서와 같이 그동안 한국 교회에 표출된 상황화 작업에 있어서 나타난 공통점이 있었다면, 아주 지엽적인 것으로 개체교회 및 교파 중심의 물량주의적인 성장을 위한 것들뿐이었다. 정확히 말하면 대부분의 우리의 삶의 정황에 지대한 영향을 끼치는 정치면 · 경제면 · 사회면 · 문화면과는 거리가 멀은 상황화 작업이었던 것이다. 이렇게 된 데는 한국 교회의 정예전통들이 인문학과 사회과학에 대한 지식이 결여되어 있다는 것을 시사한다. 이제라도 거시적인 안목을 갖고 소금과 빛의 사명을 제대로 감당하기 위하여 상황화 작업을 원점에서 다시 시작할 때이다.

히버트는 상황화하는 방법을 세 가지의 태도로 분류하였다.[15] 첫째는 과거의 상황화를 부정하는 태도가 있으며, 둘째는 과거의 상황화를 무비판적으로 수용하는 태도가 있다. 셋째는 과거의 상황화를 거부하는 것도 아니고, 검증없이 수용하는 것도 아닌 비판적 상황화(Critical contextualization)의 태도가 있다. 여기에서는 이 비판적 상황화의 태도를 지향할 것이다.

이에 따라 논자는 승리하는 상황화 신학을 작업함에 있어서 다음과 같은 다섯 가지의 원칙을 기준으로 삼았다. 첫째는 삼위일체론적이어야 한다. 둘째는 예수 그리스도의 삼중직에 기초하여 왕직 기능 - 제사장직 기능, 선지자직 기능이 발휘되어야 한다. 셋째는 성령론적이어야 한다. 넷째는 하나님 나라론과 마귀 나라론이 병행되어야 한다. 다섯째는 믿음의 공동체로서 교회론적이어야 한다. 이런 다섯 가지의 원칙을 기준으로 삼아 상황화 신학을 수립하기라도 한다면, 그야말로 승리하는 상황화 신학이 될 수가 있다.

이리하여 반드시 상황화 신학은 작업함에 있어서 재설정 되어야만 한다. 그 이유는 조직신학자 구스타프 아울렌(Gustaf Aulén)의 말대로 주 예수 그리스도는 승리자 그리스도(Christus Victor)이니 만큼,[16] 상황화 신학 역시 우리 삶의 정황을 이루고 있는 정치면 · 경제면 · 사회면 · 문화면에서 당당하면서도 도도하게 승리해야 되겠기 때문이다.

2. 민주적인 자유주의적 자본주의

이에 살펴본 바와 같이, 그동안 전개되었던 신학자들의 상황화 신학의 내용을 보건대, 한마디로 말해서 저조한 상황화(Under- contextualization)이었다는 점을 지적하지 않을 수가 없다. 이에 논자는 '승리하는(Victorious) 상황화'가 되게 하기 위하여 그 상황을 '민주적인 자유주의적 자본주의'로 설정하였다. 이렇게 상황화를 설정한다고 해도 그리 지나친(Over) 상황화는 아닐 것이다. 이 민주적인 자유주의는 정치면을 말하는 것이고 자본주의는 당연히 경제면을 말하는 것이다. 사회면과 문화면은 주지하는 바 그 민주적인 자유주의 안에 자연스럽게 녹여져 있는 것이기에, 이미 내장되어 있다는 것은 당연한 것이 된다. 이에 여기에서는 사회면과 문화면을 총괄하여 별도의 항목에서 논의하도록 할 것이다.

1) 민주주의와 자유주의

먼저 정치학자 살토리(G. Sartori)의 말대로 사회주의와 공산주의는 그 준거점을 맑시즘(Maxism)에서 찾아볼 수 있는데 반하여, 민주주의는 그 어느 특정한 준거점을 찾아보기 어려워 단지 서구문명의 전반적인 부산물이라는 주장을 폈다. 이런 민주주의를 정치체제로 파악한 이는 링컨(A. Lincoln)이었는데, 이것은 그의 유명한 겟티스버그의 연설의 국민의(of),

국민에 의한(by), 국민을 위한(for) 내용에 여실히 나타나 있다. 이렇게 해서 민주주의는 국민이 스스로 통치하는 정치형태 또는 정치원리인 동시에 정치적 민주주의를 가능케 하는 행동양식과 생활신조까지도 의미하기에 이르렀다.[17)]

이런 민주주의가 규범적 민주주의의 개념의 내용 및 목적으로까지 발전하여 자유와 평등과 박애정신과 함께 인간의 존엄성을 내세우게 되었다.[18)] 잘 아는 대로 민주주의의 발달상 그 시점은 고대 그리스로부터 비롯되었으며, 로마시대의 법사상을 거치면서 중세시대에까지 이르렀다. 이러는 동안에 극히 제한된 성격의 자유와 평등사상이 중세시대에 와서는 기독교가 계급과 인종을 초월한 광의의 자유와 평등사상을 확대시켜 나가는데 이바지하였던 것이다.

거기에는 예수님의 가르침을 기독교로 확립한 후에 원시종교로 성립시킨 사도 바울의 공헌이 지대하였다. 그는 인간 평등에 대한 세계주의의 관념을 채용하여 계급적 차이나 남녀의 지위에 있어서의 차별도 인정치 않았다. 모든 인간은 정신적 존재이며 육체의 굴레에서 벗어나 자유로운 양심을 갖는 하나님의 아들이라는 데서 평등하게 존재되어야 한다는 것이다.[19)] 이런 사도 바울의 사상은 그의 서신 빌레몬서에 여실히 나타나 있다. 이로써 성립된 기독교 사상의 자유의지의 존중과 인류 사회의 공동체 개념, 인간의 존엄성, 신앙에서의 인간의 절대 평등사상 등이 민주주의에 대하여 지대한 영향을 주었던 것이다.

이어진 근세 이후의 민주주의 사상을 언급하고자 할 때는 문예부흥(renaissance)과 제1 종교개혁을 반드시 확인해 보아야 한다. 문예부흥은 하나의 사회개혁 운동으로서 중세적 봉건적 이데올로기의 붕괴과정에서 나타난 문화적, 사상적 운동이었다. 이런 과정에서 제1 종교개혁은 문예부흥운동에 포함된다고 할 수가 있겠다.

그 이유는 문예부흥이 중세적 종교적인 것에 대한 새로운 정신, 즉 반교회적인 것으로 자유인으로서의 개인의 각성과 인간의 자아의 발견 등을 그 특징으로 하고 있기 때문이다. 실제로 문예부흥은 이태리를 중심으로 해서 일어난 것이었으나, 그외의 지역에서는 제1 종교개혁의 형태를 띠고 문예부흥운동이 전개되었다.[20] 사실 문예부흥운동과 제1 종교개혁은 양상을 달리하기는 했지만 하나의 변혁운동의 표현이었던 것이다.

특히 제1 종교개혁은 인간의 내면성을 중세적인 것에서 해방시키는데 주안점을 두었기에, 하나님과 인간과의 직접적 관계(만인제사장직)가 가능하다고 보아 개인의 양심을 강조하였다. 루터와 칼빈은 정치적으로 비록 민주주의의 신봉자는 아니었으나, 프로테스탄트의 정신이랄 수 있는 개인의 믿음, 개인의 창조성, 노동을 신성화하여 인간의 소득 본능을 도덕적 의무와 소명(Vocatio)으로 합리화시키는 업적을 남겼다.[21] 요컨대 문예부흥과 제1 종교개혁은 프로테스탄트 정신과 인본주의와 합리주의를 낳게 하였으며, 개인주의와 인간의 존엄성이라는 측면에서 민주주의 사상과 접목된다고 하겠다.

17~18세기 존 로크와 쟌 자크 루소에 의해 주장된 사회계약설이 근대 민주시민의 이론적 근거가 되었다. 다양한 논의를 거치면서 그들의 자연의 사상을 기초로 한 사회계약설은 주권재민 사상과 대의정치, 법 앞의 만인 평등원칙 등 입헌주의를 체계화하는데 큰 공헌을 세웠다. 특히 루소는 그의 사회계약설을 통하여 참여 민주주의의 이론적 근거를 마련해 주었다.

이어 19세기에 접어들면서 자유와 평등과 박애정신이 민주주의의 강력한 표어로 등장하게 되었다. 이 무렵에 존 로크의 사상을 계승하여 발전시킨 토마스 제퍼슨(Thomas Jefferson)은 강력하게 생명과 자유와 행복의 추구에 대한 개인의 자유권을 주장하고 나섰다. 링컨 역시 자유와 평등의 가치를 항상 강변하였다. 그는 민주주의란 오로지 개인의 자유와 노예제도의 폐지로만 가능하다고 역설하였다. 여기 노예제도의 폐지는 당시 링컨이 출석하고 있던 뉴욕 브룩클린의 프러머드 회중교회의 담임목사 헨리 워드 비처(Henry W. Beecher)의 노예해방에 대한 선지자적인 설교에 큰 영향을 받은 데서 비롯된 것이었다.[22] 이 영향을 받았던 또 한 사람인 여류소설가(회중교인) H. B. 스토는 노예제도의 실체를 적나라하게 폭로한 「엉클 톰스 캐빈」이라는 유명한 소설을 남기기도 하였다.[23] 이렇게 해서 발전해 온 민주주의는 기본적으로 국민주권주의와 국민자치, 입헌주의, 권력 분립제도, 다수결 제도를 원칙으로 삼기 시작하였다.

이제는 한국의 민주주의의 발전과정에 대하여 알아보도록 한다. 우리의 60여년의 헌정사를 돌이켜 볼 때에 민주주의의 토착화 과정은 험난한 여정을 걸어왔다. 우여곡절 끝에 1948년 민주공화제의 대한민국 정부가 수립되었다. 이때의 민주주의는 그저 장식적 명분에 불과한 것이었다. 이승만의 일인 독재체제는 결국 4·19혁명에 의하여 붕괴하고 말았다. 이후에 5·16 군사 쿠데타에 의해 정권을 장악한 박정희는 이름만 민주정치에 매달려 있다가, 급기야는 1972년 그의 장기집권을 가능케 한 소위 10월 유신을 단행하게 되었다. 급조된 유신체제는 안보와 경제성장을 빌미로 삼아 인간의 존엄성과 자유와 평등을 가리지 않고 탄압을 무자비하게 저질렀다. 이때의 삶의 정황을 인권운동으로 상황화해서 민주화 투쟁을 선두에 서서 맹활약했던 이들은 진보진영의 민주투사들이었다.

이 중심에는 한국기독교 장로회의 출신들이 많았는데, 대표적으로는 진보주의 구약학자 김재준과 선지자적 구약학자 문익환 등이 있었다. 이 민주화 투쟁은 신군부에 의해 권력을 장악한 전두환 정권에까지 이어졌다. 이러는 중에 한국의 민주주의는 1987년 6·29선언으로 제3공화정 이래의 군부권위주의의 정치의 종식을 선언하기에 이르렀던 것이다. 이로써 대통령 직선제 채택과 함께 기본권에 대한 제한권이 대폭 완화되었다. 그리고 국민의 정치의식의 향상으로 참여의 제도가 이루어짐으로 말미암아 보다 나은 자유주의적 정치체계가 성립하게 되었다.

지금까지 민주주의에 대해서 포괄적으로 약술해 보았다. 결국 민주주의가 채택되고 있는 그 나라가 그 어떤 나라이든 막론하고 민주주의를 지향하고 있는 한, 공통점으로 나타난 그 핵심가치는 여전히 인간의 존엄성에 따른 자유와 평등과 박애정신이라는 것을 알게 되었다. 이쯤해서 제2 종교개혁자 웨슬리를 언급하지 않을 수가 없다. 그는 18세기 영국에서 자유방임자본주의가 태동하기 직전 무렵에 감리교(Methodist)라는 이름으로 진심을 다해 박애운동을 펼쳤다. 그에게 있어서 박애운동은 상황화의 중추적 골격이었다. 그 주요한 사업으로서는 구제기금 조성과 고아사업, 어린이 집, 과부와 노인을 위한 사업, 무주택자 사업, 재소자들을 위한 자선, 의료 봉사, 노예해방운동 등이 있었다.[24] 이런 웨슬리의 박애운동은 당시 영국에 막강한 영향을 끼쳐 유럽에서는 유일하게 혁명이 없는 나라로 만드는데 있어서 결정적인 작용을 하였다.[25]

우리가 일반적으로 민주주의라고 통칭할 때는 자연스럽게 자유민주주의라고 부른다. 이렇게 부르는 데는 자유주의가 민주주의와 상관되어 있는 개념이기 때문이다. 이에 따라 자유주의에 대해서 알아본다는 것은 당연한 수순이다. 이 자유주의는 다양한 역사적 상황과 사회적 문제에 호응하면서 발전하였다. 자유주의 사상은 유럽에서의 봉건주의의 몰락과 그 대체물로서의 시장과 자본주의 사회의 성장과정에서 신흥 중산층의 강렬한 소망을 반영하였다. 개인의 자유를 극대화하는 규칙과 절차속에서 자신의 이익을 추구하는 자유주의는 종교에 있어 양심의 자유를 지지했으며, 국교회의 권위에 대해서 이의를 제기하기도 하였다. 이에 자유주의의 존재론적 핵심은 사회에 우선하는 개인주의인 바, 여기에는 욕망과 이성이 들어가 있다. 이기적인 욕망은 개인의 행복과 만족을 추구하는 정열을 부추기는데, 이 경우의 이성은 본질적으로 자기 이익을 가장 효과적으로 추구 할 수 있게 하는 계산 능력이 된다.[26]

이 같은 욕망관은 자유주의 경제의 전제가 되어 시장경제의 대원리가 되었다. 이 점에서 맥퍼슨(C.B. Macpherson)은 초기 자유주의를 소유적 개인주의라고 명명하였다. 더 나아가 자유주의는 개인의 권리와 자유를 국가 권력과 사회적 영향으로부터 보호한다.[27] 그런데 자유주의의 가치에는 개인적 자유와 경제적 자유주의와 정치적 자유주의가 있다. 이 중에서 우리가 주목해야 할 것은 경제적 자유주의이다. 그 이유는 자유주의가 한층 더 자본주의와 더불어 성장해 왔기 때문이다. 정확히 말해서 자본주의는 개인주의 운동의 일부로서 발전하여 왔기에 그러하다. 이 자유주의의 특징으로서는 사적소유와 시장경제, 경쟁, 이윤이 있다. 이에 자유주의는 개인의 사유재산은 인간생활의 활동 영역을 넓혀주고 생활양식을 다양하게 해줄 뿐만 아니라, 그 소유자에게 생활의 독립을 보장하여 사람답게 살 수 있는 자유를 더 많이 준다고 주장한다.

이런 자유주의가 19세기에 이르러서는 「국부론」(1776)의 아담 스미스(Adam Smith)가 주창한 자유방임주의 초까지 발전하게 되었다. 이외에도 정치적 자유주의가 있는데, 민주주의와 상관되어 있는 것이기에 더 이상 언급하지 않겠다. 그리고 공리주의적 자유주의와 자유주의적 사회주의가 있다. 20세기의 자유주의는 신자유주의자들인 하이에크(F. Hayck)와 프리드만(M. Friedman) 등에 의해서 처음으로 두드러지게 나타났다. 이 자유주의는 최근 경향에도 변함없이 진행되고 있는 터에 있다. 따라서 자유주의와 상관되어 있는 자본주의에 관한 일련의 내용은 다음의 항목인 '자본주의의 역사'에서 다루어 질 것이다.

이미 살펴본 대로 민주주의의 핵심가치는 인간의 존엄성에 따른 자유와 평등과 박애정신이라고 하였다. 그리고 자유주의 핵심가치는 욕망과 이성에 의해 진행되는 개인주의적 자유와 경제적 자유주의에 있다고도 하였다. 이리하여 민주주의와 자유주의가 맞아 떨어지기에 우리는 한데 묶어서 '자유민주주의'라고 부르고 있는 것이다.

2) 자본주의의 역사

이제는 자본주의를 역사의 흐름에 따라 알아보도록 한다. 이 작업을 마쳐놓아야 본장에 주어진 제목대로 '민주적인 자유주의적 자본주의'라고 이름할 수 있으니 만큼 아주 중요한 작업이 되겠다. 일반적으로 우리가 자유민주주의라고 부르고 있는 바, 여기에 경제체제인 자본주의를 더하게 되면 그 민주적인 자유주의적 자본주의가 되는 것이다. 이 민주적인 자유주의적 자본주의라는 상황화의 명칭이 오늘날의 삶의 정황을 정확하게 아우르는 것이 된다.

자본주의라는 개념을 19세기 중반에 처음으로 사용한 이는 칼 마르크스(Karl Marx)였는데, 이 개념 안에는 투쟁이라는 의미가 내장되어 있었다. 이 영향을 받아 봉건제와 농노제가 폐지되고 영업의 자유가 도입되기에 이르렀다. 더 나아가 시민의 자유가 점점 확장되기 시작하였다. 이로써 영국의 산업화가 1760년경에 영국에서부터 시작되었으며, 약 50년 후에는 대륙에까지 번져나갔다. 이렇게 해서 태동한 자본주의 250년의 역사를 시대순에 따라 경제학자 아나톨 칼레츠키(Anatole Kaletsky)는 자유방임주의(자본주의 1.0: 19세기 초~1930년대), 수정자본주의(자본주의 2.0: 1930년대~1970년대)-신자유주의(자본주의 3.0: 1970년대 말)로 나누었다.[28] 이에 오늘날의 신자유주의의 병폐현상(특히 부익부 빈익빈 현상)을 직시한 그는 이제 그 어느 때보다도 2000년대 말부터 대두하기 시작한 자본주

의 4.0으로 하루 빨리 전환해서 새로운 시대 상황을 창출할 때라고 강변하고 나섰다.[29)]

이 같은 자본주의의 250년의 역사를 두고 경제학자 아르네 다니엘스(Arme Daniels)는 일언해서 돈(Money)의 대장정이었다고 일갈하였다.[30)] 그 자본주의의 각 단계는 경제적으로 위기를 만나면 환경에 맞도록 그때그때마다 더 적합한 버전(Version)으로 진화되어 왔다는 것을 보여주는 것이었다. 이 진화의 단계를 한마디로 압축한다면 결국은 정부와 시장 간의 긴장관계를 말해주는 것이 된다. 다시 말해서 시장 경제가 지나치게 독점 횡포를 할 때는 정부가 개입하고, 좀 완화되면 규제를 풀어주는 것을 말한다. 이런 긴장관계가 그때그때 반복되어 온 것이 자본주의의 흐름이었던 것이다.

먼저 자본주의 1.0인 자유방임주의에 대하여 살펴보기로 한다. 1769년 제임스 와트가 개선된 증기기관을 발명하자 산업화는 급속하게 촉발되어 갔다. 이 무렵에 세 위인이 혜성같이 나타났다. 이 위인은 경제학의 시조라 불리는 아담 스미스와 인구통계학자 토마스 멜서스와 경제학자 데이비드 리카도이었다. 아담 스미스는 그의 유명한 「국부론」에서 우리 사회에는 보이지 않는 손에 의해 시장 메카니즘이 작동해서 예정된 조화가 실현된다는 주장을 폈다. 그가 말하는 보이지 않는 손이란 경제를 배후에서 조종하는 것은 하나님이라는 것이다. 즉 보이지 않는 손이 되는 하나님의 존재를 바탕으로 해서 시장경제를 논하고 있는 셈이다.[31)] 이에 아담 스미스는 다음과 같이 설파하였다.

> "우리가 저녁식사를 기대할 수 있는 건 푸줏간 주인, 양조장 주인 혹은 빵집 주인의 자비심 때문이 아니라 이익을 추구하는 그들의 생각 덕분이다. 우리가 바라보는 건 그들의 인간성이 아니라 자기애이다."[32)]

이렇게 이익을 추구하는 자기애가 시장 메카니즘을 작동시키고, 보이지 않는 손의 개입으로 말미암아 사회질서가 유지된다는 것이다. 이런 그의 주장은 당시 사회적으로 박애운동을 활발히 펼치고 있었던 제2 종교개혁자 웨슬리에게는 그다지 달갑지 않은 허설에 불과한 것이었다. 그래서 웨슬리는 아담 스미스의 주장에 동요하지 않았다.

이어 아담 스미스의 조화로운 세계관에 반기를 들었던 토마스 멜서스는 세계 인류는 조화로운 영향으로 발전하기는 커녕, 인구증가와 함께 지속적인 식량부족이라는 고질적인 난제를 끌어오고 살아가게 되니, 인구증가를 억제해야 한다는 주장을 폈다. 이후에 세계인구는 그의 「인구론」대로 증가하지는 않았으나, 19세기에 와서 수 차례 전쟁과 기근이 있었으며, 20세기에는 세계 대전이 두 차례나 있었으니 결국에 그의 예측이 들어 맞은 셈이 되고 말았다.

아담 스미스에게 반기를 들었던 또 한 사람이 있었다. 바로 데이비드 리카도(David Ricardo)이었다. 아담 스미스의 분업이 증가하고 사회가 갈수록 부유해져, 결국에는 모든 사람이 점차로 유복해지게 되어 있다는 주장에 대해서 그는 오로지 지주만이 온갖 이익을 얻는 반면에, 노동자는 영원히 최저임금에 허덕이는 삶을 살 수밖에 없는 운명에 처해질 것이라고 반기를 들었던 것이다.[33] 이 무렵에는 지주와 신흥자본가가 서로 신경을 곤두세우며 활동하던 시기였다. 여기에 데이비드 리카도가 지주를 비판하고 신흥자본가를 옹호하는 논쟁을 주도해 나갔던 것이다.

1818년에 태어나 이런 저런 자본주의의 산업화 과정을 목도하고 있었던 칼 마르크스가 헤겔의 역사관과 포이엘 바하의 유물론의 영향을 받아 그 유명한 「공산당선언」(1848)을 발표해 큰 충격을 주었다.[34] 실로 이 선언은 세계 역사를 바꿀 정도로 강렬한 영향을 끼친 위대한 폭탄이었다. 논리 정연한 그의 선언은 일언해서 자본주의가 보기좋게 망하고 필연적으로 사회주의가 된다는 것으로서 소위 변증법적 유물론(유물 변증법)을 주창하고 나섰다.

이런 와중에 아담 스미스에 의해 촉발되었던 자유방임주의 시대는 점차로 자리를 잡아갔다. 이에 아나톨 칼라츠키는 자유방임주의의 시대상을 이렇게 묘사해 주었다.

> "이 시기 전체는 명백하게 의문의 여지가 없는 이데올로기를 공동적으로 우럴어 보고 있었다.
>
> 사유재산과 이윤 추구의 동기를 바탕으로 하는 자본주의의 시스템은 세상의 기본 동력이었으며, 허리케인이나 해일처럼 인간의 힘으로는 어쩔 수 없는 경제원칙이라는 믿음을 갖고 있었다.
>
> 초기 산업자본주의 시대(19세기 초)이래 150년 동안 자유방임주의 철학, 곧 정치와 경제는 인류의 완전히 다른 두 가지 활동이며 정치, 경제의 발전을 위해서라도 되도록 계속 별개로 유지되어야 한다는 신념이 지배적이었다."[35]

이 시대야말로 긴장과 갈등의 충돌의 세월이었다. 제1차 세계대전이 종전(1918)된 지, 21년 만에 제2차 세계대전이 독일의 폴란드 침공으로 말미암아 발발하였다. 미국에서는 증시폭락으로 대공황이 발생하였다.(1929) 권력을 장악한 아돌프 히틀러가 제국의 총통으로 등극하였다.(1933) 제2차 세계대전은 1945년이 되어서야 종전되었다. 이런 가운데 야기된 일련의 상황은 대공황을 일으켜 일파만파 번져 나감으로써 유럽에까지 덮치게 되었다. 이러자 부익부 빈익빈이라는 양극화 현상이 치솟아 올랐다. 역사상 최대의 침체기이었다. 이때 가장 심한 타격을 받은 사람들은 단순 노동자들이었다.

이제 그런 문제를 해결하는데 있어서 더 이상 자유방임주의 시대의 처방으로서는 아무런 효과가 없었다. 새로운 처방이 필요하게 되었다. 이럴 즈음에 소련을 제외한 모든 산업국가의 대공황에 구세주로 등장한 사람이 영국의 경제학자 존 케인스(John M. Keynes)이었다. 철저한 현실주의자였던 그는 그의 「화폐개혁론」(1923)이라는 저서에서 당시 경제학자들의 무능함을 지적하고는, 유효 수요의 원리를 바탕으로 하여 그 때까지 주류였던 고전경제학의 자유방임주의를 비판하기에 이르렀다. 소위 케인스 학설이라 불리는 경제학상의 대전환을 일으켜 거시경제학을 발전시켰다. 한결같은 그의 주장은 국가가 시장에 적극적으로 개입해서, 조세감축이나 정부지출 확대를 통해 전체 경제 수요에 영향을 주어 시장의 격한 발전을 완화시켜야 한다는 것이었다.[36]

그와 같은 주장이 당시에는 맞아떨어져, 덕분에 그는 수십년 동안에 걸쳐서 세계를 호령하는 경제학자로 군림하였다. 1970년대 초만 해도 리처드 닉슨이 "우리 모두는 케인스주의자들이다"라고 당당하게 말하였을 정도이었다. 이런 조류를 두고 아나톨 칼레츠키는 자유방임주의 시대를 이은 자본주의를 수정자본주의 시대라면서 자본주의 2.0으로 명명하였다. 탐욕(greed)으로 지글지글 불타고 있는 당시의 자본주의를 억제하고자 그 수정자본주의를 촉발시켰던 존 케인스는 큰 정부를 지나치게 강조한 나머지, 정부의 실패도 얼마든지 있을 수 있다는 가능성을 전혀 고려하지 않았다는 약점이 있었다.

이러한 상황에서 정부를 과신해서는 위험하다는 견해가 지배적으로 대두하기 시작하였다. 이런 이유로 해서 존 케인스의 주장은 인기가 없어 시들해져갔다. 이런 틈새를 타고 오스트리아 출신의 미국의 이론 경제학자 조지프 슘페터(Joseph Schumpeter)가 나타나 존 케인스와 정반대되는 이론을 펴나갔으나 별다른 호소력이 없었다. 그의 주장은 아예 자본주의가 붕괴되어 사회주의 국가에로 전환될 것이라는 예측을 내놓았기 때문이다.[37] 이런 중에도 대공황을 구한 구세주 정책이 있었다 해서 2008년

9월 리먼사태 이후, 각국에서 존 케인스 정책을 다시 채택하는 붐이 일기도 하였다. 이를 두고 케인스의 부활이라고 불렀다.[38)]

이런 가운데 여전히 경제적으로 소외된 사람들이 있었다. 여기에는 인플레이션의 증가일로가 한 몫을 하였다. 1948년 하반기의 생계비는 14%나 증가하였다. 오로지 돈 있는 사람만이 살 수 있는 환경이었다. 이때도 역시 부익부 빈익빈이라는 양극화현상이 두드러졌다. 즉 가난의 퇴치 문제가 심각하게 대두되었다. 이는 자유방임주의 시대에도 그랬고 지금 수정자본주의 시대에도 그랬다는 것을 시사한다.

이제 또다시 새로운 자본주의를 모색하기에 이르렀다. 이 모색을 하던 당시의 상황은 원유가격이 폭등해서 인플레이션을 계속 부채질하던 시대(1973)로 유럽의 통화제도가 출범했으며(1979), 서독의 실업자 수가 250만 명까지 육박하는 일들(1985)이 연이어 한창 터지던 때였다. 1986년에는 체르노빌 원전사고가 일어났는가 하면, 드디어 베를린 장벽이 무너지고야 말았다. 이와 같은 요인들로 인해서 1970년대의 산업국가는 경제사정이 악화일로(惡化一路)에 있었다. 이런 때에 수정자본주의는 아무런 힘을 발휘하지 못하고 있었다.

이러고 있을 즈음에, 케인스 대신에 프리드리히 하이에크와 밀턴 프리드먼(Milton Friedman)이라는 경제학자들의 정책들이 힘을 받게 되었다.[39)] 당시 영국의 마가렛 대처 수상은 밀턴 프리드먼의 이론으로 단단히 무장하였으며, 1981년 미국의 로널드 레이건 대통령도 마찬가지였다. 특히 밀턴 프리드먼은 시카고 대학의 자유주의 경제학자들의 대변자로서, 그의 변함없는 지론은 자유로운 시장이 중요하기 때문에 사실 모든 정책은 단순히 돈만 잘 돌아가면 된다는 입장이었다.

이에 국가가 시장의 개입만 없으면 장기적으로는 고실업이 지속될 수 없다는 이론도 동시에 내세웠다. 또 국가의 시장 개입에 반대하는 다른

학자로서는 영국의 그 프리드리히 하이에크(Friedrich A. Von Hayek)가 있었다. 이렇기에 이제는 돈이 만능으로 작동하는 정글의 법칙에 횡행하는데 있어서 조금도 주저함이 없게 되었다. 이것이 신자유주의의 모습이었다. 이 정글의 법칙이란 승자독식과 약육강식, 적자생존만이 특실거리는 무한경쟁을 일컫는다. 이로 인하여 부익부 빈익빈 양극화 현상을 부추기는 데는 그 어느 자본주의시대보다 더 세차게 치솟아 올랐다.

거기에는 인도 출신으로 세계화의 예언자라 칭함받는 자그디시 바그와티(Jagdish Bhagwati)의 세계화가 일익을 담당하였다.[40] 이에 따라 돈을 벌기 위해서는 수단과 방법을 가리지 않는 다는 소위 천민자본주의가 극에 달하였다. 이런 신자유주의의 폐단을 간파한 노벨상 수상자(2001) 조지프 스티글리츠(Joseph E. Stiglitz)는 세계화의 속도를 늦추고, 국가와 시장 간에 새로운 균형을 찾아 사회적 정의를 실천해야 한다는 주장을 강력히 펼쳤다. 그의 주장대로 세계화의 속도를 늦추자는 것은 세계화를 민주적인 자본주의로 만들어 보자는 의미이었다.

우리는 이제까지 제2 종교개혁자 웨슬리 이후에 전개되었던 자유방임주의와 수정자본주의와 신자유주의의 흐름을 역사적으로 약술해 보았다. 이에 표출되었던 공통점이 있었다면, 이것은 난문제로 항상 대두되었던 부익부 빈익빈이라는 양극화 현상이었을 것이다. 이러한 때마다 당시 교회들은 무슨 태도를 갖고 있었을까를 한번 확인해 보는 일은 중요한 관건이 되겠다.

우선 켄터베리 대주교 윌리암 템플(William Temple)은 자유방임주의 시대에 이어 수정자본주의 시대를 거치면서 교회를 두고 이르기를 교회는 그 어느 조직보다 물질적(material)이라고 일갈하였다.[41] 실로 정곡을 찌른 명언이었다. 그리고 수정자본주의 시대를 살았던 영국의 사회사상가 리처드 헨리 토니(Richard Henry Tawney)는 교회가 탐욕의 죄에 오염되어서, 결국은 상인의 종교로 추락함으로 말미암아 자본주의의 정신의 영향을 받아 공공영역에서 교회를 전면 철수시켰다고 비판하였다.[42]

이와 같은 역사적 사실은 당시 교회들도 - 한국 교회의 샤마니즘적인 기복신앙과는 양상을 달리하기는 하지만 - 여전히 본질적으로 생존 생계의 기복신앙에 매달려 있었다는 것을 직시할 수가 있다. 그런데 교회의 정체성의 회복을 위하여 탐욕의 자본주의에 맞서 보겠다면서 도전하였던 이들이 있었다. 19세기 말 20세기 초 기독교 사회주의의 프레드릭 모리스(Frederick D, Maurice)와 사회복음의 월터 라우센뷰슈(Walter Rauschenbusch)가 바로 그들이었다. 이어 1940~50년대(제2차 세계대전 후)에 일어났던 기독교 현실주의의 폴 램지(Paul Ramsey)와 1960년대 해방신학의 구스타보 구티에레즈(Gustavo Gutierez)가 또한 그들이었다.[43] 그들의 공통점은 그들의 신학이 안락의자 신학(armchair theology)에 정체된 채, 현장에 있는 당시의 목회자들에게는 아무런 영향력을 행사하지 못하였다는데 있다.

이상에서 본 바와 같이 자본주의가 시대에 맞춰 진행되어가고 있을 때에, 한국의 경제 상황은 어떠했을까를 살펴 볼 필요가 있겠다. 처음 한국에 기독교가 유입되었을 때의 한국의 경제체제는 - 당시 서구의 자본주의는 자유방임주의이었는데 - 봉건적인 사회경제 체제이었는 바, 이것이 해체되는 과정에서 상업자본주의가 침투하여 들어오기 시작하는 상황이었다. 서구의 수정자본주의 시대에도 한국 교회는 자유방임주의 시대에서와 같이 전도하고 교회 세워 나가기에 정선들이 없었다.

이러는 동안에 이승만 정부는 무너지고 박정희 정부가 들어섰다. 1962년 이후에 신자유주의의 전반기부터 1990년 초까지 한국 정부는 7차례에 걸쳐서 수정자본주의에 입각해서 지속적으로 5개년 경제개발 계획을 입안하고 시행해 왔다.[44] 이 결과 7차례에 걸친 경제개발 계획은 대성공적이었다. 따라서 한국 교회가 1970년대로 접어들면서부터는 전혀 다른 모습으로 나타나기 시작하였다. 이때는 신자유주의시대인지라 이에 힘을 받아 급성장하게 되었다. 정글의 법칙만이 작동하고 있는 신자유주의가 여러 분야에서 횡포를 부리면서 그 부작용이 극에 달하였다. 그 횡포는 경제면은 물론이고 정치면과 사회면과 문화면까지 덮쳐 그야말로 그 횡포가 안 미치는 곳이 없었다. 이는 교회라고 해서 예외가 아니었다.

이런 현상을 두고 사회 사상가 로버트 라이시(Robert B. Reich)는 신자유주의를 일컬어 슈퍼자본주의(Supercapitalism)라고 일렀다. 이리하여 그는 민주주의적 자본주의는 붕괴되었다면서, 그 이유를 그것에 의해 민주주의가 압도당했기 때문이라는 데서 찾았다.[45] 이러므로 종교계는 물론 특히 교회, 사회면과 문화면까지 슈퍼자본주의의 영향력하에 있다는 것은 두말할 여지가 없다.

3. 다원주의 사회와 문화의 변혁

이제까지 언급한 내용들을 총괄해 보자면, 주지하는 바 개조 02는 이름하기를 '반드시 재설정되어야 할 상황화신학 작업'이라고 하였다. 그리고는 상황화 신학을 작업함에 있어서 그 삶의 정황의 설정을 '민주적인 자유주의적 자본주의'이어야 한다고 주장하였다. 이리하여 민주주의와 자유주의에 이어서 자본주의까지 간략하게나마 정리해 보았다. 그런데 오늘에 와서는 슈퍼자본주의가 등장함으로 말미암아 그 여파가 막강한 세력으로 미치지 않는 분야가 없다고도 하였다. 이쯤되면 그 민주적인 자유주의적 자본주의로 삶의 정황을 상황화했을 때, 한국 교회는 과연 어떤 태도를 취하고 있어야 할까를 당당하게 대답할 수 있어야만 할 것이다.

그리고는 이어서 마땅히 행동으로 옮겨야 한다. 그 이유는 그것이야말로 제3 종교개혁의 길로 들어서는 첩경이기 때문이다.

이미 언급한 대로 민주주의의 핵심가치는 인간의 존엄성에 따른 자유와 평등과 박애정신이라고 하였다. 이어서 자유주의는 욕망과 이성에 의해서 개인주의가 동향되며, 그 자유주의의 핵심가치는 그 무엇보다도 경제적 자유주의가 더 강렬한데, 여기에는 사적 소유와 시장경제와 경쟁과 이윤이 있다고 일렀다. 그리고 오늘날의 신자유주의는 슈퍼자본주의로 변신해 그 여파로 인한 부작용이 있다는 것을 지적하였다. 이렇다면 세계 교회는 물론 한국 교회가 앞으로 해야 할 사명은 이미 다 나와 있는 셈이나 다름이 없다. 이에 따라 교회는 세상보다 더 신본주의를 바탕으로 해서 민주주적이어야 한다. 자유와 평등을 포함하여 박애정신을 신율(theonomy)에 따라 펼칠 수 있는 곳은 유일하게 교회밖에 없다. 그러니 교회만큼은 지나치게 자유주의적이 되어서는 안 된다. 동시에 교회만큼은 절대로 슈퍼자본주의에 압도당해서도 안 된다.

그와 같은 사명을 전제로 하고 다음에 이어지는 1) 다원주의 사회와 2) 문화의 변혁을 읽으면 나름대로 큰 도움이 될 것으로 사료된다. 여기에는 하나의 종교학적인 진단(a religiological diagnosis)의 방법론이 동원될 것이다.

1) 다원주의 사회

한국 사회는 복합적인 문화의 가치관을 갖고 있다. 샤마니즘적 기복신앙이 기초석을 이루고 있으며, 이 위에 불교적인 사고방식과 유교적인 체면의식의 외형주의가 떡하니 올려져 있다. 여기에 더하여 기독교적인 행동주의가 그 위에 또 올려져 있는 것이다. 이러하기에 한국인은 상황과 경우에 따라 편리한대로 그런 가치관을 갖다 쓰는 용의주도함이 있다. 그래서 한국 사회는 다중적인 기질이 내면화되어 있는 사회이다. 그리하여 철학자 탁석산은 한국 사회는 지금 이 세상이 전부라는 현세주의로, 감각의 즐거움을 추구하는 인생주의로, 공수래공수거라면서 좌절할 필요가 없다는 허무주의로, 좋음을 추구하는 실용주의로 뭉쳐 있다고 피력하였다.[46] 때문에 한국 사회는 유연하고 역동적이라고 부연하였다.[47]

이런 한국 사회는 다원사회(多元社會)로 그 자체가 다종교 상황(multi-religious situation)이라는 것을 시사한다. 정확히 말하면 한국 사회는 다종교 혼합(complex) 사회가 되는 셈이다. 더 나아가 한국 사회는 어느 특정한 종교가 주도하지 않는, 즉 단일종교 주도(leading) 사회가 아니라는 말이다. 이것은 또한 다종교 개방사회로 종교박물관이라는 것을 말해준다. 이런 것들로 인해서 생긴 복합적 문화의 가치관 때문에, 한국 사회에서 뭔가 사회적 통합을 이루기란 거의 불가능에 가깝다.

이 같은 다종교 상황에서 역사신학자 김의환은 교회갱신의 우선적 과제를 언급하는 중에 한국 교회의 정체성을 시급히 회복하는 일이라고 천명하였다.[48] 이 정체성을 회복하는데 있어 한국 교회가 최우선적으로 해야 할 일은 - 이미 누차 지적한 바와 같이 - 반사회적인 도덕적 불감증을 야고보서의 말씀에 따라 행하는 믿음(약 2:26)으로 과감히 청산하는데 있다. 그런데 여기에서 문제는 반사회적인 도덕적 불감증을 청산하는 데 있어 누가 선두에 서야 하는 것이다. 이는 두말할 필요도 없이 많은 신도들을 치리하고 있어서 영향력이 있는 목회자들부터 해야 한다.

기독교 윤리학자 라인홀드 니이버(Reinhold Niebuhr)는 아무리 비도덕적 사회라 할지라도 인간은 응당 도덕적 인간(moral man)이 되어야 한다는 것을 강변하였다. 이런 인간은 사회속에서 어울려 사는 법을 인지하고 있기에, 사회생활을 위하여 개인적으로 종교적 자원을 십분 발휘하는 용기를 갖고 있다는 것이다.[49] 이어 그는 도덕적 인간과 비도덕적 사회는 하나의 역설(paradox)이라면서, 도덕적 개인에게 있어서의 최고의 이상은 당연히 비이기심(Unselfishness)이라고 설파하였다.[50]

이 이기심은 탐욕(Selfish again)을 부추긴다. 이런 탐욕이 한국 교회에 있어서는 자유주의 정신과 신자유주의적 성향과 함께 맞물리면서 극대화되었는 바, 여기에 헌법 제20조 1항의 종교의 자유까지 더해져서 그렇게도 도덕적 불감증이 팽배해지고 말았던 것이다. 이에 종교학자 윤이흠은 한국 교회가 이제부터는 비도덕적으로 이루어진 경쟁적 구도를 끊임없이 만들어가기보다는 먼저 사회와의 상생 공존의 관계 질서를 도모하라고 일침을 가하였다.[51] 따라서 반사회적인 도덕적 불감증은 상생 공존의 관계 질서를 파괴할 뿐만 아니라, 어쩔 수 없이 반지성적인 태도 또한 동반하게 되어 있다. 이 지경까지 오게 된 결정적인 요인은 한국 교회의 목회자들의 내면속에 은밀하게 기층으로 터를 잡고 있는 샤마니즘적 기복신앙에서 비롯된 신앙절대주의에 있다. 이렇지 않다면 왜 일반 사회인들이 한국 교회를 두고 '개독교'(dog christianity)라고 할 정도로 모욕을 주고 있겠는가를 이제는 냉철하게 성찰할 수 있어야만 하겠다.

한국 교회의 하나의 가장 큰 신앙질병은 탐욕에서 비롯된 물질 소유, 즉 맘몬이즘이고 그 나머지는 비도덕과 반지성에서 오는 합병증세들이다. 다시 말해서 맘몬이즘 때문에 비도덕하고 반지성적인 것들이 생긴다는 것이다. 이 한국 교회의 맘몬이즘이 - 현세를 합리화시킴으로 말미암아 - 한국 사회적인 기능면에서 볼 때는 여지없이 역기능을 야기시키고 있음이다. 더 이상 경직화되어서 맘몬이즘에 의존해서는 안 된다. 순기능으로 돌아서야 한다. 이 순기능은 한국 교회에 주어진 성경적 규범과 가치를 완성하며, 선지자적인 자세(prophetic attitude)로 하루 빨리 정체성을 확립하는데 있다.[52]

이러려면 종교사회학자 피터 버거(Peter L. Berger)의 말대로 다원주의 사회에서 종교를 사적인 종교로 만들어버려 아예 사유화(Privatization)시키는 행태부터 탈피해야 만 한다.[53] 이어 종교사회학자 오경환은 사회적인 현상으로서의 종교가 제대로 인정을 받고자 할 때는 사회와의 관계속에서 올바른 믿음과 행위가 뒤따라야 한다고 일렀다.[54] 그리고 라인홀드 니이버는 사회에 있어서의 최고의 도덕적인 이상은 정의(Justice)일 것이며, 이것은 권력에까지도 이르러 유지된다는 입장을 고수하였다.[55] 이런 경우의 정의는 민주주의에 대한 것일 터인데, 이 정의는 자유와 평등과 박애정신에 그대로 표출되어 있어야 한다.

한국 교회에 있어서 민주주의를 상황화로 설정해놓고, 도대체가 정의가 없는 독재권력에 투쟁하였던 이들로서는 진보 내지는 자유진영의 민주화 세력이었다. 그런데 그들보다 앞서서 사회정의를 위하여 투쟁하였던 이는 한국 최초의 남감리교 신자 윤치호(1864~1945)이었다. 그는 국가 존망 위기에 좌절하지 않고 진보적 사회참여 신앙으로 일본에 맞서 자주독립을 외치는 구국운동에 정열을 다 쏟았다.(1898)[56]

여하튼 한국 교회가 오늘의 다원주의 사회 속에서 현상하고 있다 할지라도, 주어진 정체성을 확립하고 그에 따라 사명으로 해야 할 일을 마땅해 다 하게 되면 선도적인 주체세력으로서 얼마든지 사회를 변혁시킬 수가 있다. 여기에는 대전제 조건이 절대적으로 요청된다. 사회적인 경제적 동물들이야 민주적인 자유주의적 자본주의라는 상황화 아래에서 맘몬이즘에 함몰되어 있다손 치더라도, 한국 교회만큼은 결코 그래서는 안된다는 사실이다. 그 이유는 맘모니즘을 타파하지 않은 채, 한국 교회가 대사회적으로 아무리 대단한 일을 한다해도 아무런 영향력과 효과가 없을 것이기 때문이다. 이렇게 될 수밖에 없는 것은 이방인들이 그런 한국 교회의 모습을 보고 쇼(Show)나 하고 앉아 있는 위선자로 간주할 것 이기에 그러하다. 이 위선자는 웨슬리의 말에 비춰보면 99%밖에 안 되는 유사 그리스도인(almost a Christian)인 셈이 된다.[57)]

이와 같이 유사 그리스도인이라는 모욕적인 비난을 안 받으려면, 이제부터라도 한국 교회의 목회자들은 땅에 보이는 것으로서의 종착적 가치(terminal value)로 섬기고 있는 물량주의를 벗어나야 한다.[58)] 믿는 그리스도인에게 있어서의 종착적 가치는 오로지 신적인 거룩한 영성(성령의 열매 : 사랑)밖에 없다. 그 물량주의는 다만 도구적 가치(instrumental value)일 뿐이다. 이런 분명한 사실을 구원의 확신과 더불어 확고히 하고 있을 때만이 사회변혁의 선도자가 될 수가 있다.

종교는 가치관의 사회적인 실체다. 사회변혁과 종교의 관계를 생각하는 가장 중요한 이유는 종교가 사회변혁을 능동적으로 주도하는 동인 또는 주체가 되어야 한다는 당위론 때문이다. 이 당위론을 벗어나게 되면, 오히려 종교가 사회 변혁의 영향을 받게 되어 있는 변혁의 피동체 또는 객체로 전락하고 만다.[59)] 오늘날 한국 교회의 모습이 정확히 그 모양새이다. 왜냐하면 교회 수가 감소되고 가나안 신자들이 하루가 다르게 속출하고 있어도 속수무책으로 방관시하고 있기 때문이다.

잘 아는 대로 루터와 칼빈과 웨슬리는 당당하게 당시 사회변혁을 주도적으로 이끌고 갔지, 적어도 질질 끌려 다니지는 않았다. 이와는 전혀 다르게 - 선교 초기 때를 제외하고 - 한국 교회는 그동안 사회변혁의 주체세력이 되기는 커녕, 도리어 사회적 격변에 순응한 나머지 사회적 비리의 주역이 되는 땅 투기에 전력투구하여 정신들이 없었다. 이처럼 한국 교회가 사회적 비리에 동참하고 있는 한, 변혁의 주체로서의 기능을 포기하고 있는 것이 된다. 이렇게까지 되게 한 원인을 윤이흠은 교회가 사회적 실체로서는 빠른 속도로 성장해 왔으면서도 사회의 주체로서는 오늘에 이르기까지 천민 자본주의적인 외래종교의 외피(外皮)를 벗지 못하고 있는

데서 찾았다.[60]

이런 맥락에서 보건대, 한국 교회에 지금 필요한 신학은 – 예수회(Jesuit) 신학자 롤랜드 F. 스미드의 주장에 비춰보면 - 한국적으로 상황화한 바로 그 민주적인 자유주의적 자본주의를 중심으로 전개하는 반항의 신학인 것이다.[61] 이 반항의 신학(Eine Theologie der Rebellion)은 변혁의 신학이기도 한다.

2) 문화의 변혁

일반적으로 문화(Culture) 또는 문명(Civilization)은 교양화시키는 행동 내지는 교양받은 결과로 이루어진 상태로서 인간 활동의 총체적 과정과 그 총체적 결과이다. 여기에는 언어와 관습, 신념, 습관, 사회인식, 전래된 기술, 기술적 과정, 가치 등이 내포된다. 이에 따라 현대신학자 김영한은 문화를 이해하는 데는 다음과 같은 8가지의 특징을 고찰해 볼 필요가 있다고 하였다.

> "1) 문화는 사회적 성격을 지닌다. 2) 문화는 인간적 성취로 특정된다. 3) 문화는 가치의 세계를 특징으로 지니고 있다. 4) 인간이 이뤄놓은 가치체계는 인간에게 유용한 것이어야 한다. 5) 문화는 그 모든 형식과 다양성에 있어서 가치가 시간적으로 보아 물질적 양태로 현상하는 특징을 지닌다. 6) 문화적 활동은 가치의 보존과 관계한다. 7) 문화활동의 특징은 복수주의(pluralism)로 규정될 수 있다. 8) 모든 문화는 종교적인 특징을 지닌다."[62]

이미 우리는 상황화 신학을 작업함에 있어서 삶의 정황을 민주적인 자유주의적 자본주의로 설정해놓고 연이어 논의하고 있다. 이런 가운데 슈퍼자본주의가 정치면과 경제면은 물론 사회면에 이르기까지 침투해 있다는 것을 알게 되었다. 여기에는 한국인의 문화면이라고 해서 예외일 수가 없다. 2009년 로이터통신 입소스 공동으로 "당신은 돈이 인생의 최고의 성공 징표라고 생각하십니까?"라는 여론 조사를 실시한 적이 있다. 이때 69%로 한국이 중국과 함께 공동 1위를 했으며, 67%의 인도가 2위를, 63%의 일본이 3위를, 33%의 미국이 4위를, 31%의 프랑스가 5위를, 29%의 네덜란드가 6위를, 28%의 스웨덴이 7위를, 27%의 캐나다가 8위를 한 것으로 나타났다. 이 같은 여론조사만 봐도 한국인이 그 얼마나 돈을 좋아하는가를 간파할 수가 있겠다. 이러므로 맘모니즘에 매몰되어 있다는 주장은 그리 지나친 말은 아닐 것이다.

이런 측면에서는 문화면에도 그대로 표출되었다. 그 맘모니즘이 문화의 가치관으로 자리를 잡고 있으며, 물질적 양태로 현상하고 있을 뿐만 아니라 인간들의 성취의 목적이 되어 있기에 그러하다. 여기에 더하여 모든 문화가 종교적인 특징을 가지고 있다고 할 때에, 한국의 기층문화는 샤마니즘이니 만큼, 그 또한 기복신앙이 작동하고 있을 것임에는 틀림이 없다. 이것은 문화학자 기어트 호프슈테더(Geert Hofstede)의 말과 같이 한국인이 샤마니즘과의 문화접변으로 인하여 문화융합 현상을 자연스럽게 일으켰기 때문이다.[63] 이렇기에 한국인의 문화는 정신 프로그램(Software of the mind) 자체가 샤마니즘이니, 행동 자체도 샤마니즘적일 수밖에 없는 것이다. 따라서 한국 교회 역시 한국인의 교회인 까닭에 한국 교회 자체가 샤마니즘적이라는 말이 성립된다.

종교학자 최준식은 한국 문화의 뿌리는 샤마니즘이며, 그래서 샤마니즘은 한국인에게는 영원한 종교라고까지 단정을 하였다.[64] 이어서 그는 한국 사회를 형식적으로 결정하는 것은 유교이며, 기독교는 한국에서 만큼은 여전히 신종교(new religion)라고 평가하였다.[65] 그리고 그는 그나마 종교로서 가장 기능을 잘 하고 있는 종교는 천주교와 원불교라고 일렀다.[66] 동시에 그는 이제 한국의 기독교는 서양, 특히 미국 문화에 대한 무작정적 동경심에 따라 정해진 구호라 할 수 있는 '한국을 복음화하자'는 외침을 '기독교를 한국화하자'는 외침으로 전환될 때, 한국의 기독교는 새로운 기독교로 거듭날 수 있을 것이라는 충언도 서슴치 않았다.[67] 분명히 최준식은 한국의 기독교를 신종교(new religion)로 간주하는가 하면, 종교의 기능을 제대로 발휘하지 못하고 있는 것으로 판단하였다. 이것은 그동안 한국 교회가 한국 문화에 대해서 올바르게 대처하지 못했다는 점을 말해주는 것이 된다.

리차드 니버(Richard Niebuhr)는 문화관을 다음과 같이 다섯 가지의 유형으로 나누어 설명해 주었다.

> "첫째 유형은 그리스도와 문화간의 대립(againt)을 주장한다. 이것은 이것이냐 저것이냐라는 선택이 요구된다.(터툴리안, 중세기의 수도원·소종파 운동·톨스토이) 둘째 유형은 그리스도와 문화간의 근본적 일치(of)를 주장한다.(19세기 자유주의 신학) 셋째 유형은 둘째 유형처럼 상호간의 일치(of)를 인정하면서도 그리스도를 문화 안에서 찾을 수 없는 새로운 무엇으로 인정하여 인간 문화의 접속선 가운데서 그리스도의 불연속적인 위대한 비약을 주장한다.(토마스 아퀴나스) 이 요체는 그리스도는 진실로 문화의 그리스도이며 동시에 그는 문화 위에(above) 있는 그리스도에 있다.
>
> 넷째 유형은 역설적(Paradoxical) 관계로 그리스도와 문화 사이의 양극성과 긴장성을 인정함에 있어서 대립(against) 유형과 일치하나, 하나님에 대한 복종에 있어서 사회제도에 대한 복종을 전제로 하여 사회에 대한 충성과 사회의 심판자이신 그리스도에 대한 충성을 동시에 요청한다는 점에서 대립 유형과 다르다.(루터와 루터주의) 이 요체는 역사의 피안에서 초역사적으로 오는 그리스도에 대한 구원의 희망 안에서 불안정

> 하고 죄악된 긴장한 삶이 전개된다는 데 있다. 다섯째 유형은 변혁(transformation) 관계로 그리스도를 각자의 문화와 사회와 더불어 인간을 변혁시키는 분으로 이해한다. 이 유형은 그리스도와 인간적 제도를 대립 관계로 파악하나, 이 대립 관계는 그리스도에 의해서 문화가 개혁됨으로 지향될 수 있다는 신념을 지닌다. 때문에 인간에게 문화를 떠나라고 요구하지 않고 문화와 인간의 불가분적 관계를 인정하여 더 나아가 문화 개혁이 강조된다.(요한, 바울, 어거스틴, 칼빈)[68]

이상 우리는 문화관에 따른 다섯 가지의 유형을 간단히 정리해 보았다. 이에 현재 한국 문화와 한국 교회와의 관계는 어떻게 되어 있으며, 실제로 과연 어느 유형에 속할까 하는 물음에 대한 확인 작업은 아주 중요한 관건이 된다. 잘 아는 대로 현재 한국 문화는 그 어느 분야이든 천민적인 슈퍼자본주의에 압도당해 맘모니즘에 매몰되어 있다. 이는 한국 교회라고 해서 별반 다르지 않다. 이를 테면 한국 교회를 포함해서 한국 문화 전체가 온통 맘모니즘에 염색되어 있다는 말이다. 이러할진대 한국 교회에 대한 확인 작업은 끝났다.

솔직히 말해서 그동안 한국 교회는 맘모니즘에 대하여 정면으로 대립(against)하여 그 맘모니즘을 뛰어넘기는(above) 커녕 – 그렇다고 해서 역설적인(paradoxical) 것도 아닌 채 – 오히려 맘모니즘과 근본적으로 일치(of)시키는 행태만을 일삼아 왔던 것이다. 여전히 강단에서 선포되는 말씀은 선험적(a priori)으로 고전종교의 사유적 가치관이었는 데도 말이다. 이제라도 늦지 않았다. 당시 모여들었던 대중들에게 필요한 바를 예수님은 기복으로 채워주시기는 했어도, 정작 본인은 그것을 빌미로 삼아 일체 기복 따위를 챙기지 않았다는 사실에 우리는 주목해야 한다. 예수님의 그 같은 모본이 바로 오늘날 맘모니즘에 찌들어 있는 한국 문화를 변혁시킬 수 있는 원동력이 된다.

다시 말하면 한국 교회가 예수님의 모본을 그대로 닮아(Imitatio Christi) 맘모니즘의 한국 문화를 변혁시켜 보자는 것이다. 이런 의미에서 칼빈주의적 변혁사상이 그리스도를 문화의 왕으로 이해하고 있다는 것은 참으로 정당하다.[69]

1517년 루터가 교리적 개혁에 우선하여 심각하게 문제를 삼았던 것은 로마 가톨릭의 면죄부 판매에 있었다. 이 면죄부 판매가 그로 하여금 제1 종교개혁을 일으킬 수밖에 없었던 촉매제로 작용케 되었음이다. 이로 보아 그의 제1 종교개혁은 구도적인 물질개혁에서부터 비롯되었다는 것을 알 수가 있다.(마 6:21 참조) 즉 당시 로마 가톨릭의 맘모니즘 문화를 변혁시키고자 하는 데서부터 제1 종교개혁이 시작되었다는 말이다. 이는 루터가 물질개혁없이 진정한 의미에서 종교개혁이 있을 수 없다는 것을 역사적으로 보여주었던 것이다.

이에 저널리즘 학자 그레그 스타인메츠(Greg Steinmetz)는 그때 악명 높은 고리대금업자 야코프 푸거가 교황청과 연대하여 은밀하게 꾸민 금융계략이 - 후에 면죄부 판매로까지 발전 - 뜻하지 않게 루터를 격분시켜 반박문을 작성케 했다고 논증해 주었다.[70] 이 때문에 푸거와 함께 교황청은 루터의 중요한 표적으로 개혁의 대상이 되었다. 이로 인하여 그 푸거는 루터의 개혁하고자 하는 일에 사사건건 반대하고 나섰다.[71] 그러나 루터는 조금도 굴하지 않았다. 오히려 그는 더욱 더 세차게 교황청의 맘모니즘에서 오는 성직자들의 탐욕과 부패, 부정, 세속의 개입 등을 질타하였다.[72] 이러던 차 아주 노골적으로 면죄부 판매를 대놓고 앞장섰던 테첼의 무모하기 짝이 없는 행태를 보고 격분한 나머지, 루터가 급기야는 그 유명한 95개조 논제를 작성케 되었던 것이다.

이에 종교학자 윤이흠은 진정으로 종교가 문화혁명을 가능케 하고자 할 때는 다음과 같은 2대 원칙을 준수해야 한 다는 것을 분명히 해 두었다.

> "제1 원칙은, 개혁은 기존의 문화전통 안에 있는 가치를 전혀 새롭게 하는 작업이다. 역사적으로 창조적인 기능을 한 모든 진정한 개혁은 문화적인 진공(Vacuum) 상태에서 일어나지 않았다. 그것은 전통문화 안에 도사리고 있는 핵심가치를 새롭게 하는 작업에서만 가능한 역사의 과정이었다.
> 제2 원칙은, 창조적 개혁은 시대적 요청을 수용할 때, 비로소 역사적 사건으로 등장하게 된다. 이 시대적 요청을 수용하기 위해서는 새로운 감각을 지닌 새로운 논리가 필요하다."[73]

이와 같은 2대 원칙을 조화시켜 전통적으로 이어받은 중심가치와 교훈을 새로운 논리에 수용할 때만이 비로소 역사의 방향을 바꿀 수 있는 시대적 설득력과 창조적인 힘을 발휘할 수 있게 된다.[74] 이에 따라 한국 교회가 창조적인 개혁을 주도하지 못할 때, 한국 교회는 사회 내지는 문화 변혁의 객체(object)로 전락하고 만다. 그래서 한국 교회가 세상을 걱정하고 있는 격이 아니라 세상이 한국 교회를 걱정하고 있다는 소리를 듣고 있는 것이다. 이렇기에 더 이상 한국 교회가 헌금장사나 하고 앉아 있는 이익집단으로 매도 당해서는 안되겠다. 이제 한국 교회가 문화 변혁의 주체가 되느냐, 아니면, 한낱 그 많은 영리단체의 이익집단의 하나로 전락하고 마느냐의 갈림길은 한국 교회가 그 무엇을 선택하는가 하는 태도에 달려 있다.

이상으로 논자는 상황화 신학을 논의함에 있어서 삶의 정황을 민주적인 자유주의적 자본주의로 설정해놓은 후, 그에 상관되어 있는 정치면과 경제면, 사회면, 문화면을 차례대로 관조해 보았다. 이어서 거기에는 큰 암덩어리가 되는 바로 그 중병이 맘모니즘이라는 사실도 인지하게 되었다. 그리고는 이제 한국 교회가 해야 할 일에 대해서도 언급하였다. 다시 강조하건대, 그 상황화된 민주적인 자유주의적 자본주의라는 삶의 정황에 지금의 한국 교회의 실체를 대입(代入)시키게 되면, 지금의 한국 교회의 진면목(眞面目)을 파악할 수 있다는 것이다. 개혁의 단초는 곧 거기에서부터 시작된다.

이제부터는 이해를 더욱 더 돕고자 참조로 해외에서 진행되었던 상황화 신학에 대하여 피력해 보고자 한다. 먼저 태국 코야마(kosuke Koyama)의 물소(Water buffalo) 신학이 있는데, 이 신학은 태국의 농경문화적 상황을 전제로 한 것이다. 미국 콘(J. Cone)의 흑인신학은 눌린 자의 하나님이심을 고백하고 흑인의 해방과 인간성의 회복에 주안점을 둔 신학이었다.[75] 그리고 유럽의 상황화 신학으로서는 몰트만(J. Moltmann)의 소망의 신학이 있다.[76] 또 남미의 구티에레즈(G. Gutierrez)와 보니노(Miguez Bonino)는 해방신학을 발표하였다.[77]

그런데 한국 교회에도 당연히 상황화 신학의 작업이 있었다. 서남동을 중심으로 한 민중신학자들의 민중신학과 감리교 신학대학교 교수들을 중심으로 전개되었던 토착화 신학이 그것이다. 이 토착화 신학은 한국을 다종교 문화로 관조하고 샤마니즘 · 불교 · 유교와 대화를 시도하는 것으로서, 그 접근하는 방법론(methodology)은 정복주의적인 태도로 가치평가를 취하는 비교종교학(종교학의 아류)적인 것이었다. 여기에 참여하였던 신학자들로서는 샤마니즘의 유동식이, 불교의 변선환이, 유교의 윤성범이 있었다.[78]

상기와 같은 일련의 상황화 신학은 특정지역을 중심으로 전개한 특수적인 상황화 신학이다. 이와는 달리 논자가 제기한 바 있는 그 민주적인 자유주의적 자본주의로 설정한 상황화 신학은 세계의 그 어느 나라나 - 물론 공산사회주의 국가는 제외하고 - 모든 세계교회에도 해당, 적용시킬 수 있는 보편주의적인 상황화(universal contextualization)신학인 것이다.

주(註)

1) 레밍효과(Lemming effect)라고도 부르는 레밍신드롬이란 자신의 의견이나 주장없이 집단이나 우두머리가 하는 행동을 그대로 따라하는 집단적 편승효과를 일컫는 말이다. 북극산 나그네 쥐라 불리어지는 레밍은 우두머리 레밍을 맹목적으로 뒤 따르다가 급기야는 졸지에 절벽 아래로 그대로 추락사하거나 바다에 빠져 익사하기도 한다.
2) 심리학에서 '프레임'은 세상을 바라보는 마음의 창을 의미한다. 어떤 문제를 바라보는 관점, 세상을 관조하는 사고방식, 세상에 대한 비유, 사람들에 대한 고정관념 등이 모두 여기에 속한다.
cf. 최인식, 『프레임』, 21세기북스, 2009, pp.10~17.
3) Richard E. Nisbett, *The Geography of Thought* (Brockman, Inc., 2003, 최인철 역, 김영사, 2018)을 참조하라.
4) Rene Padilla, *Mission Between the Times*, Grand Rapids, MI: Eerdmans, 1985, p.106.
5) 임경철, "상황화를 위한 효과적인 방법론", 『신학지남』(겨울호), 신학지남사, 2008, p.245.
6) Merrill F. Unger, *What Demons can do to Saints*, The Moody Bible Institute of Chicago, 1977, 정학봉 역, 요단출판사, 1979, pp.139~152.
cf. 송용동 감수, 『사탄은 지금 이 세상에서 무엇을 하는가?』, 나침반사, 1992, pp.20~22.
7) 임경철, *Op. cit.*, p.237.
8) *Ibid.*, pp.237~238.

9) *Ibid.,* p.238.

10) *Ibid.,* p.246.

11) *Ibid.*

12) *Ibid.,* p.249.

13) Josef Bleicher, *Contemporary Hermeneutics*, Routledge & Kegan Paul, 1980, 권순홍 역, 한마당, 1983, pp.172~185.

14) 정진홍, 『종교 문화의 인식과 해석 : 종교현상학의 전개』, 서울대학교출판부, 1997, pp.296~298.

15) 임경철, *OP, cit*, pp.249~252.

16) Gustaf Aulén, *Christus Victor*, The Macmillan Company, 1967.

17) 이극찬, 『민주주의』, 종로서적, 1983, pp.33~37.

18) 김우태, 『정치학』, 형설출판사, 1983, p.165.

19) 정인흥, 『서구정치사상사』, 박영사, 1981, p.84.

20) *Ibid.,* pp.148~152.

21) *Ibid.,* pp.159~173.

22) 졸저, 『회중신학』(제1권 입문론), 세계종교현상연구소, 1984, p.146

23) *Ibid.*

24) 김진두, 『웨슬리의 실천신학』, 진흥, 2000, pp.325~341.

25) *Ibid.,* pp.315~316.

26) 노명식, 『자유주의의 원리와 역사』, 민음사, 1992, p.33.

27) *Ibid.,* p.25.

28) Anatole Kaletsky, *Capitalism 4.0 : The Birth of a New Economy*, Bloomsbury Publishing, 2010, 위선주 역, 컬처엔스토리, 2011, pp.21~25.

29) *Ibid.,* p.25.

30) Arne Daniels. Stefan Scmite, *Die Geschichte Capitalismus,*

Wilhem Heyne Verlag, 2006, 조경수 역, 미래의 창, 2007, p.4.
31) 황의서, 『세상을 이기는 30가지 경제마인드』, 행복한 집, 1999, p.15.
32) Heizou Takenaka, *Keizej Kosten Wa Yakuni Tatsu,* Kobunsha Co., LTD., 2010, 김소운 역, 북하이브, 2012, p.26.
33) Leo Huberman, *Man's Worldly Goods: The Story of the Wealth of Nations*, Monthly Review Press, 1987, 장상환 역, 책벌레, 2008, pp.246~ 250.
34) Karl Marx. Friedrich Engels, *The Commiunist Manifesto,* 1888.
35) Anatole Kaletsky, *Op. cit.*, p.67.
36) Arne Daniels. Stefan Scmite, *Op. cit,*, pp.186~188.
37) Heizou Takenaka, *Op. cit.*, pp.184~185.
38) *Ibid.,* pp.148.
39) *Ibid.,* pp.196~200.
40) *Ibid.,* p.204.
41) 오영석, "한국 교회의 소생과 사회적인 책임 수행을 위한 교회의 개혁", 「제2 종교개혁이 필요한 한국 교회」, 기독교문사, 2015, p.45.
42) Richard Henry Tawney, *Religion and the Rise of Capitalism : A Historical Study*, Harcourt Brace and Company, 1952, 고세훈 역, 한길사, 2019, pp.313~335.
43) 노영상, "경제와 사회적 선교", 『기독교와 경제』, 호남신학대학교, 1999, pp.156~157.
44) 김성수, 『한국 경제의 이해』, 학문사, 1993, pp.149~150.
45) Robert B. Reich, *Supercapitalism*, Bethesda, 2007, 형선호 역, 김영사, 2008, pp.192~196.
46) 탁석산, 『한국인은 무엇으로 사는가』, 창비, 2015.
47) *Ibid.,* pp.156 ~ 176.

48) 김의환, "권두언: 교회갱신의 우선과제", 『신학지남』(겨울호), 신학지남사, 1995, p.5.

49) Reihold Niebuhr, *Moral Man and Immoral Society*, 1932, 이병섭 역, 현대사상사, 1990, pp.21~41, 69~99.

50) Cloud Weltsch, "Reinhold Niebuhr", 『현대신학자 20인』, 유석종 역, 대한기독교서회, 1970, p.61.

51) 윤이흠, 『한국종교연구』(3권), 집문당, 1991, p.56.

52) 한전숙, 이정호, 『철학의 이해』, 한국방송대학교 출판부, 1996, pp. 375~380.

53) Peter L. Berger, *The Social Reality of Religion*, Penguin University Books, 1973, 이양구 역, 종로서적, 1987, p.151.

54) 오경환, 『종교사회학』, 서광사, 1986, p.39.

55) Cloud Weltsch, *Op. cit*, p.61.

56) 유동식, 『한국 신학의 광맥』, 전망사, 1983, pp.46~50.

57) John Wesley, *The Holy and Power*, Clare Weakley, 1976, 김광석 역, 요단, 2011, pp.64~77.

58) 김외식, "실천신학에서 본 영성", 『오늘의 영성신학』, 한국기독교학회, 1988, p.179.

59) 윤이흠, 『한국종교연구』(4권), 집문당, 1999, p.78.

60) 윤이흠, 『한국종교연구』(6권), 집문당, 2004, p.361.

61) Fritz Buri, *Gott in Amerika*, 변선환 역, 전망사, 1998, pp.392~393.

62) 김영한, 『현대신학의 전망』, 대한기독교출판사. 1988, pp.215~218.

63) cf. Geert Hofstede, *Culture and Organization, Software of the Mind*, IRIC, 1995, 차재호, 나은영 역, 학지사, 1996, p.80.

64) 최준식, "한국 사회의 종교", 『한국 문화와 한국인』, 국제한국학회, 1998, pp.113~116.

65) *Ibid.,* pp.116~135.

66) *Ibid.,* p.149.

67) 최준식, 『한국인에게 문화가 없다고?』, 사계절, 2000, pp.140~141, 146

68) cf. 김영환, *Op. cit.*, pp.218~220.

69) *Ibid.,* p.246.

70) Greg Steinmetz, *The Richest Man who ever Lived*, khum Projects, 2015, 노승영 역, 부·키, 2009, p.12.

71) *Ibid.,* p.160.

72) *Ibid.,* p.175.

73) 윤이흠, 『한국종교연구』(4권), 집문당, 1999, p.82.

74) *Ibid.*

75) James H. Come, *God of the Oppressed*, 1975, 현영학 역, 이화여자대학교 출판부, 1981, pp.187~218.

76) Jürgen Moltmann, *Theologie der Hoffnung*, Chr. Kaiser Verlag, 1965, 전경연, 박봉랑 역, 대한기독교서회, 1987.

77) G. Gutierrez, *A Theology of Liberation*, Obris Books, 1973, 성념 역, 분도출판사, 1977.

78) 김광식, 『토착화와 해석학』, 대한기독교출판사, 1977, pp.35~ 38.
cf. 윤성범, 『기독교와 한국사상』, 대한기독교서회, 1983, pp.107~121.
이정배, "변선환 박사의 불교적 대화 · 신학의 아시아적 이미지화", 『변선환 신학 새로보기』, 변선환 아키브 · 동서신학연구소, 2005, pp.166~196.

개조 03

한국 교회의 역사의식과 구조적 변혁

1. 한국인 교회의 역사의식
2. 성경 말씀의 중심주제
3. 역사적인 종말론적 교회
4. 세계의 문화
5. 한국 교회의 혁명적 변화

한국 교회의 역사의식과 구조적 변혁

대체로 우리가 한국 교회를 한국인의 교회라고 해서 한국인의 정서에 맞는 교회를 만들어 내자는 식으로 생각해서는 안 된다. 그 이유는 우리가 한국인으로서 한국 교회를 만들어 내기 위해서 주 예수 그리스도를 믿는 것이 아니라, 한국인으로서 주 예수 그리스도를 믿는 것은 오로지 주님이 원하시는 교회를 만들어 내기 위해서 믿고 있는 것이기 때문이다. 이럼에도 주객이 전도가 되어서 신앙생활을 하고 있다는 것은 참으로 서글픈 현상이다.

여전히 한국 교회는 한국인의 정서에 맞는 교회를 만들어 가기에 여념들이 없다. 이미 언급한 바와 같이 한국인의 정서는 경험적 현세주의(experimental realism)라고 이름하였다. 여기에 더하여 인생주의와 허무주의, 실용주의 등이 더해져서 그 정서는 한층 더 높아져 있다. 주지하는 대로, 이 정서가 종교로 표출되어 나타난 것이 한국인의 근원, 기층종교인 샤마니즘이다보니, 필연적인 현상으로 비도덕성과 함께 몰역사성이 드러날 수 밖에 없었던 것이다. 실로 뼈를 깍아내는 회심(conversion)이 요청되는 때이다.

이런 맥락에서 한국 교회는 그 무엇보다도 역사의식을 하루 빨리 새롭게 해야 한다. 이와 함께 교회의 구조(frame)라는 틀을 과감히 바꾸는 작업 또한 실천에 옮겨야 한다. 종교학자 황선명은 종교가 인간을 관습적인 질서나 일정한 조직에 묶어두는 역할을 더 이상 수행할 수 없게 되었으며, 이제는 새로운 공동체를 모색할 때라고 천명하였다.[1] 이어 심리학자 최인철은 뭔가(물욕, 명예욕, 권력욕) 등의 소유효과를 노리기 위하여 현상유지에 대한 집착이 있다면, 변화의 프레임으로 바꾸라고 강변하였다.[2] 그는 이르기를 만일에 기득권의 현재 프레임을 그대로 고수(固守)하게 될 때에, 거기에는 과거는 물론 미래까지도 왜곡(歪曲)시키고 마는 우를 범한다고 일갈하였다.[3]

이에 즈음하여 한국 교회가 이 초고령화 저출산 시대에 갖은 비난을 온통 뒤집어 쓰고 있는 가운데 가나안 신자가 속출되는 등 감소현상을 맞이하고 있는 데도 불구하고, 이제야말로 현재 프레임을 바꿔야겠다는 의식마저 없다면 한국 교회는 실로 선견지명은 물론 후견지명(後見知明)도 없는 - 무모하기 짝이 없는 - 몰염치한 영리사업체에 불과한 셈이다.[4]

이에 한국 교회가 확실히 인지하고 있어야 할 것은 미래에 살아남을 수 있는 교회는 크고 강하게 비대증에 걸려 있는 교회가 아니라, 하루라도 빠르게 변화하는 교회라는 사실이다. 이 지구상에서 지금까지 살아남은 종(種)은 거대한 공룡이 아니라 바이러스(Virus)와 같은 미세한 종이다. 따라서 한국 교회가 변화하는 교회가 되고자 할 때는 먼저 교회를 이루고 있는 구조상의 틀에 대한 세밀한 탐색이 필요하다. 그리고 난 후에, 그 구조상(structural)의 틀을 순위에 따라 배열하여 조합(組合)해내는 작업 또한 필요한 것이다.

교회의 구조상의 틀에는 네 가지가 있는 바, 여기에는 1) 역사의식 2) 성경 말씀의 중심주제 3) 교회관 4) 세계관이 있다. 이런 틀들을 순위에 따라 어떻게 배열(排列)하여 조합시키느냐에 의해서 교회의 구조가 결정된다. 이리하여 본장의 제목을 '한국 교회의 역사의식과 구조적 변혁'이라고 정한 까닭은 한국 교회가 시급히 역사의식을 재정비하고, 잘못되어 있는 교회의 구조를 바꿔야 되겠다는 절박감이 있기 때문이다.

그럼 이제부터 우선 역사의식에 대하여 논의하고 난 후에 이어서 성경 말씀의 중심 주제, 교회관, 세계관의 순(順)으로 탐색해 보도록 할 것이다. 그리고는 바로 그 순위의 배열에 따른 조합의 문제를 살펴보고자 한다.

1. 한국인 교회의 역사의식

여기에서는 역사의식을 확고히 하기 위하여 역사를 일반사(Historie)와 구원사(Heilsgeschichte)로 나누어서 고찰하려고 한다. 이렇게 하는 데는 그렇게 해야만 투철한 역사의식을 고취할 수 있기 때문이다. 실제로 역사를 일반사와 구원사로 나누어서 신학적인 통찰력으로 해제한 이는 바젤 대학 총장직을 수행한 바 있는 오스카 콜만(Oscar Cullmann)이었다. 그에게 있어서 일반사는 구원사 없이 생각할 수 없고 존재 불가능하다는 입장에 서 있다. 환언하자면 구원사는 일반사의 존재근거(ratio essendi)가 되고, 일반사는 구원사의 인식근거(ratio cognoscendi)가 된다는 것이다.[5] 이런 의미에서 일반사에 대하여 고찰해 본다는 것은 그만큼 중요한 필수적인 과정이 된다.

1) 일반사로서의 세속사

종교학의 거장 멀치아 엘리아데(Mircea Eliade)의 성속(聖俗)의 개념에 의하면, 일반사는 세속사라고도 할 수가 있다. 본시 하나님이 창조하신 역사는 폴 알타우스(Paue Althaus)의 말대로 원역사(原歷史)밖에 없었다. 그런데 최초의 인간들인 아담과 하와가 선악을 알게 하는 나무를 탐욕으로 인해서 범함(창 3:1~6)으로 말미암아 그 원초상태가 붕괴되고 말았던 것이다. 이때 원역사도 타락에 의해 불경건계열의 역사(일반사로서의 세속사)와 경건계열의 역사(구원사)로 나누어지게 되었음이다.

그 탐욕은 먹음직과 보암직과 만져봄직(창 3:6)에서 비롯된 것으로, 육신의 정욕과 안목의 정욕과 이생의 자랑에 따른 것이었다.(요1서 2:16) 이 탐욕은 악이다. 원역사에서 선만 알아야만 했던 그 인간들이 악도 알게 되었으니 타락하고야 만 것이다. 이것을 두고 멀치아 엘리아데는 이르기를 아담이 하나님과 같이 되어 보라고 유혹한 뱀의 속임수에 넘어감으로 말미암아, 결국에는 하나님의 거룩한 질서를 범하여 급기야는 자신을 죽음에 처형했던 것이라는 주장을 폈다.[6] 이로 본다면 이 세상 속에 면면히 흐르고 있는 일반사로서의 세속사는 이미 죽음이 온통 깃들어져 있는 어두움의 역사라는 것을 인지할 수 있다.

주지하는 바, 이 세상의 임금(요 14:30)은 귀신들의 왕(마 12:24)으로서 죽음의 세력을 잡은 자(히 2:14)이기도 한 마귀 나라의 통수권자인 마귀이다. 이 마귀는 거짓의 아비로 온갖 술수를 부리는 가운데, 귀신들과 미혹의 영과 이단의 영과 거짓 선지자들의 영을 파견시키면서까지 사람들을 이렇게 저렇게 죽일 각오로 참소하고 있다.(계 12:10)

이쯤에서 우리는 도대체 이 세상의 임금으로 행세를 하고 있는 마귀가 사람들의 그 뭔가를 최대 무기로 삼고 있기에, 에덴동산에서의 타락부터 지금 이 시간까지 송두리 채 세상을 이토록 혼잡스럽게 만들고 있을까를 주도면밀하게 색출(Search)해내야만 한다. 이것은 바로 그 문제의 탐욕이다. 이 탐욕은 시대적인 상황과는 전혀 관계없이 줄기차게 - 단계적으로 양상을 달리해서 나타나기는 하지만 - 그 중심에는 항상 그 탐욕이 그대로 자리를 잡고 있었던 것이다. 그래서 커뮤니케이션학자 웨이드 로우랜드(Wade Rowland) 같은 이는 아예 예나 지금이나 다양하게 표출되는 마음을 지배하는 숨은 막강한 권력은 탐욕주식회사(Greed, Inc.)라고 단호히 규정하였다.[7)]

그 단계적으로 양상을 달리해서 나타나는 탐욕은 첫 번째로 생존생계형이 있고, 두 번째로 외부 지향형이 있고, 세 번째로 내부 지향형이 있다.[8)] 생존 생계형은 글자 그대로 목적을 금전적으로 지나치리 만큼 사치스럽게 사회적인 안정을 추구하고자 하는데 있다. 그리고 외부 지향형은 생존 생계의 문제가 어느 정도 해결되면서 나타나는 것으로 성공의 외적인 존경(명예욕)과 지위(권력욕)를 추구하는데 있다. 이것은 대부분 유물론적일 수밖에 없다. 이어 내부 지향형은 관심을 내부에 두기에 나름대로 사회와 윤리에 세심한 주의를 기울인다. 이것은 덜 물질주의적이나 자신이 생각하는 분량만큼 물질주의적이다. 그런데 여기에 탐욕이 개입되어 있으면 그 윤리적인 것도 위선적인 것이 된다.

이 세 가지의 형(型)에게서 나타난 공통점은 물질적인 탐욕이 도사리고 있다는 점이다. 그 이유는 물질이 있어야 생존 생계를 유지할 수 있으며, 명예욕과 권력욕을 추구하는 것 또한 물질이 있어야 하고 이것을 이용해서 물질을 소유할 수 있기 때문이다. 이런 것들이 탐욕으로 인해서 극대화되면(maximize) 될수록 맘모니즘에 빠지게 되어 있다는 것은 두말할 나위가 없다. 때문에 여전히 문제는 원초상태가 무너진 에덴동산에서부터 지금 이 시간까지 휘몰아쳐 왔던 탐욕의 맘모니즘인 것이다. 이리하여 일반사로서의 세속사는 한마디로 말하여 탐욕의 맘모니즘을 중심으로 전개되는 세속화(secularizations)의 과정사인 것이 된다. 하비 콕스(Harvey Cox)는 세속화의 모습을 실용주의와 불경건성으로 보았는데, 이것은 탐욕의 맘모니즘과 맥을 같이 한다.[9)]

이렇게 세속사의 흐름 가운데 타락한 인간들이 에덴동산에서부터 이 시간까지 생존해 올 수 있었던 것은 창조주 하나님이 창조의 면류관이 되는 인간들에게 한결같이 쏟아 부어 주시는 일반은총 때문이다. 이 일반은총이 종료되는 날이 곧 역사의 오메가(Omega)가 되시는 주 예수 그리스가 재림하시는 때이다. 역사신학자 파넨버그(W. Pannenberg)에게 있어서 일반사로서의 세속사는 보편사(universal history)이다. 이 보편사는 역사의 보편성에 개별성을 결합시킨다.[10)] 이에 따르면 선악을 알게 하는 나무를 범한 탐욕은 개별성으로 나타났지만, 이 개별성이 유전되어 또한 보편성으로도 나타나게 된 것이다. 이런 의미에서 원죄(peccatum originale)는 탐욕이다. 이 탐욕은 불순종과 교만이 내장되어 있는 근본적인 죄이다.

이 원죄는 자범죄까지도 촉발시키는 주원인이 된다. 이에 어거스틴(Augustine)에게 있어서 원죄는 인간의 타락을 초래케 한 것으로서 그것은 또한 존재질서의 타락을 가져다 주었다고 하였다.[11)] 이렇다고 할 때에 일반사로서의 세속사인 보편사는 일언하여 탐욕사라 해도 그리 지나친 주장은 아닌 것이다.

2) 거룩한 구원사

모든 시대를 살아가는 하나님 나라의 백성들은 탐욕이 득실거리는 이 세상을 넘어 탐욕이 득실거리는 이 세상 속에 존재하는 삶을 영위하고 있다. 하나님은 인간을 사랑하시사 탐욕이라는 원죄 때문에 죽어가는 죄인을 방관하실 수만은 없었다. 그래서 하나님은 그 죄인에게 모태, 태초, 최초, 원시 복음(창 3:15)을 언약(Covenant)으로 주셨던 것이다. 이제 때가 되면 여자 (동정녀 마리아)의 후손이 되는 메시야, 즉 주 예수 그리스도가 이 땅에 침투하시사 뱀(마귀)의 통수권을 몰수하겠다는 언약의 말씀이 그것이다. 이는 무정란의 역사를 유정란의 역사로 만들겠다는 하나님의 사랑의 표징이었다.

이로 말미암아 이미 에덴동산에서부터 유정란의 역사가 되는 구원사는 언약의 말씀에 따라 점진적 계시를 통해서 드러나기 시작하였다. 이 구원사는 출애굽 사건과 그리스도 사건(십자가의 죽으심과 부활)으로 절정(Climax)을 이루었으며, 앞으로 주님의 재림 사건으로 종지부를 찍을 것이다. 그런데 여기에서 간과할 수 없는 중대한 사건은 그리스도 사건인바, 그 이유는 그 원시복음이라는 언약의 말씀을 지키시려고 이 땅에 오셔서 마귀의 일들을 멸하셨기 때문이다.(요1서 3:8) 이 마귀가 하고 있는 짓거리들이 많이 있지만, 예나 지금이나 변함없이 최대 무기로 삼고 있는 것은 바로 탐욕이다. 이 탐욕이야말로 죽음으로 가게하는 최고 최상의 지름길이기에 그러하다.

오스카 쿨만에게 있어서 구원사는 일직선으로 흘러가는 것이 아니라 곡선 또는 파상선(波狀線)으로 흐른다. 즉 구원사는 하나님의 뜻이라고 한다면, 일반사는 인간의 뜻과 결단이 관여하고 있기 때문에 하나님의 뜻과 인간의 뜻이 마주치는 곳에 자연 굴곡이 생기고 파상이 생길 것은 정한 이치이다. 그래서 그는 인간의 인간성과 윤리적 영역에 크나큰 비중을 두었다.[12] 이에 그는 일반사까지도 포섭한 구속사적 실존주의(heilsgeschtlich Existenzialismus)라는 입장을 견지하였다. 감리교 신학자 칼 마이켈슨(Card Michalson)은 일반사와 구원사 간에 생기는 괴리(gap)를 역사의 쐐기(Hinge)로 메꿔주시는 분은 주 예수 그리스도라는 유명한 말을 남겼다.

십계명(출 20:1~17)의 첫째 계명은 하나님 외에 다른 신을 섬기지 말라면서 일체의 형상을 만들지 말라는 말씀을 둘째 계명으로 주었다. 이것은 하비 콕스의 말에 따르면 하나님 외의 모든 것은 가치를 비성별화하라는 것이 되겠다.[13] 그러므로 우상파괴는 비성별화의 한 형태인 것이다. 우상은 세속사의 흐름 속에 있는 이방인들에게는 최고의 가치일 수 있으나, 구원사 선상에 있는 구원받은 본방인들에게 있어서 그 같은 우상은 단호히 배척되어야 하는 제거 대상이다. 때문에 시내산에서 십계명을 받고 하산한 모세가 아론의 금송아지를 보고 격분에 끝에 그 금송아지를 불살라 부수어 가루로 만들어 버렸던 것이다.(출 32:17~20)

모든 종류의 우상은 종교사회학자 에밀 두르케임(Emile Durkheim)이 말한 대로 집단개념 작용의 부산물이다.[14] 세속사의 선상에 있는 이방인들이 집단적으로 온통 맘모니즘에 함몰되어 있다 할지라도, 구원사에 속해 있는 본방인들이 탐욕에 미혹당해 맘모니즘에 함몰되어 있다면 그것 자체가 우상숭배인 것이다. 왜냐하면 그런 우상숭배는 단숨에 삼위일체 하나님을 헌신짝처럼 내동댕이치고, 탐욕으로 말미암아 풍요와 다산의 바알신(Baal)을 섬기고 있는 것이나 다름이 없기 때문이다. 기독교윤리학자 이상원은 십계명 중 제10 계명은 십계명을 완결하면서 구약성경의 대표적인 윤리적 교훈인 십계명과 신약성경의 대표적인 윤리적 교훈인 산상수훈을 서로 이어주는 역할을 한다는 점에서 매우 중요하다는 것을 역설하였다.[15]

제10 계명의 핵심체는 탐내지 말라는 것으로서, 이것은 마음이나 생각으로 어떤 것에 노심초사하여 눈독을 들이는 심정의 태도이다. 이 탐내지 말라는 명령은 자족(自足)하라는 말씀인데, 이는 이미 가진 것으로 감사하고 만족하라는 뜻이다. 이에 제1 계명부터 제9 계명의 중심에는 제10 계명이 자리잡고 있다는 것을 한시라도 잊어서는 안된다.[16] 즉 제10 계명을 지키지 않으면 제1 계명부터 제4 계명도 엄수할 수가 없어 우상숭배하게 되어 있을 뿐만 아니라, 인간 사랑을 위한 제5 계명부터 제9 계명까지도 엄수할 수가 없다는 것은 당연한 것이 되고 만다. 이리하여 새 계명(마 22:37~40) 또한 탐욕자에게는 무용지물(無用之物)이 되는 셈이다.

만일에 한국 교회가 맘모니즘에 물들어 있는 이 세상의 세속사에 동조(Conformity with this World)하고 있다면, 이미 한국 교회는 세속화가 되어 있는 것이다. 이 때문에 한국 교회로부터 본방인들이 떨어져 나가는 이탈현상이 속출하고 있으며, 이방인들은 아예 대놓고 난도질하고 있음이다. 종교학자 윤이흠은 종교단체가 현세적인 이기주의에 정체된 나머지 이익집단화하는 것 자체가 세속화된 것이라고 있렀다.[17] 이런 이익집단화를 퇴니스(Ferdinand Tönnies)는 공동체사회(Gemeinschaft, 영어로는 Community)라고 부르지 않고 이익사회(Gesellschaft, 영어로는 Society)라고 칭하였다.[18] 세속화된 종교의 댓가는 제도(軌道)를 이탈한 인공위성과 같이 고독과 허무이다. 그리고 신자들은 신성한 귀의처를 상실하게 된다.

이상으로 일반사로서의 세속사와 거룩한 구원사에 논의하였다. 우리는 여기에서 사명감을 다시 한번 다짐해야 한다. 이 사명감이란 다른 것이 아니라 이 세속사에 머무르고 있는 마귀 나라의 이방인들을 리딩(Leading)해서 구원사 속으로 방향을 틀게 하는 일(metanoia)이다. 이렇게 하려면 그 무엇보다도 한국 교회가 사회로부터 칭송받을 수 있는 착한 마음의 공동체로 전환되어야 할 것이다. 이 전환은 한국 교회가 교회로서의 정체성(identity)을 회복할 때만이 이루어진다. 이 정체성을 다른 말로 표현하자면 주제파악을 제대로 하자는 것이다. 이런 경우의 정체성은 개인적 정체성(personal identity)이 내장된 공동체적 정체성(community identity)을 일컫는다.[19] 이 정체성의 확립을 위해서 지금 이렇게 저렇게 논의 중에 있는 것이다.

앞으로 이어서 성경 말씀의 중심주제와 교회관과 세계관을 살펴본 후에, 구조적 변혁의 문제를 정리하게 되면 교회의 정체성이 확연히 확립될 줄로 사료된다.

2. 성경 말씀의 중심주제

개조 02에서 상황화 신학을 작업함에 있어서 그 삶의 정황을 민주적인 자유주의적 자본주의로 설정해 놓은 바 있다. 이것은 Context인데 반해서 성경 말씀의 중심주제는 그대로 Text에 관한 내용이다. 이에 우리가 상황화 신학을 논의할 때는 그 Context와 Text를 병행해서 함께 논의하는 것이 올바른 연구 태도이다.

이러하기에 이제부터 일련의 성경 말씀의 중심주제에 대한 학자들의 주장을 중심으로 해서 집중적으로 언급하고자 한다. 이 언급은 아주 중요한 과제인데, 그 이유는 파악해낸 성경 말씀의 중심주제(Text)를 바로 그 민주적인 자유주의적 자본주의라는 삶의 정황(Context)에 적용(applicatio) 시킬 수가 있기 때문이다.

1) 구약성경의 중심주제

먼저 아이히롯트(W. Eichrodt)는 구약의 중심개념을 언약으로 보았다. 이 언약이야말로 구약의 중심사상에서 중심적 위치를 점하고 있기 때문에, 구약 메시지의 구조적인 통일성을 보다 쉽게 찾아낼 수 있다는 주장을 폈다. 월터 카이저 또한 언약 자체를 구약성경의 중심으로 보았다. 이어 젤린

(E. Sellin)은 그 중심사상을 하나님의 성결성(Holiness)에서 찾았다. 그는 이 성결성에 근거하여 이루어진 심판과 앞으로 재림하실 분의 도래를 내다 보았다. 또 쾰러(L. koehler)는 구약신학의 중추이자 중심을 주(主)가 되시는 하나님으로 간파하였다. 그래서 하나님의 통치권과 왕권은 단지 하나님의 주권(Lordship)의 부차적인 것이라고 하였다. 그런데 그 중심의 강조점을 세바스(H. Seebass) 같은 학자는 하나님의 통치권에다 두었다. 그리고 빌트버거(H. Wildberger)는 구약의 중심개념은 하나님 백성으로서의 이스라엘의 선택에 있다는 점을 강조하였다.

이어 포러(Gerhard Fohrer)는 중심사상을 이중개념으로 본다. 이는 하나님의 통치와 신인 사이의 교통이 그것이다. 또 프리젠은 이 교통(Communion) 개념이야 말로 구약 메시지의 기본사상이며, 본질적인 뿌리를 이루는 사상이요 핵(核)을 이루는 사상으로까지 발전시켰다. 스멘드(R. Smend)는 벨하우젠의 핵심인 '이스라엘의 하나님 야웨, 야웨의 백성 이스라엘'을 빌려서 구약의 중심으로 보고 강조하였다.[20] 즉 이 형식은 하나님과 이스라엘 간에 맺어진 계약 관계를 일컫고 있음이다. 슈미트(W. H. Schmidt) 같은 학자는 제1 계명(Das erete Gebote) 속에 있는 배타성과 유일성이 초기와 후대를 이어주는 연결고리가 되며 그 제1 계명이 통일성 혹은 중심이 된다고 하였다.[21] 이 슈미트와 상관성이 있는 짐멜리는 "나는 야웨, 너희 하나님이라"(출 20:2)는 선언적 말씀이 그 이후에 나오는 모든 말씀의 실제적인 기초가 된다고 일렀다.

이상과 같이 일련의 학자들이 구약성경의 중심과 통일성을 모색하려고 연구에 연구를 거듭하는 것에 대하여 한편으로는 회의적으로 보는 학자들도 있었다. 로날드 클레멘츠(Ronald E. Clements)는 전체적으로 구약성경의 중심 메시지를 제시할 만한 방법을 찾는 작업은 난감한 일로 아직 끝나지 않았다는 주장을 폈다.[22] 라이트(G. E. Wright) 또한 그 어떤 중심주제도 다 포함할 정도로 충분하게 종합적이지 않다는 사실을 받아들여야 한다는 점을 분명히 해 두었다.

그리고 군너백(A. H. J. Gunneweg)은 기독교 신학적 입장에서 보건대, 구약성경 속에 내적인 중심이 있다는 것이 뭐 그리 신학적으로 무슨 소용이 있겠느냐며 그 중심 문제에 의문을 제기하고 나섰다. 이런가 하면 미스코테는 우리가 하나의 중심점을 가지고 영원히 사용할 수 있는 구약의 중심사상을 세우지 않도록 해야 한다며 주의를 환기시켜 주었다. 이런 가운데 베이커(D. L. Baker)는 한 가지 확고한 사실이 있다면서, 즉 구약성경의 중심주제에 관한 물음에 대하여 이렇다할 만한 의견의 일치가 없다는 것을 지적한 바 있다.

2) 신약성경의 중심주제

이제부터는 신약 연구에 있어서 가장 뜨겁게 부각하고 있는 신약의 중심과 통일성 문제를 이 또한 일련의 학자들을 언급하면서 논의해보도록 한다. 신약의 통일성 문제는 중심문제와 분리할 수 없는 바, 이것은 중심이란 것이 일반적으로 신약 자체의 통일성을 여는 열쇠(key)로 간주되기 때문이다.

먼저 게하르트 에벨링(Gerhard Ebeling)은 역사적으로 볼 때, 신약성경은 예수 그리스도로부터 시작되는 사건과 배경에 의해서 명백히 밝혀지고 있는 것이기에 긴밀한 통일성을 갖고 있다고 하였다.[23] 이어 루돌프 볼트만(Rudolf Bultmann)과 그의 제자 브라운(H. Braun)은 인간론이 신약의 중심이 된다고 주장하였다. 전자의 인간론은 바울 신학과 요한 신학의 인간론적인 중심에 바탕을 두었다. 후자인 브라운의 인간론은 통일성을 세 가지의 주요한 블록이라고 하는 (1) 예수의 선포 (2) 사도 바울 (3) 제

4 복음서 안에서 모색하였다.

한편 신약성경의 중심을 논의한 학자로서는 오스카 쿨만과 조지 래드(George E. Ladd)와 레온하르트 고펠트(Leonhard Goppelt)가 있다. 그들에게 있어서의 그 중심은 구원사이었다. 이런 구원사의 개념을 받아들이는 가운데 기독교적 통일성이 신약의 열쇠라는 입장을 내세우는 학자들이 있다. 이에 신약의 역사는 구원사라고 진술하는 그랜트(F. C. Grant)는 신약의 중심은 그리스도라는 주장을 폈다. 그리고 무어(A. L. Moore)는 예수 그리스도라는 중심으로부터 구원사의 선(Line)이 언약을 통해서 창조의 그 이전까지 거꾸로 면면히 흐르고 있다고 보았다. 이 구원사의 선은 교회와 재림과 그 이후까지의 그 사명을 통하여 앞으로도 흐른다는 것을 부연하였다.[24)]

또 로버트슨(P. Robertson)은 기독론이야말로 신약신학 전체를 통합할 수 있는 중심점이라는 것을 강조하였다. 이외에도 케제만(E. kaesemann)은 칭의 메시지를 바울 신학의 중심으로 보았을 뿐만 아니라, 더 나아가 신약 전체의 중심으로 보았다. 그리고 계약을 신약의 통합원리로 보는 학자로서는 로레츠(D. Loretz)와 펜샴(F. C. Fensham)이 있다. 예레마이스(Joachim Jeremas)는 신약의 중심 메시지를 아바(Abba), 희생적 죽음, 믿음에 의한 칭의, 계시의 말씀으로 정리해 주었다.[25)]

이어 통일성의 탐구가 그 어느 때보다도 중요한 과제라고 말하는 헌터(Archibald M. Hunter)는 신약성경의 메시지를 한 주(그 케류그마 · 퀴리오스 주 예수), 한 교회(예수와 교회 · 사도들과 교회), 한 구원(죄와 구원 · 속죄)으로 나누어서 개관하였다.[26)] 또 라이커(B. Reicke)는 그리스도 사건(십자가의 죽음과 부활)안에서 신약의 본질적인 통일성을 모색하였다. 그리고 루즈(U. Luz)는 신약의 중심은 십자가 신학(theologia crucis)이라는 주장을 강력하게 내세웠다.

이상에서 알아본 대로 구약성경의 중심 문제에서와 같이, 신약성경의 중심 문제에 대해서도 이렇다할 만한 합의점이 나오지 않았다. 이런 즈음에 그 신구약의 상호관련성에 대한 학자들의 견해 또한 살펴본다는 것은 당연한 수준이다.

3) 구약성경과 신약성경의 상호관련성

구약학자 차일드(B. S. Child)는 이제는 그야말로 성경 전체를 조망(lookout)할 수 있는 종합적인 태도가 필요하다면서, 구약신학의 단독적인 발전보다는 구약과 신약을 한데 묶어 신학의 대상으로 삼는 성경신학이 새롭게 요청된다고 문제를 제기하였다.[27] 이어 성경신학자 베이커는 신구약의 신학적 관계를 신학적 해결로 간주하고 7가지 개념으로 나누어서 설명해 주었다. 이 7가지 개념은 기독론과 유형론, 구원사 - 현재화, 연속성 - 불연속성, 부조화, 약속 - 성취, 역사를 말함이다.[28] 이 7가지 개념을 3가지 개념으로 압축시켜 놓은 소위 복합적 방법(multiplex approach)이란 것도 있다.

> "두 성경 사이에 있는 복잡한 관계 문제를 가장 올바르게 제대로 다루는 길은 복합적 방법을 택하는 것이다. 즉 모형론(typology)을 신중하게 사용하며, 약속과 성취의 틀을 이용하고, 구원사 방법론을 아주 조심스럽게 사용하는 것이다."[29]

구약학자 프록쉬(Otto Procksch)는 기독론을 중심주제로 보고 구약성경을 읽었다. 이렇게 기독론을 신구약성경의 중심주제로 관조한 비셔(W. Vischer) 같은 구약학자는 그리스도가 누구인가(Wer)를 밝혀야 한다고 일렀다.[30] 이리하여 모든 신학은 기독론이라고 천명하였던 것이다. 여기에는 기독론적인 약속이 신약에서 성취되었다는 그의 확신이 들어가 있다. 이어 구약학자 폰 라드(G. Von Rod)는 신앙고백의 신학을 말하면서, 그 중심주제를 구원사와 기독론으로 직시하였다. 그리고 구약학자들인 제임스 바아(James Barr)와 머피(R. E. Murphy)는 중심주제를 삼위일체론적으로 접근(trinitarian approach)하였다. 또 구약학자 베스터만(C. Westermann)은 약속과 성취라는 틀이 중심주제가 된다고 하였다. 한편, 성경해석학(biblical hermeneutics)의 입장에서 그 방법론으로 유형론을 채택하여 원형과 모형의 틀을 중심주제로 삼고 있는 학자들로서는 - 이미 언급한 바 있는 - 아이히롯트와 폰 라드가 있다.

이상에서 살펴 본 바와 같이, 구약성경은 구약성경대로, 신약성경은 신약성경대로 그 어느 하나 중심주제에 일치를 이루는 통일성이 없다. 연구하는 입장에 따라 학자들마다 제각각이다. 이런 점에서는 신구약성경의 중심주제에 대한 것도 별반 다르지 않다. 폰 라드는 구약이 신약에 와서 현실화되었다고 언급한 적이 있는 바, 이것은 결국 신약과 구약이 통일성을 이루고 있는 중심주제가 있다는 것을 시사한다. 그래서 그는 구약성경의 통일성을 찾기보다는 성경의 통일성을 찾는 일이 더 중요하다고 갈파하였다. 따라서 하나님의 말씀을 삼중적인 형태, 즉 기록된 말씀과 선포된 말씀과 계시된 말씀으로 이해하고 있는 칼 바르트(karl Barth) 역시 하나님 말씀의 통일성을 중요시 하였다.[31)]

이에 즈음해서 논자는 신구약의 통일성을 이루고 있는 중심주제는 바로 '하나님 나라의 사랑'이라는 것을 주창하고자 한다. 신약학자 클라인(Gùnter Klein)은 성경신학의 중심개념은 하나님 나라(Reich Gottes)라는 주장을 내세웠다.[32)] 이런 주장은 이미 테이비슨(A. B. Davidson)이 그의 「구약신학」에서 주창한 바요, 또한 존 브라이트(John Bright)의 1953년 아빙돈출판사의 현상모집 당선작품으로 천거된 「하나님의 나라」에서도 구약과 신약의 중심 사상은 하나님의 나라라는 것이 강조되었다.[33] 그리고 구약학자 판 룰러(Van Ruler)도 신구약의 상호관계를 하나님의 왕국으로 보면서 그것이 하나의 영적인 공통분모라는 점을 분명히 해 두었다.[34]

이 하나님의 나라를 하나님의 점전적인 계시에 따라 신구약성경을 중심하여 다섯 단계로 나누어 해제하였던 구약학자는 그레엄 골즈워디(Graeme Goldsworthy)이었다. 그는 유니온신학교에서 그 존 브라이트 지도하에 구약학을 전공하였다. 이 다섯 단계의 하나님의 나라는 (1) 최초로 수립된 하나님의 나라〈에덴동산 : 타락 후 구원활동 – 노아〉 (2) 약속된 하나님의 나라〈아브라함 : 구원활동 – 출애굽〉 (3) 예표된 하나님의 나라〈다윗 – 솔로몬 : 구원활동 - 구원에 대한 예언의 약속〉 (4) 성취된 하나님의 나라〈예수 그리스도 : 구원활동 – 그 분의 삶과 죽으심과 부활〉 (5) 완성될 하나님의 나라〈그리스도의 재림〉이다.[35]

한편 희망의 신학자 몰트만(Jürgen Moltmann)은 이 하나님의 나라를 삼위일체론적으로 설명해 주었다. 이에 따라 그는 하나님은 사랑이시니 그 나라는 사랑의 나라요, 예수 그리스로는 사랑의 영원한 제물이었다는 주장을 폈다. 그 아들의 아버지로부터 나오는 성령은 동시에 아들로부터 받는 성령으로서의 성령은 성령의 열매(갈 5:22~23)를 맺게 하는 성령이라는 것이다.[36] 특히 12세기 수도원장이었던 요아킴 폰 피오레(Joachim Von Fiore)는 삼위일체론적 신국론을 펼치면서 하나님 나라의 첫 번째 형식은 아버지의 나라요, 그 두 번째 형식은 아들의 나라요, 그 세 번째 형식은 성령의 나라라고 하였다.[37] 그에게 있어서 하나님의 나라는 삼위일체적 사랑으로 역사하는 왕국이다.

이어 프린스턴신학교 성경신학자 게할터스 보스(Geerhardus Vos)는 하나님 나라의 본질을 다음과 같이 설명하였다.

> "두 가지의 큰 계명은 하나님을 최고로 사랑하는 것과, 이웃을 네 몸과 같이 사랑하는 것이다.(막 12:30~31) 행동의 실제적 표준은 무엇이든지 남에게 대접을 받고자 하는 대로 남을 대접하는 데 있다. 이것이 율법과 예언의 요약이다.(마 7:12) 이것이야말로 의(義)의 영역에서 본 하나님 나라의 본질이다."[38]

그리고 헤르만 리델보스(Herman Riddervos)는 천국복음을 계명에 따라 논(論)하는 가운데, 하나님 나라와 의의 차원에서 율법을 이루려면 사랑하라는 명령에 순종해야 할 것이라고 강변하였다.[39] 이어 신약학자 김세윤은 「복음이란 무엇인가」라는 그의 저서에서 복음을 예수의 하나님 나라의 복음과 사도들의 그리스도의 죽음 · 부활의 복음으로 정리해 주었다. 이러는 중에 그는 예수의 오심은 하나님의 나라(통치)가 구체적으로 사랑의 이중계명(막 12:28~34)의 실천에 있다는 것을 보여준 것이라고 일렀다.[40]

이어서 그는 하나님에 대한 사랑의 반대말은 우상숭배라면서, 이 형태는 맘모니즘으로 나타나게 되어 있다는 것을 분명히 하였다.[41] 이로 인해 이웃의 것들도 착취(exploitation)한다는 것이다. 더 나아가 김세윤은 하나님 나라의 왕적 통치는 마귀 나라의 악과 고난의 통치와는 반대되는 사랑의 통치로서 하나님의 백성을 위한 구원으로 나타난다고 하였다.[42]

이상에서와 같이 우리는 본 항목을 통하여 성경 말씀의 중심주제를 놓고 구약성경의 중심주제와 신약성경의 중심주제에 이어서 그 상호관련성까지 살펴보았다. 이미 알아차린 대로 성경 말씀의 중심주제는 '하나님 나라의 사랑'으로서, 이것은 구약성경은 물론 신약성경에 이르도록 관통하는 동전 한 닢의 양면성이다. 이리하여 하나님 나라의 사랑은 기독교의 정체성(Identity)이고, 교회는 그 사랑을 담아내는 도구(Instrument)인 것이다. 때문에 모든 교회의 이론적인 측면과 실천적인 측면과 사회적인 측면은 그 정체성에 기초하고 있어야만 한다.

3. 역사적인 종말론적 교회

이쯤에 분명히 정리해둬야 할 것이 있다. 상황화 신학을 작업함에 있어서 성경 말씀(Text)의 중심주제는 하나님 나라의 사랑이라고 하였는바, 이것이 삶의 정황(Context)이 되는 민주적인 자유주의적 자본주의와 만날 때 그리스도인들을 포함하여 교회는 어떤 태도를 취하고 있어야만 하는 것이 그것이다. 다시 말하면 그 하나님 나라의 사랑이 민주주의(자유·평등·박애정신)와 만날 때, 자유주의(시장경제·사유자산·경쟁·이윤)와 만날 때, 자본주의(특히 신자유주의적인 무한경쟁의 정글의 법칙)와 만날 때 어떻게 대처해야만 하는 것에 대한 성경적인 해법을 일컫는다. 이 해법을 제대로 찾아내고자 한다면 우리는 필연적으로 교회론을 논의할 수밖에 없다.

1) 이미 성취된 하나님 나라의 때

교회론을 논의하기 이전에, 먼저 고찰해봐야 할 주제가 있다. 이것은 종말론(Eschatology)이다. 이 종말론을 먼저 확립해서 설정해 놓아야 교회의 사명과 역할을 수행할 수 있기 때문이다. 비단 교회론에만 해당되는 것이 아니라, 모든 이론적인 측면들인 신론과 기독론, 성령론, 인간론, 구원론 등보다 종말론 탐색이 우선되어야 한다는 것이다. 그래서 몰트만은 이제 조직신학을 서술할 때는 반드시 그 무엇보다도 종말론부터 시작되어야 한다고 설파하였다. 이에 종말론을 논하는 유형에는 다섯 가지가 있다.

첫째로 철저종말론이란 것이 있다. 주장하는 학자들로서는 말틴 베르너(M. Werner)와 프리츠 부리(Fritz Buri)와 알버트 슈바이처(A. Schweitzer) 등이 있다. 특히 그 슈바이처는 예수님이야말로 위대한 스승(A Great Teacher)이라면서, 하나님의 나라는 모든 사람이 예수님의 교훈을 밝혀

이해하고 순종하는 때에 도래한다는 주장을 하였다. 이 때의 그 교훈은 하나님의 나라가 임할 때까지 필요한 중간윤리(interim ethics)가 된다. 이 교훈에는 회개가 요청된다.

둘째로 변증법적 종말론이 있다. 여기에 해당되는 학자들에는 폴 알타우스와 칼 바르트와 에밀 부룬너, 폴 틸리히(paue Tillich) 등이 있다. 이 종말론은 영원과 시간의 변증법적 개념으로 이해를 하였다. 이 변증법은 영원속에서 시간을 견지하는 것이다. 즉 현재 시상(present tense)을 영원한 의미의 보지자(保持者)로 강조하고 있음이다.

셋째로 구속사의 종말론이 있다.[43] 대표적인 주창자는 그 유명한 오스카 쿨만이다. 이 견해는 예수님의 신국 교훈에 나타난 현재적 요소와 미래적 요소를 통합한 것으로서, 구원의 드라마에 드러난 이미(already)와 아직 (not yet) 사이의 긴장 관계를 논의한다. 그는 초림과 재림과 그리고 그 사이에 있는 중간시기를 공격 개시일(D-day)와 승리의 날(V-day)로 보았다. 다시 말해서 그리스도의 사건이 공격 개시일로부터 시작하며, 결정적인 전쟁의 승리로 말미암아 판가름이 났다는 것을 예시해 주었다는 것이다. 이에 아직도 역사가 진행되고 있다는 것은 최후의 승리의 날까지 소탕전(mob-up operation)이 진행되고 있다는 것을 시사한다. 이러하기에 이미(에테)와 아직(우포) 간의 긴장상태가 지속되고 있는 것이다.

넷째로 실존론적 종말론이 있다. 이 종말론은 루돌프 불트만이 강력하게 주창한 것인 바, 객관적인 역사의 종말로서의 미래적 요소가 실종되어 있다.[44] 그에게 있어서의 종말은 당장에 순간 순간(kairos) 부딪치는 바로 그 시점이다. 그러기에 신약성경의 미래적 성격을 띠고 있는 종말론은 인간 실존의 가능성을 규정하는 카테고리로 비신화화(非神話化)되고 있으며 변경되고 있음이다. 따라서 케류그마(kerygma)를 통해서 선포되는 말씀은 순간 순간에 하나의 종말론적 사건이 될 수 있다는 것이다.

다섯째로 성취된 종말론이 있다. 실현된 종말론이라고도 하는 이 종말론의 선두주자는 다드(C. H. Dodd)이다. 그는 종말이 그리스도의 오심에서 이미(arleady) 완전히 실현되었다(realized)는 입장을 견지하였다.(눅 17:21)[45] 이 입장은 알버트 슈바이처의 미래를 강조하는 철저종말론과는 반대되는 지론이다. 일언하여 실현된 종말론은 하나님의 나라는 예수님의 생애를 통해서 이미 이 땅에 와 있었다는 주장이다.[46]

이렇게 다양한 종말론에 대해서 우리들이 해야할 일은 성경을 조감도(bird's eye view)식으로 보고 통전화(統全化)시키는 일이다. 이에 따라 먼저 요아힘 예레미아스가 알버트 슈바이처의 미래적 신국관과 이에 반대되는 다드의 현재적 천국관을 다 인정하는 가운데 '실현 도상에 있는 종말론'(eschatology in process of realization)을 제창한 것에 우리는 세심히 주목할 필요가 있다.[47]

이 제창을 받아들인다고 할 때에 그 외의 변증법적 종말론과 구속사적 종말론과 실존론적 종말론 역시 일반적인 의미에서 성경적 종말론 속에 이미 내장되어 있기에 통전화시킬 이유가 있는 것이다. 이에 헤르만 리델보스 같은 학자는 예수님의 천국사상을 현림천국으로(초림으로 실현된 천국) - 과도적 천국(참된 교회를 실현되어 가는 천국) - 미래천국(재림으로 완성될 영광의 천국)이라는 세 단계의 천국으로 나누어 해제해 주었다.[48]

이러할 진대 도대체 하나님의 나라를 점진적인 계시라는 측면에서 볼 때에, 오늘날 하나님 나라의 때는 어느 시점에 와 있는 것일까 라는 물음에 주의를 요한다. 두말할 나위도 없이 오늘날의 때는 성취된 하나님의 때(현재)로서 완성될 하나님의 나라(미래) 간의 사이에 있다. 즉 중간기에 있는 셈이다. 이 중간기는 천국의 현재성을 말하는 것으로, 다음의 일련의 내용은 현재적으로 재해석되어야 한다.

"마귀 나라의 일들의 멸망(마 12:8), 천국 비유(마 13:3~8), 존재하고 있는 천국(눅 17:20~21), 영생(요 5:24), 내가 왕(요 18:36~37), 말세(행 2:17), 때가 차매(갈 4:4), 첫 열매 : 부활하신 그리스도(고전 15:20), 새로운 창조(고후 5:17), 첫 열매: 성령(롬 8:23), 보증금(고후 5:5), 그리스도의 왕노릇(고전 15:24~28), 그리스도의 나라로 옮김(골 1:13), 안식(히 4:10), 시온산과 예루살렘성(히 12:22), 성도의 왕노릇(계 20:4~6)."[49]

2) 세 가지의 천년왕국실

이 성취된 하나님 나라의 때에 마귀는 결박당한 채 발버둥치고 있다. 이것은 마귀의 일들(works of the devil)이 아직은 일어나고 있다는 말이다.(요1서 3:8) 이 마귀의 일들을 멸하시고자 예수님이 마태복음(창 3:15)의 약속에 따라 이 땅에 초림하셨던 것이다. 이 일련의 내용을 올바르게 이해하려면 천년왕국(millennium)에 대한 이해가 선조건이 된다. 이 천년왕국은 요한계시록에 언급된 "그리스도와 함께 천년 동안 왕 노릇할 것"(계 20:1~6)이라는 말씀에서 비롯된 개념이다. 주 예수님의 재림을 기준으로 해서 논의되고 있는 천년왕국설에는 세 가지의 유형이 있다.

첫째는 전천년설이 있다. 대표적인 학자는 조지 래드(G, E, Ladd)가 있는데, 그는 천년왕국 전에 주님이 재림한다는 주장을 폈다. 즉 교회시대의 마지막에 7년 대환란이 있으며, 그 후에 주님이 재림하셔서 지상에 문자적이고 가시적인 천년왕국을 건설해 직접 통치한다는 것이다.(사 9:6~7, 마 25:31) 보수진영의 대부분의 한국 교회들이 적극적으로 지지하고 있는 설(說)이다. 한국 교회의 근본주의 신학자 박형룡이 이 전천년설을 적극적으로 주창하였다.[50]

둘째는 후천년설이 있다. 이 설을 주창한 대표적인 학자로서는 로레인 뵈트너(Loraine Boettner)가 있다. 이 설은 천년왕국 후에 재림이 있다는 입장이다. 이 입장을 정리하면 다음과 같다.

> "복음전파와 성령의 역사를 통해 이 세계가 점차적으로 복음화가 이루어짐으로 말미암아, 급기야는 세계가 기독교로 다 변하게 된다. 그리고 난 후에 천년왕국이 건설되며 그리스도의 재림은 천년왕국이라는 이룹고 평화스러운 공동체의 긴 역사의 마지막에 있을 것이다."[51)]

셋째는 안토니 후크마(Antony A. Hoekema)가 주창하고 있는 무천년설이 있다. 문자적이고 가시적인 의미에서의 천년왕국, 즉 이 땅에서 눈에 보이는 천년왕국은 없으며 예수님의 초림부터 재림까지의 기간이 영적으로 천년왕국이라는 것이다. 이에 제이 아담스(Jay A, Adams) 같은 학자는 아예 무천년설이라는 말 대신에 실현된 천년왕국(realized millennium)이라는 말을 사용해야 한다고까지 하였다.[52)] 그리고 종말의 순서로는 예수의 지상 임재로부터 시작된 천년왕국시대, 배교와 대환란, 그리스도의 재림, 대부활과 휴거, 대심판, 새 하늘과 새 땅의 완성 순으로 본다.

우리는 다섯 가지 유형의 종말론을 통합, 정리하는 가운데 성취된 종말론이 가장 성경적인 것임을 알게 되었다. 마찬가지로 천년왕국설 역시 가장 성경적인 것을 찾아내야 한다. 먼저 전천년설은 세대주의적인 해석과 일맥상통한 점이 많으며, 뿐만아니라 하나님의 구속 경륜을 너무나 복잡하게 만든다는 문제점이 있다.[53)] 그리고 후천년설은 일반사와 대체로 조화를 이루고는 있지만 너무나 인본주의적 낙관론에 얽매이는 경향이 농후하다. 이와 더불어 이 세상에 대해 절망적인 시각을 견지하고 있는 성경의 가르침과는 사뭇 차이가 난다.[54)] 이어 무천년설은 천년을 단지 상징적인 것으로 보거나 첫째 부활을 영적인 부활로, 무저갱을 단순히 억압상태로 보는 것이 무리한 해석이라는 점이 있긴 있다. 하지만 거듭난 성도들이 비록 육체적으로는 이 땅에서 고난을 받을지라도 영적으로는 거듭난 이후부터 그리스도와 함께 왕노릇한다는 성경의 일관된 가르침과 맥을 같이 한다는 점에 우리는 주목할 필요가 있다.[55)]

이로 보아 성취된 하나님 나라와 일맥상통하는 천년왕국설은 실현된 천년왕국이라고도 하는 무천년왕국설인 것을 직시할 수가 있겠다. 이 경우의 천년왕국은 영적인 것이지 실체적인 것은 아니다. 만일에 천년왕국을 실체적인 것으로 믿게 되면 여호와 증인의 천년왕국이 되고 마는 우를 범한다.[56)] 따라서 성취된 하나님의 나라는 영적으로 성도들이 왕노릇하는 천년왕국인 셈이 된다. 조지 래드의 「신약의 중심사상」을 번역한 바 있는 이남종은 성도들의 왕노릇에 대해서 다음과 같이 주석하였다.

> "성도는 그리스도와 연합할 때 왕노릇할 수 있다. 또 성도는 그리스도께 종노릇할 때만이 세상에 대하여 왕노릇할 수가 있다. 그리고 성도의 왕노릇은 복음으로 세상을 정복한다는 것을 뜻한다. 따라서 성도는 이미 왕이 된 자아를 발견할 수 있어야 한다."[57)]

3) 하나님 나라의 사랑 실천

본 항목에서 '역사적인 종말론적 교회'라고 이름한 것은 교회는 반드시 역사적이어야 하고 동시에 종말론적이어야 하겠기 때문이다. 그래서 서두에 하나님이 정하신 바로 그 때(Kairos)에 종말을 맞이 할 수밖에 없는 일반사로서의 세속사와 거룩한 구원사를 언급하였던 것이다. 이어 교회는 성경 말씀에 따라 동향해야 되는 믿음의 공동체이며, 성경 말씀의 중심주제는 하나님 나라의 사랑이라는 것도 인지하게 되었다.

이러하기에 교회는 하나님 나라의 사랑을 응당 실천해야만 하는 사랑의 실천장인 것이다. 따라서 역사적인 종말론적 교회는 성취된 하나님 나라로서의 영적인 천년왕국(현재)과 완성될 하나님의 나라(미래) 사이의 중간기에 있는 전위대(아방가르)이다. 이런 명확한 성경적인 사실을 한국인의 교회는 항시 기억하고 있어야 한다. 이렇게 피력하고 있는 이유는 한국 교회가 여전히 샤마니즘적인 기복신앙(schamanistic magic type)에 찌들어 있기 때문이다. 샤마니즘인 기복신앙 자체가 몰역사적이기에 더욱 그러하다. 이로 말미암아 반사회적인 도덕적 불감증과 반지성적인 행태와 무조건적인 신앙제일주의 등이 파생되고 있는 것이다.

4. 세계의 문화

여기서 말하는 세계의 문화란 세계를 바라다 보는 것을 문화사(文化史)의 측면에서 관조하는 것을 일컫는다. 즉 세계 문화사는 세계의 흐름에 대한 전체사로서 종합과학인 셈이다. 그런데 이 세계의 전체는 하나님의 경륜에 의해 움직인다. 경륜(dispensation)은 헬라어로 '오이코노미아'인바, 집을 뜻하는 '오이코스'와 '관리하다' 뜻의 '노메아'가 결합된 표현으로 집을 관리하고 다스리는 것을 의미한다. 1차적으로는 청지기 직분(Stewardship)을 가리키는데(눅 16:2), 신학적으로는 하나님의 거룩하신 뜻과 계획으로 이를 테면 세상 만물의 운행과 질서, 인간 구원의 계획 등에 따른 하나님의 거룩한 섭리를 의미한다.(엡 1:9, 골 1:25, 딤전 1:4)[58)]

이에 세계의 문화를 관조한다는 것은 하나님의 경륜을 살펴보는 것으로서 일반사로서의 세속사와 거룩한 구원사도 함께 엿보는 작업이 될 것이다. 이렇게 해야 하는 이유는 한국 교회의 역사의식을 더한층 고취시켜주는 가운데, 구조적 변혁을 더한층 기대할 수 있기 때문이다. 다시 말해서 세계관에 대한 인식을 새롭게 할 수 있을 때만이 그 구조적 변혁을 기대할 수 있다는 것이다.

1) 서양 문화

선사시대인들 중의 구석기 시대인은 식량 채집으로 생활해오다가 신석기시대에 와서는 농경문화로 발전시켰다. 이렇게 원시사회가 발전해 나가면서 군(群) 공동체 → 씨족사회의 형성 → 지연사회의 형성을 이루고 있다가 급기야는 고대국가를 성립하게 되었던 것이다.

문화사에서 흔히 사용하고 있는 영어의 오리엔트(Orient)는 해뜨는 지방이라고 해서 동양의 뜻으로 사용하고 있다. 라틴어의 동사 Occide의 명사형 Occidens(the west)와는 대조되는 낱말이다. 따라서 고대사에서 오리엔트, 즉 동방이라고 언급한 것은 나일강에서 티그리스와 유프라테스 지방의 애굽 문화권과 메스포타미아 문화권을 말하는 것이지, 동양을 뜻하는 것은 아니다. 이와 같은 오리엔트 지방의 사막이나 오아시스 지대에서 발생한 문화는 동부 지중해 방면의 해상교통과 교역이 발달함에 따라 점차적으로 서방으로 전파되었다. 이 결과, 서양의 고전문화를 형성하고 창조하는 데 선도적인 구실을 다하였다. 이런 이유로 해서 에게문화와 헬라 · 로마문화를 총괄하여 이해하기 위해서는 그 오리엔트 지방과 문화를 제외시킬 수가 없는 것이다.

그와 같은 문화사에 하나님의 경륜상 최초로 수립된 하나님의 나라의 때(에덴동산)에 이어 약속된 하나님의 나라의 때(아브라함)가 면면히 흐르고 있었다. 이런 이후에 일어난 하나님의 구원활동의 최대 사건은 출애굽(Exodus) 사건이었다. 이 사건은 하비 콕스의 말에 따르면 당시 찬란하였던 애굽문화를 무력화시킨 정치의 비신성화작업이었던 것이다.[59] 이것은 실로 애굽의 다신교적(多神教的)인 우상숭배와 더불어 인간의 존엄성까지 약탈 – 선택받은 야웨 백성들에 대한 탄압 : 노예생활 –을 일삼았던 만행에 따른 하나님의 심판이었다.

출애굽한 후에 이스라엘 백성들은 사사시대를 지나 하나님의 경륜에 따라 세워진 그림자(예표)로서의 하나님 나라의 때(왕조시대)를 맞이하기에 이르렀다. 이때 하나님은 14명 선지자들을 파송시켰으며, 그들의 메시지 중심은 한결같이 출애굽의 하나님을 기억하고 우상숭배를 금하라는 데 있었다. 이에 구약학자 말틴 노트(Martin Noth)는 출애굽을 이스라엘의 신앙 명제이자 원신앙고백으로서 오경 전체를 형성하고 있는 생식세포, 곧 태아라고 하였다.[60]

선지자들의 그 같은 강력한 메시지에도 불구하고 이스라엘 백성들은 아랑곳 없이 우상숭배에 빠져 하나님이 주신 말씀을 우롱하고 있었던 것이다. 이런 즈음에 티그리스강과 유프라데강을 중심으로 한 메소포타미아문화가 번창하고 있었다. 특히 바벨론 제국이 강대하였다. 점점 우상숭배가 성행하여 다윗 왕위를 이어받은 솔로몬 왕마저 우상숭배에 몰두하자 왕조는 남과 북으로 분열하고야 말았다. 이로 인해 결국에 북이스라엘은 메소포타미아 북부 앗수르제국에 의해서, 남유다는 메소포타미아 남부 바벨론제국에 의해서 멸망하기에 이르렀다.

여기에서 묵과할 수 없는 치욕스런 중대사건이 발생하였다. 다윗 왕에 이어서 공들여 세워진 남유다의 솔로몬 성전(제1성전)이 바벨론 왕 느부갓네살에 의해 멸망당하던 B.C. 586년에 파괴되었으며 성물마저 모두 약탈되었던 사건이 그것이었다. 우상숭배에 정신들이 없는 상황에서 그 호화찬란한 솔로몬 성전이 무슨 의미가 있었겠는가를 우리는 되새겨 볼 여지가 있다. 여기에 더하여 하나님은 그보다 더 무서운 심판으로 남유다까지 아예 바벨론 제국을 이용해서 멸망시켰다. 이후 70년 만에 포로에서 해방된 유대인들은 예루살렘에 스룹바벨 성전(제2성전)을 수축하고는 선민사상이 강한 유대교(Judaism)를 선포하였다. 이 유대교는 이후에 기독교의 모태(母胎)가 되었다.

이제 헬라인들의 문화창조 시대에 접어들면서 폴리스(polis)의 성립과 함께 시민생활이 시작되었다. 이로써 국가관이 확립되었고, 이에 따라 사회·정치적 개혁도 시도되었다. 이에 아테네의 제국시대가 열렸다. 이때 국가관이 진일보 발전되어 가는 중에 소위 세계시민사상(Cosmopolitanism)이 태동하였다. 더 나아가 헬레니즘(Hellenism)의 문화 세계가 형성되어 감으로 인하여 동·서 문화가 융합되는 현상을 보여주기도 하였다.

진정한 의미에서 서양문화가 처음으로 탄생한 것은 헬라시대부터이다. 이 헬라문화를 기반으로 해서 유럽의 문화가 형성되고 발전하게 되었음이다. 이 문화의 특징은 인간 중심주의와 자연주의, 합리주의, 관상주의 등이었다. 이런 특징들에 철학과 문학, 역사, 미술, 과학 등에 그대로 표출되었다. 이렇게 해서 헬레니즘 문화는 날이 갈수록 만개하게 되었다.

주전 590년경을 시점으로 하여 말라기 시대가 종료되자 그림자(예표)로서의 하나님 나라의 시대도 완전히 막을 내렸다. 그리고는 이어서 신구약 중간시대가 열렸다. 이 시대는 구약의 말라기와 신약의 복음서 사이의 그 300여 년 동안의 공백기간을 말한다. 이 공백기간 동안에 유대교는 당시 팽배해 있던 헬레니즘과 맞서 싸워야 하는 긴장과 갈등에 휩싸였다. 교회사가 D.S. 러셀(Russell)은 그 공백기간을 다음과 같이 설명해 주었다.

> "일반적으로 신구약 중간기라고 불리우는 B.C. 200 ~ A.D. 100년은 기독교와 랍비적 유대교에 모두 중요한 시기였다. 이 기간 전체를 통해서 유대인들은 헬라문화에 둘러싸여 있었으며.... 그들이 헬레니즘의 영향을 강하게 받을 수밖에 없었다는 것은 의심할 여지가 없다."[61]

이런 상황에서 예루살렘의 기득권 세력이었던 부자들과 제사장들은 헬레니즘을 추종하는 헬라주의자들로 철저하게 변신하였다. 이런 변신에 대해서 특히 핫시딤(Hasidim)들이 저항, 분노하였다. 이어 안티오쿠스의 박해가 심해오자 마카비 가문의 마카비가 그 저항운동을 주도해 나갔다. 이 무렵에 헬라주의 정책이 세차게 펼쳐지는 가운데, 토라를 중심으로 하는 여러 종파들이 등장하기 시작하였다. 이들 종파들로서는 바리새파와 사두개파, 엣세네파, 열심당, 쿰란공동체 등이 있었다. 이런 와중에 그렇게도 유대교를 박해하던 헬라도 알렉산더(Alexander) 대왕의 갑작스런 죽음으로 말미암아 제국은 분열되고 결국에는 헬라제국도 문을 닫게 되었다.

이제 하나님의 경륜상 세계 경영은 애굽 → 바벨론 제국 → 헬레니즘에서 로마 제국으로 이동하였다. 실제로 「마태복음」에서 「요한계시록」까지 신약성경 27권 전체가 로마제국의 연관성 속에 있다. 우리 주 예수님이 로마제국의 속국인 유대 땅에 여자의 후손(창3:15)으로 오시니, 그야말로 온 예루살렘에 한바탕 소동이 일어났다. 이리하여 종료되는가 싶었던 하나님 나라의 맥이 예수님의 오심으로 하여 성취된 하나님 나라가 시작되었던 것이다. 다시 말해서 하나님의 경륜상 하나님의 나라가 구원사의 흐름을 타고 다시금 활발생생하게 전개되기 시작되었다는 말이다. 당시 예루살렘에는 로마에 의해서 세워진 분봉왕 헤롯이 있었다. 총독도 있었다. 마침내 로마는 대제국으로까지 발전하여 애굽이나 고대근동 지역을 발아래에 두고 지중해마저 덥치는 막강한 위력을 발휘하고 있었다.

여기에서 주목해 할 사건이 있다. 신구약 중간시대에 헬레니즘에 저항하였던 하스몬 왕조의 두 아들이 서로 다투어 권력투쟁을 하다가 B.C. 63년 유대가 결국 폼페이우스를 통해 로마의 통치로 넘어가게 되었다는 것이다. 그러자 얼마 안되어 그 폼페이우스가 제2 성전인 스룹바벨성전을 가차없이 파괴해 버렸다는 사건이 바로 그것이다.[62)]

여하튼 하나님의 때가 되어 주 예수님은 복음을 이루시려고 십자가에 죽으시고 3일 만에 부활하셨다. 이 복음은 선지자와 율법의 완성이었다. (마 5:17~20) 이후에 부활하신 주님의 음성을 들었던 바울이 이방인의 사도가 되었다.(행 9:2) 그리고 마가(Mark)의 오순절 다락방에서 성령의 능력을 받은 12 사도들을 중심으로 하여 초대 예루살렘교회가 출범하게 되었다. 이 12 사도들은 모두가 다 복음의 증인으로 세계 곳곳에서 사역하다가 순교하였다. 한편 회심한 사도 바울은 거의 11,800km 거리의 제3차 여행을 하면서까지 무려 10여 년 동안을 전도에 전력투구하였다. 특히 그는 로마 사람들을 위해서 「로마서」를 집필하는 열성을 보여주었다. 그 외 성경 12권을 계시받아 집필하기도 하였다.

A.D. 70년 하나님을 믿는다면서 갖은 술수로 이용당하고 있던 제3성전이 되는 바로 그 헤롯성전이 로마장군 디도(Titus)에 의해 완전히 파괴되었다. 이것은 주 예수님이 예언하였던 대로 이루어진 것이었다.(마 24:2) 이후에 사도 바울의 로마 전도여행으로 인하여 로마를 중심하여 복음의 영향력은 점점 확산되어 갔다. 여기에는 소위 로마 가톨릭의 교황청이 중심에 서 있었다. 이로 말미암아 야기되는 신앙을 빙자한 만행과 신앙의 부패현상은 이루다 말할 수 없는 지경에까지 이르렀다. 이런 부패현상은 오늘날 한국 교회에서와 같이 그대로 반지성적인 행태와 반사회적인 도덕적 무감각 등으로 나타났다.

이 교황청은 세속적 정치 질서의 중심이 되었고, 사회와 문화가 그것에 의해서 통일화되었다. 중세는 온통 대성당의 건축과 미사의 정교화, 도전적인 신비운동 등으로 전개되었다. 이렇게 중세화가 절정을 이루고 있을 때에 그 안에서 중세적 통일을 거부하는 운동이 일어나기 시작하였다. 이것이 르네상스 운동이었으며, 곧 일어난 것이 프로테스탄트 종교개혁(Reformation)이었던 것이다. 1517년 말틴 루터에 의해 시작된 종교개혁의 열풍은 일파만파 유럽의 전 지역까지 번져나갔다, 츠빙글리(Zwingli)와 칼빈이 그 뒤를 이었다. 그 말틴 루터의 1517년을 시점으로 해서 200여년 후에, 영국의 산업화 시대에는 존 웨슬리가 등장하여, 제2 종교개혁을 단행하여 승리를 거두었다.[63] 이 무렵에 아담 스미스(Adm Smith)의 자유방임주의적인 사고의 틀이 서서히 일기 시작하였다.

이어지는 하나님의 경륜상 세계 경영은 이제 유럽에서 영국의 순례자들(Pilgrim Fathers)인 회중교회주의자들(Congregationalists)에 의하여 1620년에 신대륙(미국)으로 이동하였다. 이후 프로테스탄트의 각 교파들이 우후죽순 같이 등장하였으며 그로 인해 너도 나도 선교사를 해외에 파송하는 선교 경쟁이 치열하게 전개되었다. 1885년 한국에 온 장로교의 언더우드와 감리교의 아펜젤라 역시 그들 중의 하나였다.

한편 미국에서는 자유방임주의에 이어 수정자본주의를 채택하여 자본주의를 더한층 발전시켰다. 이러다가 1970년 대 말부터는 시카고학파의 밀턴 프리드먼의 신자유주의를 받아들여 하루가 다르게 자본주의를 발흥시켜 나갔던 것이다. 이와 동시에 희랍 아테네에서 태동하여 영국에서 자리를 잡게 된 민주주의(Democracy)를 자유주의와 함께 만개시켰다. 이로써 미국은 세계를 '민주적인 자유주의적 자본주의'라는 틀 안에서 감시하는 감찰국가로서의 역할을 단단히 하게 되었다. 이러는 가운데 미국은 자국내에서 일고 있는 부익부 빈익빈이라는 양극화 현상을 타파해야 할 영원한 숙제를 안고 있다. 이것은 지금도 진행 중에 있다.

2) 동양 문화

지금은 구원받고 은혜받을 만한 이 성취된 하나님 나라의 때로서, 주님의 재림 시 완성될 하나님 나라의 때를 소망하고 있는 때이기도 하다. 이렇다면 과연 하나님의 세계 경영은 그 주도하는 패권을 미국에게만 주고 이 세상을 끝내고 말 것인가에 대해서 진지하게 묻지 않을 수가 없다. 이것을 확인하고자 할 때는 필연적으로 동양문화권까지도 간략하게나마 알아봐야 할 것이다.

우리가 일반적으로 동양 문화권을 논의할 때에 정신문화라는 측면에서는 중국과 인도를 중심으로 전개한다. 그 이유는 중국에서는 공자의 유교와 노자의 도교가 있고 인도에서는 불교와 힌두교 등이 있기 때문이다. 여기에서 그 언급된 종교들에 대한 세부적인 내용은 자제하겠다. 중국에 대한 것만 언급할 것인 바, 여기에는 그럴만한 충분한 이유가 있다. 이제까지 서양문화권을 논의하면서 하나님의 세계 경영상 그 어느 나라든 패권을 주셨을 때는 경제적으로도 부유한 나라에게 맡겨주었다는 역사적 사실을 알게 되었다는 데 있다. 이것은 경륜을 헬라어로 '오이코노미아'라고 하는데 여기에서 경제라는 영어 '이코노미'(Economy)가 파생된 것만 봐도 그러하다.

주지하는 대로, 현재 중국의 경제는 날로날로 번창하고 있다. 일취월장이다. 계속 진행 중에 있다는 말이다. 이미 국민총생산량이 미국을 앞질렀다는 통계도 나와 있다. 게다가 14억 인구가 잠재력을 갖고 있는 상황에서 정치체제는 공산적 사회주의라 할지라도, 경제체제는 혼합경제체제를 택하고 있다는 것이 그것을 시사한다. 여기서 말하는 혼합경제란 글자 그대로 공산사회주의적인 경제체제와 자본주의적인 경제체제를 효율적으로 섞어서(Mìngling) 채택하고 있는 것을 일컫는다. 이와는 달리 미국은 민주주의의 수호 · 감찰국가로서 대놓고 공산사회주의적인 경제체제를 도입할 수가 없게 되어 있다.

실제로 혼합경제체제를 도입하고 있는 북유럽국가들인 노르웨이와 스웨덴과 덴마크 등은 미국보다 월등히 행복한 삶을 누리고 있다.[64] 이로 본다면 중국이 미국에 우선하는 선도국가가 될 날도 얼마남지 않은 듯하다. 이렇게 언급하고 있는 이유는 하나님의 세계 경영상 그 주도적인 패권이 미국에서 중국으로 넘어가고야 말겠다는 추정이 가능하기 때문이다. 이런 추정은 성취된 하나님 나라의 때도 이제는 얼마남지 않았다는 것을 말해준다.

이렇게 해서 하나님의 경륜은 구원의 계획에 따라 동 · 서양을 아우르며 지구 한바퀴를 다 돌았다. 이러는 가운데 하나님은 절대주권을 갖고서 오스카 쿨만의 말대로 대표 선택의 원리에 의해 에덴동산에서부터 지금 이 시간까지, 더 나아가 주님이 왕중왕(King of kings)으로 재림할 때까지 알곡(양)과 쭉정이(염소)를 걸러내고 있는 것이다.[65] 다시 말해서 완성될 하나님의 나라에 들어 갈 자격이 있는 무제한적인 제한수에 해당되는 144,000명의 온전한 그리스도인들(Altogether Christians)을 선택하고 있다는 말이다.[66]

5. 한국 교회의 혁명적 변화

이제까지 본장을 통하여 '한국 교회의 역사의식과 구조적 변혁'이라는 제하에 나름대로 역사관에 이어 성경 말씀의 중심주제, 교회관, 세계관에 관하여 살펴보았다. 이에 따라 우리는 역사에는 일반사로서의 세속사와 거룩한 구원사가 있다는 것을 알게 되었다. 그리고 성경 말씀의 중심주제는 바로 하나님 나라의 사랑이라는 것도 알게 되었다. 이어 교회는 역사적인 종말론적 교회가 되어야 한다는 것을 분명히 해 두었다. 이와 더불어 세계관을 통해서는 하나님의 경륜상 나타난 세계경영의 동향을 각 시대별로 구원사 선상의 하나님의 나라의 흐름에 따라 동서양으로 나누어서 개관해 보았다.

이에 즈음해서 그 역사와 하나님 나라의 사랑과 교회와 세계를 중요한 우선 순위에 따라 어떻게 구조적으로 배열하느냐 하는 것이 중차대한 관건이 되겠다. 결론부터 말하자면, 〈하나님 나라의 사랑 - 역사 – 교회〉의 구조를 띠고 있는 '역사적인 종말론적 교회'가 되어야 한다. 이런데도 불구하고 제2 종교개혁자 웨슬리 이후에 지금까지 줄기차게 한국 교회는 물론 세계 교회 역시 그 모두가 다 한결같이 개체교회 중심의 구조 〈하나님 나라의 사랑 – 교회 – 세계〉와 전도 중심의 구조〈하나님 나라의 사랑 - 세계 – 교회〉가 절충된 채, 목회행위를 해왔다는 사실에 우리는 예의 주시해야만 한다.

그와 같이 절충된 구조(syncretic frame)는 도대체가 역사의식이 없기에 전도한다는 미명(美名)하에 전도지상주의에 함몰되어 있어서 개체교회의 성장을 위한 비대화(肥大化)에 전력투구한다. 이런 경우에는 예외없이 교회지상주의에도 빠지게 되어 있다. 이리하여 전도지상주의와 교회지상주의는 동전 한 닢의 양면성인고로 필연적으로 맘모니즘을 야기시킨다. 여기에 더하여 한국 교회는 샤마니즘적인 기복형의 믿음이 뒷받침해 준 셈이 되었던 것이다.

이제라도 하루빨리 한국 교회는 역사적인 종말론적 교회로 과감히 구조적 변혁을 시도할 때이다. 이를 위해서는 혁명적 변화로까지 수준을 높여야 한다. 개혁, 개혁을 한다면서 선언적 구호로만 외쳐대는 시늉만 해서는 안된다. 여기에는 반드시 경제적인 것에 대한 혜안이 요청된다. 사회윤리에 조예가 깊은 리차드 니버(Richard Niebuhr)는 이르기를 모든 새 종교의 운동은 신학적으로나 교리적으로만 관조할 것이 아니라 경제적 입장에서도 관조해야 할 것이라고 천명하였다.[67] 이에 따라 한국 교회는 샤마니즘적인 기복신앙에서 말틴 루터의 말과 같이 돈 지갑의 회심(回心)에 의한 구도신앙으로 발돋음하는 변혁을 일으켜 개혁을 성공시켜야만 한다. 이래야만 하는 이유는 그 무엇보다도 물질개혁(마 6:21 참조) 없이 제3 종교개혁이란 있을 수 없기 때문이다.

하비 콕스(Harvey Cox)는 "교회는 어디로 가고 있으며 거기에 어떻게 도달하려고 하는가?"라고 반문한 적이 있다. 이에 한국 교회는 변화에 대하여 무관심해서는 안 되며, 변화 속에 현존(現存)하는 교회로서 혁명으로 참여하는 교회가 되어야 한다. 이리하여 다시 강조하건대 한국 교회는 〈하나님 나라의 사랑 - 역사 - 교회〉라는 구조로 틀을 바꿔나가는 역사적인 종말론적 교회로서 구조적 변혁부터 단호히 실천해야 할 때이다. 이럴 때만이 한국 교회는 비로소 사회까지도 변동을 일으키게 하는 빛과 소금이 될 수 있음이다. 이것이 바로 자연스럽게 복음화(evangelization)되게 하는 하나님의 방법인 것이다.

주(註)

1) 황선명, 『종교학개론』, 종로서적, 1983, p.212.
2) 최인철, 『프레임: 나를 바꾸는 심리학의 지혜』, 21세기북스, 2009, pp.171~178.
3) *Ibid.,* pp.97~129.
4) *Ibid.,* pp.100~101 : 후견지명(hindsight)에서의 'hindsight'는 영어의 'behind'와 'sight'가 결합한 말로서 글자 그대로 결과를 알고 난 후에 '뒤에서 보면' 모든 것이 분명하게 보인다는 것을 의미한다.
5) 윤성범, "오스카 쿨만", 편집부 엮음, 『현대신학자 20인』, 대한기독교서회, 1970, p.123.
6) Mircea Eliade, *Patterns in Comparative Religion*, New York, 1958, pp.315-320.
7) Wade Rowland, *Greed, Inc.: Why Corpolations Rule our World and How we cet it Happen*, 2005, 이현주 역, 팩컴북스, 2008.
8) Charles Handy, *The Hungry Spirit*, Hutchinson, 1997, 노혜숙 역, 생각의 나무, 1998, p.118.
9) Harvey Cox, *The Secular City*, 1965, 구덕관 역, 대한기독교서회, 1988, pp.84~106.
10) 김영한, 『현대신학의 전망』, 대한기독교출판사, 1988, p.13.
11) Van A. Harvey, *A Handbook of Theologcical Terms*, 박양조 역, 기독교문사, 1986, p.242.
12) 윤성범, *Op. cit*, pp.123~124.
13) Harvey Cox, *Op. cit*, pp.44~52.
14) *Ibid.,* p.47에서 재인용.

15) 이상원, 『21세기 십계명 여행』, 토기장이, 1999, p.222.
16) *Ibid.,* p.230.
17) 윤이흠, 『한국종교연구』(4권), 집문당, 1999, p.54.
18) 이원규, 『종교의 세속화 : 사회학적 관심』, 대한기독교출판사, 1987, p.46.
19) 류성민, 『종교와 인간 : 종교를 통한 인간 이해』, 한신대학교출판부, 1998, p.163.
20) 김정준, "구약신학의 최근 동향", 『신학사상』(제12집), 한국신학연구소, 1976, p.17.
21) D. L. Baker, *Two Testaments One Bible*, IVP, 1976, 오광만 역, 엠마오, 1995, p.330.
22) Ronald E. Clements, *A Century of Old Testament Study*, Lutherworth Press, 1976, p.248.
23) Gerhard Ebeling, *Studium der Theologie, Eine enzyklopaedische Orientierung*, J, C, B. Mohr, 1975, 박근원 역, 대한기독교출판사, 1982, pp.27~28.
24) Gerhard F. Hassel, *New Testament Theologg: Basic Issues in the Current Debate*, 1978, Wm. B. Eerdmans Publishing Co., 권성수 역, 엠마오, 1994, p.166.
25) Joachim Jeremias, *The Central Message of the New Testament*, 김경신 역, 무림출판사, 1991, pp.11~173.
26) Archibald M. Hunter, *The Message of the New Testament*, 김경신 역, 무림출판사, 1991, pp.41~228.
27) 졸저, 『기독교상생주의선언』, 기빙백, 2015, p.56.
28) D. L. Baker, *Op. cit.*, pp.319~328.
29) Gerhard F. Hassel, *Old Testament Theology Basic Issues in the Current Debate*, 1972, Wm. B. Eerdmans Publishing Co., 김정우

역, 엠마오, 1993, p.220.

30) 김정준, *Op. cit.*, p.14.

31) 졸저, *Op. cit.*, p.56.

32) 김정준, *Op. cit.*, p.27.

33) *Ibid.*

34) Gerhard F. Hassel, *New Testament Theology: Basic Issues in the Current*, p.191.

35) Graeme Goldsworthy, *Gospel and Kingdom: A Christian Interpretation of the Old Testament*, The Paternoster Press, 1984, 김영철 역, 성서유니온, 1988, p.60.

36) Jürgen Moltmann, *Trinität und Reich Gottes*, Chr. Kaiser Verlag, 1980, 김균진 역, 대한기독교출판사, 1987, pp.45~52, 77~81, 219~224.

37) *Ibid.*, p.245.

38) Geerhardus Vos, *The Kingdom of God and the Church*, Eerdmans publshing Company, 정정숙 역, 한국개혁주의신행협회, 1987, p.77.

39) Herman Ridderbos, *The Coming of The Kingdom*, The Presbyterian & Reformed Publishing Co., 1962, 김형주 역, 생명의 말씀사, 1988, pp.327~374.

40) 김세윤, 『복음이란 무엇인가』, 두란노, 2011, p.108.

41) *Ibid.*, pp.109~110.

42) 김세윤, *The Son of Man as The Son of God*, J. C.B. Mohr(paul Siebeck), 1983, 홍성희 · 정태엽 역, 엠마오, 1992, p.134.

43) Oscar Cullmann, *Christ and Time*, 1950, 김근수 역, 태학사, 1987, pp.26~30.

44) Rudolf Bultmann, *History and Eschatology*, Edinburgh: The University Press, 1957, 서남동 역, 대한기독교서회, 1968, pp.71~89.

45) 졸저, *Op. cit.*, p.259.

46) 이상호, 『공관복음서 안에 있는 천국사상의 이 세상적 요소』, 연세대학교 80주년기념논문집, 1965, p.354.

47) Joachim Jeremias(trans. by S. H. Hooke), *The Parable of Jesus*, Charles Scribner's Sons, 1955, pp.36~38.
cf. Gerhard Breidenstein, *Humanism*, 박종화 역, 대한기독교서회, 1971, p.50: 하나님의 나라는 하나님 자신처럼 지금 오고 있는 중이다. 지금 실현되어 가고 있는 과정에 있다.

48) Herman Ridderbos, *Op. cit.*, p.77.

49) 이남종, 『천국의 현재성』, 새순출판사, 1987.

50) 『박형룡 박사 저작 전집 : 교의신학, 내세론』(Ⅶ), 한국기독교교육연구원, 1988, p.267.

51) 졸저, 『기독교 상생주의 선언』, p.263.

52) *Ibid.*, p.264.

53) 『라이프 성경사전』(가스펠서브 기획편집), 생명의 말씀사, 2007, p.1093.

54) *Ibid.*, p.1094.

55) *Ibid.*

56) 졸저, 『기독교종파운동사』, 성광문화사, 1981, pp.82~105.

57) 이남종, *Op, cit.*, pp.140~151.

58) 『라이프 성경사전』(가스펠서브 기획편집), p.56.

59) Harvey Cox, *Op, cit.*, pp.37~44.

60) 민영진, "예언자의 출애굽 전승 이해 연구", 『신학논단』(제9, 10집), 연세대학교 신과대학 신학회, 1968, pp.183~184.

61) D.S. Russell, *Between the Testaments*, SCM press LTD, 1959, 임태수 역, 컨콜 디아사, 1989, p.11.

62) 조병호, 『성경과 5대제국』, 통독원, 2011, p.267.

63) cf. 김의환, 『교회사』(신학총서 7), 세종문화사, 1977. pp.418~432.

64) Paul Adler, *The 99 Percent Economy*, Oxford University Press, 2019, 한은경, 김윤진 역, 21세기북스, 2021, p.137.

65) Oscar Cullmann, *Op. cit.*, pp.165~169.

66) 김철손, 『요한계시록 신학』, 대한기독교서회, 1991, pp.187~190.

67) Richard Niebuhr, *The Social Sources of Denominationalism*, Meridian Books Inc., 1929, p.27.

개조 04

한국 교회의 세속화된 기능과 그 공동체 회복

1. 종교의 기능
2. 성과 속 – 세속화 과정
3. 복음 증거와 삶을 위한 설교
4. 교육의 부재현상
5. 섬김과 부림
6. 회중공동체

한국 교회의 세속화된 기능과 그 공동체 회복

교회에는 말씀 선포(설교)와 교육과 섬김과 나눔의 공동체라는 고유한 기능이 있다. 여기에서 말하는 고유한 기능이란 성경 말씀에 나와 있는 그대로 작동시키는 기능을 일컫는다. 그런데 오늘의 한국 교회가 그런 기능을 제대로 조화롭게 작동하고 있지 않다는 데 심각한 문제가 있다. 그 이유는 간단명료하다. 무엇보다도 세속화(Secularization)가 되어 있어서 그러하다. 이로 인해서 교회에 주어진 본연(本然)의 그 4대 기능 간의 균형이 깨지고 말았던 것이다.

생각해 보건대 만일에 교회가 교회로서의 기능을 제대로 발휘하고 있었다면, 오늘날과 같이 사회로부터 온갖 저주에 가까운 모욕은 당하지 않았을 것으로 사료(思料)된다. 그리고 더 나아가 사회의 변동에 영향을 주기는 커녕, 교회가 사회의 애물단지로 전락하고 마는 지경에까지 와 있지 않았을 것으로 그 또한 사료된다. 이로 말미암아 한국에 그리 많은 교회들과 인구의 20%에 가까운 교인들이 있는 데도 아무런 영향력이 없다. 이것은 한국 교회와 교인들 중에는 그만큼 유사교회와 유사교인들(almost christians)이 많다는 셈이 된다.

이리하여 본장에서는 먼저 기능 및 성(聖) - 속(俗)에 관한 내용들을 숙고해 보기로 한다. 그리고는 설교와 교육과 섬김과 나눔의 공동체에 대한 제반 내용을 차례대로 살펴 보고자 한다.

1. 종교의 기능

종교는 사회적인 삶의 양태이자 제도로서 기능하면서 사회구조 및 사회의 변화 과정과 복잡하게 관계를 맺고 있다. 이런 까닭에 종교가 위선된 카리스마의 성역화와 배타성을 갖고 사회와는 관계 없는 듯 행위하고 있다는 것은 무지한 신앙의 독재성에서 비롯된 것이다. 이런 가운에서도 종교가 사회적 기능의 측면에서 볼 때, 순기능과 함께 역기능이 병존하고 있다는 것을 우리는 부인할 수가 없다. 이에 그 순기능과 역기능을 더불어 관조한다는 것은 종교와 사회적 삶과의 올바른 이해와 그것을 통한 관계 정립에 필수적인 요소가 될 것 이다.

1) 종교의 순기능

우선 종교사회학자 토마스 오데아(Thomas F. O'Dea)는 종교의 긍정적인 순기능을 여섯 가지로 나누어서 정리해 주었다.[1] 이 첫째는 위로와 화해이고, 둘째는 안정과 질서이고, 셋째는 규범과 가치의 완성이고, 넷째는 선지자적 예언이다. 이어 다섯째는 정체성의 확립이고, 여섯째는 개인의 성장과 발전이다.

위 여섯 가지 중에서 한국 교회에 남아 있는 순기능이 있다면, 단지 개인에게만 작동하고 있는 위로기능밖에 없다. 한국인의 정서인 경험적 현세주의와 그것이 표출된 샤마니즘적인 기복심리로 말미암아 그 나머지 것들은 물론 특히, 몰역사성에서 오는 선지자적 예언과 정체성의 확립은 실종된지 오래되었다. 그 토마스 오데아의 말에 의하면, 한국인에게 만큼은 주술동산(magic garden)에 휩싸여 있기에 그렇게 그렇게 만든 것이다.[2]

한국 교회의 순기능에 있어서 단지 개인주의적인 위로기능밖에 없다는 데는 종교학자 윤이흠의 다음과 같은 지적에도 여실히 나타나 있다.

> "기본적인 삶의 품위를 유지하기 위해서는 최소한 수준의 (1) 의식주 (2) 의료 (3) 교육이 보장되어야 하는데, 이 세 가지 조건을 국가가 해결할 수 있었다. 이 놀라운 사회적 변화는 필경 종교에도 결정적인 영향을 주었던 것이다. 이 때문에 전통적으로 종교는 삶의 기본적인 품위(品位)를 지키기 위해 그저 마음을 달래주는 것이 고작이었다. 이 대표적인 것이 한국 교회다."[3]

그 기능들 중에서 선지자적 예언의 기능과 정체성 확립의 기능은 아주 중요하다. 전자는 이미 제도화된 규범들을 비판적으로 검토하면서 가치에 대한 새로운 기준을 제공해준다. 이로 말미암마 기성교회의 형태와 상황에 반대함으로써 사회적 변화와 항거의 주요한 근원이 되어 주기도 한다. 그런데도 몰역사성 때문에 한국 교회에는 전혀 그런 기능이 없다. 어쩌다가 그 같은 예언자적인 비판기능을 작동시키기라도 하면, 심한 경우에는 이단으로까지 매도해 버린다. 이런 것들 때문에 한국 교회가 사회변동에 아무런 힘을 발휘하지 못하고 있는 것이다.

후자인 종교의 정체성 확립의 기능은 종교 자체의 본질과 운명을 결정함에 있어서 중요한 측면으로 작용한다. 주지하는 바와 같이, 프로테스탄트의 정체성은 성경 말씀의 중심 주제가 되는 하나님 나라의 사랑을 실천(praxis)하는데 있다. 그 정체성을 두고 한신대학교의 종교학자 류성민은 일상용어로는 주제파악과 같은 것이라고 일렀다.[4] 따라서 한국 교회가 그 정체성인 주제파악을 못하고 있는 결정적인 요인은 비주류 종교학자 채필근에 의하면 바로 그 문제의 샤마니즘적 기복신앙에서 비롯된 물질적 욕구와 이기적인 심성 때문이라고 하였다.[5]

2) 종교의 역기능

현금 한국 교회를 포함해서 세계 교회 - 특히 서구 유럽교회 - 가 점점 신자 수가 감소되고 박물관 교회로까지 추락하고야만 데는 두 말할 필요도 없이 종교의 역기능에서 비롯된 것이다. 대체로 종교학자들은 그 역기능을 현실에 안주한 나머지 지나치게 현상 유지하고자 하는 보수성과 우월적인 교파성, 교리적인 주창, 경직성에서 찾는다. 이 외에 비현실적인 상식 밖의 도덕적 감각이 무감각성과 무조건적인 배타성과 우상화된 의존성에서도 찾는다. 이런 것들로 인해서 종교가 역기능을 일으키고 있다는 것이다. 여기에 열거된 하나 하나의 역기능들에 대하여 구체적으로 설명하지 않아도, 그대로 한국 교회에 해당되는 것들이기에 더 이상의 언급은 자제하기로 한다. 왜냐하면 그 무엇보다도 그 역기능들이 이미 피부에 와닿아 경험상으로도 익히 잘 알고 있는 내용들이기 때문이다.

이상과 같이 종교의 순기능과 역기능을 논의하였는 바, 우리는 그 서로 간에 냉철하게 견주어 볼 여지가 있다. 믿는 그리스도인들도 인간으로 이 땅에 생존하고 있는 한 순기능보다는 역기능이 더 많을 것이다. 이럼에도 불구하고 가능한 한 최대한도로 역기능을 감소시키고 순기능을 증대시키는 작업을 끊임없이 시도해야 한다. 이를 위하여 우리는 자연스럽게 성과 속 및 그에 따른 세속화 과정에 대해서 살펴 볼 필요가 있다.

2. 성과 속 - 세속화 과정

제도로서의 현실종교의 지도자인 정예전통은 신성과 세속이라는 복합적인 동인에 근거함으로써 한편으로는 조직체의 안정과 생존에 기여하지만, 또다른 한편으로는 그 자체 조직체의 목적과 가치를 - 세속화 과정을 거치면서 - 변질시키는 심각한 근원이 되기도 한다.

1) 성과 속

성(聖)이란 신성의 줄인 말로서 모든 종교의 중핵이 되는 개념이다. 이러하기에 성의 개념은 격리성으로부터 출발한다. 사회학자 에밀 두르케임은 성의 개념을 종교현상의 중심이라고까지 확대하였다. 이 성(sacred)의 개념을 종교 특유한 것으로 광범위하게 탐구한 종교신학자로서는 루돌프 오토(Rudolf Otto)가 있다. 종교의 본질을 누미노제(das Numinose)로 보고 있는 그에게 있어서 성이란 일체의 합리적인 요소를 배제한 종교의 근본 경험이 바로 그 누미노제라고 일렀다.[6]

이에 성의 감관을 통한 체험상, 모든 종교는 단지 얻어진 지식에만 기반을 두지 않는다. 이 뿐만 아니라 성은 신앙인과 예배자들을 받들고 용기를 주어 강하게 한다. 즉 성의 체험은 신앙인을 고양시켜서 자신 이상으로 우월하게 만들어 준다는 것이다.[7] 반면에 속(Profane)은 아주 세상적인 것으로서 일상적인 것이자 실용적인 것에 몰입해 있다. 다시 말해서 속(俗)은 현세주의적인 것(realism)이 되는 셈이다.

그와 같은 성과 속의 개념을 상관시켜서 논한 학자로서는 대표적으로 에밀 두르케임과 멀치아 엘리아데(Mircea Eliade)가 있다. 우선 전자는 모든 종교는 사물을 두 개의 반대되는 집단으로서 성스러운 것과 속된 것으로 구별할 수 있다고 피력하였다.[8] 헌신적인 것으로 보아 성스러운 것은 어떤 문제와 사람 · 믿음 · 행동유형 · 예배 · 제도 · 시간 등으로 표출(expression) 되는 데, 이는 현세주의적인 것과는 아무런 관계가 없다. 따라서 성스러운 믿음생활을 완전히 하기 위해서는 속된 세계를 완전히 떠나야 한다는 지론(持論)이다.

이리하여 종교의 특징은 모든 종교 행위를 성스러운 것과 속된 것으로 구별해내는 데 있다. 이에 따라 특별히 격리되어 보호해야 하는 것은 성스러운 것이고, 속된 것은 성스러운 것에서 멀리하라는 금지령을 받는다. 한마디로 말하여 에밀 두르케임은 종교를 성스러운 것에 대한 믿음과 의식의 체계(특히 예배)라고 보았던 것이다. 그에게 있어서 모든 종교의 최소공배수(L.C.M.)는 성의 인정이며 체험인 바, 이것이야말로 모든 종교의 보편적이고 영원한 요소라고 설파하였다.[9]

한편 멀치아 엘리아데는 종교연구의 형태론(morphology)을 주창하는 가운데 종교현상을 이해하는 시도로써 성속의 변증법이라는 역사성에 주목하였다. 그에게 있어서 종교경험상 최고의 성스러움은 예수 그리스도가 하나님의 아들로 이 속된 땅에 온 성육신(Incarnation) 사건이었다.[10] 이어 그는 그 성스러움의 현현을 개념화하기 위하여 성현(hierophany)이라는 독특한 개념을 창출해 내었다.[11] 이에 더하여 그는 공간적인 성현의 한 방편으로 특정한 교회까지도 성현할 수 있을 뿐만 아니라 특정한 종교지도자도 역시 성현할 수 있다고도 하였다. 이렇다고 볼 때 우리의 주변에서 성스러움의 현현으로서 성현이 안 될 만한 것이 없는 것이다.

실제로 성현은 성과 속에 있어서 서로 상관되고 모순되는 속성을 함께 지니고 있다. 예를 들어, 흔히 어느 특정한 교회에 다니는 경우에만 그것이 온갖 복을 받게 해주고 체면을 유지시켜 주기에 품위가 있다고 어리석게도 착각하고 있다는 점에서 다른 교회와 구별이 될 뿐 실질적인 면에서는 다를 바가 전혀 없는 것이다. 이렇게 특정한 교회는 성스러운 동시에 속스러우며, 때로는 매혹적이면서도 가까이하기 싫고, 은혜를 주면서도 위험하게도 여겨진다.

성현의 그 같은 특질을 멀치아 엘리아데는 역의 합일(coincidentia appositorum)이라고 불렀다. 따라서 성과 속은 그렇게 보완하는 관계에 있는 것이다. 여기에서 의미교환 이론(communication theory)의 차용이 불가피해지게 된다. 즉 일상적이며 유한한 인간은 성현된 공간적인 범주인 교회를 통해서 하나님과 교통한다는 것이 그것이다. 이 세상의 속된 일상생활을 영위하고 있는 인간으로서의 그리스도인은 동시에 저 세상의 초월성 속에 있는 성스러운 하나님을 신앙하고 있다. 그런데 문제들 중의 문제는 정서상 태생적으로 경험적 현세주의에 매몰되어 있는 한국인으로서의 그리스도인이니 만큼, 성스러움보다는 속된 것에 너무나 많이 밀착되어 있다는 사실이 심각하다는 데 있다. 이런 맥락에서 세속화의 과정에 대한 내용을 언급치 않을 수가 없는 것이다.

2) 세속의 과정

현금 무한경쟁이 치열한 이 신자유자본주의적인 사회적 삶의 정황에서 드러나는 갈등과 대립, 공존과 협동, 타협과 적응 등 제반 형태의 일반적인 삶의 관계 방식 일체가 종교의 제도적 서클화 과정에서 발생하게 되어 있다. 이리하여 그에 상응하는 그 같은 세상과의 접촉 및 적응 관계 속에서 세속화가 과정상 필연적으로 전행될 수 밖에 없는 것이다. 그런데 이 또한 문제는 여전히 세속화가 어디까지 진행되어 와 있는가 하는 데 있다. 그 이유는 세속화가 되어 있을 것이 있고 절대로 세속화가 되어서는 안되는 것이 있기 때문이다. 한국 교회 같은 경우는 더욱 그러하다. 이것이 바로 딜레마(dilemma)인 것이다.

종교사회학자 피터 버거(Peter L. Berger)는 프로테스탄트가 세속화를 주도해 나감으로써 자신의 무덤을 파는 자(gravedigger)가 되고 말았다고 질책하였다.[12] 이에 반해 다수의 신학자들은 세속화를 두고 신앙의 참된 표현으로까지 환영하기도 하였다. 이 대표적인 학자로서는 「세속도시」(*The Secular City*)의 하비 콕스가 있다. 그런데 여기에서 구별해야 하는 용어가 있다. 세속화(Secularization)와 세속주의(Secularism)가 그것이다. 종교사회학자 이원규는 세속주의를 두고 이르기를 에릭 워터하우스의 말을 빌어 하나의 운동으로서 의도적으로는 반종교적인 운동이라고 규정하였다.[13] 그리고 그것은 종교의 변화 상황을 의미하기보다는 하나의 대체종교(alternative religion)의 구실을 하고 있는 것으로 보았다.[14]

또 종교사회학자 레이 쉬너(Larry Shimer)는 세속화 과정의 유형을 논하면서 이 세상과의 동조(canformity with this World)를 도모하는 유형이 있으며, 거룩한 사회에서 세속적 사회에로의 이행(mavemenst from a sacred to a secular society)하는 유형이 있다고 하였다.[15] 이어 사회학자 퇴니스(F, Tönnis)는 공동사회(Gemeinschaft, 영어로는 Community)와 이익사회(Gesellschaft, 영어로는 Society)로 구분한 바 있다.[16] 당연히 그 세속적 사회는 이익사회이다. 일언해서 세속화는 비신성화(desacralization)인 셈이 되겠는데, 이는 성스러운 인간이 전혀 종교적인 반응을 드러내지 않는 현상을 말함이다.[17]

사실 오늘날의 신앙생활의 양태들을 세심히 관찰해 보노라면, 많은 그리스도인들이 거룩함이라는 것에 대해서 무관심 내지는 전혀 고려하지 않으려는 태도를 우리는 한국 교회에서 얼마든지 찾아 볼 수가 있다. 그 어느 누구라도 변명할 여지없이 기독교의 정체성을 담아내는 한국인의 교회가 - 세계 교회도 포함해서 - 종교로서의 순기능보다 역기능이 더 강렬하게 노출되고 있다는 것은 주지의 사실이다. 그 이유는 오늘날의 한국 교회가 성과 속의 갈림길에서 이 세상의 신자유주의적인 천민자본주의에 동조한 나머지 세속적인 이익사회로 둔갑해 버렸기 때문이다. 이렇게까지 된 것은 바로 맘모니즘이 그렇게 만든 것이다.

아무리 한국 교회가 필연적인 현상으로 세속화되었다 할지라도, 맘모니즘이라는 지경에까지는 어떻게 해서라도 가지 말았어야 하는 것이 옳았다. 그런데도 그렇게 되었다. 이것은 한국 교회가 세속화의 과정을 뛰어 넘어서 아예 대체종교가 되기에 충분한 세속주의로서의 맘모니즘이 되었다는 것을 시사한다. 이 같이 부끄럽기 짝이 없는 자화상은 교회에 주어진 본연의 고유한 기능이라 할 수 있는 설교와 교육과 섬기는 봉사와 나눔의 공동체에 그대로 표출되었다.

이런 연유로 해서 본장의 제목을 처음부터 '한국 교회의 세속화된 기능과 그 공동체 회복'이라고 이름하였던 것이다. 그리고 '그 공동체 회복'이라고 한 것은 그것을 통해서 이미 세속화된 그 역기능을 순기능으로 되돌릴 수 있겠다는 확신이 들었기 때문이다.

3. 복음 증거와 삶을 위한 설교

설교는 교인들의 신앙 성숙을 위하여 복음을 증거하는 중에 삶에 적용

(applicatio)시키게 하는 하나님의 고차원적인 방법이다. 이렇게 하려면 반드시 성경해석학이 요청된다. 따라서 이 성경해석은 언제나 삼위일체론적인 믿음이 동반되어 있어야 한다. 이에 여기에서는 설교에 대한 총론을 먼저 논의한 후에 이어서 여전히 문제시되고 있는 성공신학적인 설교에 관하여 살펴보고자 한다.

1) 설교에 대한 총론

설교란 성경으로부터 하나님의 뜻을 발견하여서 그것을 이 시대에 살고 있는 청중들의 신앙과 삶에 연결하여 효과적이고 설득력 있게 전달하는데 있다. 이리하여 설교로 말미암아 청중들의 신앙과 삶이 변화하도록 하는데 있음이다.[18] 이에 설교를 위하여 해석자가 어떻게 성경을 읽어야 하겠는가 하는 중요한 문제는 아무리 강조해도 지나치지 않다. 교의신학자 서철원은 다음과 같은 태도로 성경을 읽어야 한다는 것을 제시하였다.

> "첫째로 신약과 구약은 함께 읽어야 한다. 둘째로 구약은 신약에 의해 해석되어야 한다. 셋째로 신구약은 기독론적으로 해석되어야 한다. 넷째로 신약은 그 중심인 그리스도로부터 해석되어야 한다. 다섯째로 성경의 해석은 문자적인 의미를 참 해석으로 삼아야 한다. 여섯째로 성경해석은 본문이 말하려고 하는 뜻을 말하도록 도와야 하고 당대의 사상으로 번역하면 안 된다."[19]

구약학자 월터 브루그만(Walter Brueggemann)은 설교란 현실의 이미지를 바꾸는 거룩한 행위로서 세계를 새롭게 조망해야 하며, 동시에 사회적인 성격도 지녀야 한다고 일렀다. 이어서 그는 설교를 통해서 상처받은 자들의 부르짖음도 함께 담아내는 진실함이 있어야 한다는 것을 강조하였다.[20] 그리고 성경 말씀의 중심 주제를 하나님 나라로 보아 신구약 성경을 관통하고 있는 것으로 이해를 하고 있는 존 브라이트(John Bright)는 특히 성경을 놓고 성경적인 설교를 함에 있어서, 먼저 주석(Exegesis)부터 출발해야 한다고 역설하였다.[21]

설교학자 김창훈은 설교학의 경향을 9가지의 유형으로 나누었다. 이것은 그리스도 중심적인 설교와 찬양 설교와 증언으로서의 설교, 현상학적 설교, 귀납적 설교, 협력(원탁) 설교, 커뮤니케이션으로서의 설교, 시장 설교, 하나님의 사건으로서의 설교가 그것이다.[22] 이어 설교학자 이우제는 설교는 성경신학적인 것으로서 반드시 구속사적인 설교이어야 한다고 주장하였다.[23] 그리고 설교학자 류응렬은 이르기를 새로운 설교의 방향으로서는 명제적 설교에서 비명제적 설교로 청중을 수동적 위치에서 능동적 위치로, 인지적 설교에서 내러티브 설교가 있다는 것을 제시하였다.[24] 이와 함께 그는 설교개요의 원칙을 4가지로 정리해 주었다. 이 4가지는 (1) 통일성을 유지하라 (2) 간결하게 작성하라 (3) 균형 있게 작정하라 (4) 점진적 발전을 유지하라이다.[25]

한편 칼 바르트에게 있어서의 설교의 과제는 하나님의 말씀을 대언하는 것으로 그리스도를 증언하는 데 있다. 이에 그는 강해설교를 선호하였으며 자신의 교의학을 설교의 안내지침서로 간주하였다.[26] 이에 더 적극적으로 하비 콕스는 하나님의 아방가르(전위대)로서의 교회는 문화적으로 귀신을 내쫓는 교회이기도 하기에, 교회의 선포적 기능(설교)을 통하여 공중권세 잡은 자이며 이 세상의 신이 되는 마귀에게 권력을 쟁취하였다는 사실을 방송하라고 촉구하였다.[27]

커뮤니케이션학자 최한구는 교회란 하나님과 인간 사이의 커뮤니케이션의 거점이기도 한 바, 그 중심에는 메시지(설교)가 언제나 자리를 잡고 있다고 하였다.[28] 또 선교학자 채은수는 선교의 핵심이 곧 말씀 선포라고 하면서 그 선포의 중심을 복음으로 보았다. 그에 따르면 복음은 구약이 기대하던 소망의 성취요, 예수 그리스도에 의해 성취된 것으로서 실천해야 되는 복음으로 이해를 하였다.[29] 독일의 교회사가 노이제르(W. H. Neuser)는 종교개혁과 관련해서 복음 선포를 다음과 같이 피력하였다.

> "은혜 방도에 변화를 가져다 준 것은 복음 선포의 재발견에서 비롯된 것이다... 칼빈에게 있어서 설교가 하나님의 말씀 선포에서 중심이 된다는 것은 더 이상 설명할 필요가 없다... 하나님은 지금도 우리에게 말씀하신다. 설교를 통하여... 종교개혁은 복음 선포의 재발견이다."[30]

화려한 신학자로서 고난의 신학을 밀도 있게 논의한 이는 김정준이었다.[31] 그는 한국인도 하나님의 백성이라면서 구약신학의 한 방법의 시도로 이스라엘 역사와 한국사를 고난에 촛점을 두고 연구한 바 있다.[32] 그랬던 그가 설교의 원형을 신명기의 신학에서 모색하였다. 즉 신명기는 율법에 대한 설교로서 - 폰 라드의 말을 빌어 - 설교체의 문장으로 되어 있는 설교학적 해석자라고 하였다.[33] 이에 신명기의 저자는 그의 설교에서 오늘의 삶과 직결시키고 있다는 것이다.[34]

이상에서 우리는 일련의 설교 전문학자들의 설교에 대한 견해를 간단히 일목요연하게 일별해 보았다. 그럼 이제부터 그동안 한국 교회는 복음 증거와 삶을 위한 설교를 어떻게 해 왔으며, 동시에 어떤 입장을 취하고 있을까를 알아보기로 할 것이다.

1976년에 구약학자 김이곤은 한국 교회가 설교를 위한 성경을 해석함에 있어서 나타나는 비역사화의 성향을 극복하고 역사적 현장 안에서 말씀과 만나야 할 것을 촉구하였다.[35] 이런 비역사화의 성향은 설교자로 하여금 반사회적인 도덕적 무감각과 더불어 반지성적으로 가게 하는 지름길이다. 그래서 실천신학자 박근원은 설교자는 설교하기에 우선하여 인

간부터 되라고 강변하였다.[36)]

이어 1985년에 실천신학자 염필형은 그동안 한국 교회가 성경 말씀(Text)과 삶의 정황(Context) 간의 균형이 깨진 채, 아예 1961년 산업화 이후부터는 설교가 도깨비 방망이 식의 인생살이에 필요한 아스피린 같은 인생처방을 빌미로 삼아 오로지 기독교적으로 물질주의(materialism)와 이기주의(selfishness)에 처해 있다고 개탄하였다.[37)] 그리고 1986년에 보수진영의 실천신학자 정성구는 한국 교회의 설교를 다음과 같이 신랄하게 평가하였다.

> "6.25 이후 혼란의 시대를 거쳐 1960년대의 국가 경제의 발전에 맞추어 한국 교회의 강단의 메시지는 변하였다. 그것은 바로 기복주의 사상과 물량주의가 힘 있게 외쳐졌다. 한국 교회는 물량주의를 극복하는 설교를 한 것이 아니라 물량주의를 유도하는 선두주자가 되어 버렸다... 이렇게 해서 교회는 자기를 살찌우는데 총력을 기울였다....
>
> 이에 몇 가지 이 시대의 공통적인 문제점을 말할 수 밖에 없다. 첫째로, 앞서도 지적했듯이 교회의 성장과 부흥에 지나치게 집착한 나머지 목적이 수단을 정당화해서 하나님의 말씀에 대한 정확한 해석보다는 목회의 방향을 위해서 성경을 사용하고 있을 뿐이라는 점이다. 둘째로, 최근의 한국 교회의 설교는 지나치게 현세적이고 물량주의적이라는 사실이다. 셋째로, 오늘의 설교는 메시지의 틀이 상업적이거나 성공에 매달아 놓고 있다는 것이다."[38)]

2007년에 설교비평가 정용섭은 14명의 대 교회의 목회자들의 설교를 듣고 그들에게서 나타난 공통점은 기복신앙과 성-속의 이원론, 신앙을 도구화시키고 있다는 데 있다는 것을 지적하였다.[39)] 류응렬 역시 한국 교회의 강단의 문제점을 신앙이 이 세상에서 출세하고 부를 성취하는 도구로 사용해 온 그 기복신앙에 있다는 것을 통렬히 비판하였다.[40)]

이상에서 살펴 보았듯이, 설교에 대한 총론에 있는 일련의 내용들은 교과서적인 원리론이다. 이와는 달리 한국인의 교회의 설교는 한결같이 기복신앙이라는 것을 다시 한번 확인하게 되었다. 한국인의 정서가 그렇게 만들고야 만 것이다. 그런데 문제는 전문 신학자들이 그렇게도 기복신앙을 탓하면서도 주도면밀하고도 정확한 대처방안을 제대로 제시하지 못하고 있다는 데 있다.

이것이 그들의 동굴 속 내지는 종족의 우상에 매몰되어 있다는 신학의 한계점이다. 설령 그 대처방안을 내놓았다 해도 결국은 바로 그 교과서적인 원리론으로 돌아가는 환원론(reductionism)일 뿐이다.

2) 성공신학적 설교

한국 교회의 목회자들의 기복신앙적인 설교는 여지없이 사대주의적 심리까지 일으켜 그대로 성공신학적 설교로 구체화되었다. 먼저 성공신학이 등장하였던 때가 교회성장학의 등장과 맞물려 있다는 사실에 주목할 필요가 있다. 그리고 이 교회성장학의 시발점이 되는 맥가브란(Donald A. McGavran)의 이론이 공교롭게도 무한경쟁을 부추겨 성공지향에로 치닫게 하는 1970년대 신자유자본주의의 등장과 일치하고 있다는 사실에도 역시 주목할 필요가 있다. 교회성장학자 맥가브란(Donald A. McGavran)은 다음과 같이 갈파하였다.

> 하나님이 원하시는 것은 오로지 교회성장이다. 이에 교회성장학은 찾음의 신학이요 추수의 신학이다. 교회성장에 있어서 가장 유용한 사실은 교인 수를 늘리는 일이다. 그 이유는 교회성장이란 개체교회의 성장의 총계이기 때문이다.[41]

이렇게 교회성장에 있어서 가장 중요한 요인은 실용주의(Pragmatism)에 의해 교인 수를 늘리는 일로써 교인들을 찾아 추수하기에 정신들이 없었다.

여기에 수많은 교회성장학자들이 나타나 신주유자본주의와 발맞추는 각가지 실제적인 이론들이 소개되었다. 대표적으로는 성령의 은사들을 교회성장에 이용하자는 피터 와그너(Perter Wagner)의 성령은사론이 있었다.[42] 이 영향력은 막강하였다. 그 결과, 교인 수가 증가하면서 교회성장은 증폭되었다. 이로 인하여 덩달아서 경제적인 부요도 가져다주었다. 이렇게 된 데는 교회성장학과 맞물려 있는 성공신학의 비중이 매우 컸다. 다시 말하여 교회를 성장시키는데 있어서 그 성공신학의 내용 자체가 튼실하게 이론적인 뒷받침이 되어 주었다는 것이다. 이 성공신학이야말로 신주유자본주의라는 시대적인 경제의 흐름과 짝을 이루기에 충분하였다. 이러므로 인기가 많을 수밖에 없었는 바, 여기에는 물질만능주의(Mammonism)가 절묘하게 중앙에 자리를 잡고 있었던 것이다. 그와 같은 이유들로 인해서 경제와 성공신학을 상관시킨 것이 된다. 이를 외형적으로 보면 교인 수를 늘려서 교회성장을 물량주의적으로 이루었지만, 내용적으로는 돈을 벌기 위해서 성공신학을 미끼로 이용했다는 추정도 얼마든지 가능하다.

이제부터는 성공신학의 구성에 대해서 논의해 보기로 할 것이다. 실제로 이 성공신학은 말로만 '신학'이라는 것을 붙어 놓았지, 세상적인 성공을 신학이라는 이름으로 세속화(Secularization)시킨 것으로써 그 뿌리는 성공학에 있다. 자기계발학자 정해윤은 성공학에 대해서 이렇게 언급하였다.

> 성공학의 어원은 아마도 미국의 저명한 동기부여가 나폴레옹 힐(Napoleon Hill)에서부터 찾아야 되지 않을까 싶다. 그는 자신의 프로그램을 가리켜 성공의 과학(science of success)이라고 불렀다.... 추측건

> 대 그의 성공학이 일본을 통해 국내로 들어온 것이 오늘날 성공학의 기원이 아닐까 싶다.... 인간은 ...잘 살 수 있는 방법이 필요했다. 그 고민의 결과로 등장한 것이 바로 오늘날의 성공학인 것이다....
>
> 성공학은 종교와 당연히 구분되어야 한다. 그것은 필연적으로 내세 중심이 아닌 현세 중심의 것이어야 한다.... 성공학의 목적은 현실세계에서의 행복과 안락한 삶이며 그 안에서만 존재의 의미를 가질 수 있는 것이다.... 성공이란 기본적으로 목표 달성의 과정이다.[43]

위에서 성공학과 종교는 엄연히 구분되어야 한다고 했는데, 신학에서는 굳이 그 성공학과 절충시켜 놓았던 것이다. 이것이 바로 성공신학이다.

성공신학은 두 가지로 구성되어 있는데, 하나는 번영신학(Prosperity Theology)이고 다른 하나는 자기존중신학이다. 전자는 미국 은사적 방송 복음주의자 하긴(K. Hagain)과 코페란드(K. Copeland) 등에 의해서 대중화(大衆化)되었다. 이들은 오순절적 치유에 기초한 번영신학을 추구하였다. 그 중심에는 확신운동이 있었다. 즐겨 사용하는 성경 본문은 요3서 1장 2절과 함께 이사야서 48장 17절, 마가복음 11장 23절, 요한복음 10장 10절 등이 있다. 특히 요3서 1장 2절의 말씀을 중심해서 소위 삼중 축복이란 이름으로 대중화시키는데 성공시킨 사람은 그 유명한 오랄 로버츠(Oral Roberts)였다.

이 번영신학이 유별나게 한국 땅에 목사 조용기의 「삼박자 구원」(영산출판사, 1977)에 의해서 유입(流入)되어 폭발적으로 인기를 끌어 유행한 데는 한국인의 심성을 담고 있는 샤마니즘이라는 기층종교의 기복적 토양에 적중되었기 때문이다.[44] 그래서 그렇게도 기복신앙이 인본주의적인 경향을 띨 수밖에 없었다. 이로 인한 부작용은 세속적인 복의 개념과 왜곡된 고난 개념으로 표출되었다.

한편 로버트 슐러(Robert Schuller)가 구체화시킨 자기존중신학(theology

of selfesteem)은 자기존중을 중요시하고 개인의 가치를 확신하게 하는 일종의 신념신학이다. 이 신학의 뿌리는 감리교 목사 노만 필(Norman V. Peale)의 사상과 사역에 있다. 이 핵심은 누구든지 하려고 마음만 먹으면 무엇이든지 할 수 있다는 가능성을 최대한으로 끌어올리는데 있다.[45] 이 사상을 적극적으로 수용해서 목회에 접목시켜 널리 대중화시킨 사람은 바로 그 수정궁교회의 로버트 슐러(Robert Schuller)였던 것이다.[46] 이런 자기존중신학을 목회에 실용화(Pragmatization)시킨 한국인으로서는 광림교회의 목사 김선도가 있다.[47]

이상으로 이 신자유자본주의 시대에 수단과 방법을 가리지 않고 어떻게 해서라도 성공해야겠다는 신념 아래, 일종의 하나의 도구로 이용되었던 번영신학과 자기존중신학에 대해서 논의하였다. 그동안에 한국 교회에 미친 파급효과(Repercussion Effect)는 괄목할 만한 것이었다. 한국 교회들 중에서 오순절 계통의 대부분 교회들은 목사 조용기를 따라 번영신학에 함몰되어 왔다. 물론 상당수의 교회들이 자기존중신학을 지표로 삼기도 하였다. 또 일부는 그 두 신학의 내용을 절충시켜서 목회에 활용하는 교회들도 없지 않아 있었다.

그 어느 신학을 택하든지 그 공통점은 바로 강한 성공의지에 있었다. 그런데 문제는 그와 같은 성공신학의 돌풍이 한국의 교회에만 불었던 것이 아니라, 세계의 도처에 있는 교회 전체를 강타해 왔다는데 있다. 이 성공신학의 파급효과는 지금까지도 여전히 유효하다. 그래서 웹스터(Douglas D. Webster)는 오늘의 교회들이 점점 기업을 닮아가는 교회로 변질되어 아예 마케팅기법으로 예수를 팔아먹는(Selling Jesus) 비즈니스를 하고 있다고 개탄하였다.[48] 이 비즈니스의 마케팅기법은 점점 더 교묘해져서 이제는 쇼핑몰교회(Shopping Mall Church)로까지 전환되었다. 이와 같은 비판은 한마디로 말해서 오늘날 교회들의 성공신학이 신자유자본주의와 상당히 밀착되어 있다는 사실을 직시하게 한다.

그와 같은 한국 교회들의 목회자들의 성공신학적인 설교는 일언하여 한국인의 정서인 경험적 현세주의에 입을 맞춘 것으로서, 어느 의미에서는 세속화를 넘어서는 세속주의인 것이나 다름이 없다. 종교학자 링(T. L. Ling)은 현세주의 자체를 세속주의와 동일한 개념으로 간주해 버렸다.[49] 잘 알다시피 교회에서의 설교는 생명선이다. 기독교는 설교와 함께 흥하고 설교와 함께 망한다고 스코틀란드 회중교회 목사 피터 포사이드(Peter T. Forsyth)는 의미 있는 말을 한 적이 있다. 이어 존 스토트(John Stott)는 "만일에 설교가 없었다면 기독교의 신빙성을 보장하는 필수적인 한 면이 상실되었을 것이다. 왜냐하면 기독교는 바로 본질에 있어서 하나님 말씀의 종교이기 때문이다."[50]라고 천명하였다.

이에 따라 이제 한국인의 교회만이라도 설교의 본질적인 기능을 회복시켜야 한다. 설교에도 3중직 기능이 서로 간에 조화, 균형을 일궈내야 한다. 그 기능이란 왕직 기능과 예언자직 기능과 제사장직 기능을 말함이다. 이 중에서 그동안 한국 교회는 오로지 제사장직 기능만을 수행한 나머지 위로 중심의 그 성공신학적인 설교만을 그렇게들 남발해 왔던 것이다. 즉 왕직 기능과 예언자직 기능이 거의 없었다는 말이다.

이 왕직 기능이란 이 세상의 것들에 대하여 하나님의 말씀에 순종하여 그에 따라 다스린다는 것을 의미한다. 그런데 오히려 하나님의 말씀을 빙자하여 세상의 천민자본주의에 굴복하여 종노릇해 왔던 것이다. 또 예언자직 기능이란 하나님의 말씀에 준거하여 비판기능을 작동시켜서 교회 자체 안의 각종 신앙병폐현상은 물론 사회적인 부조리 상황에 대해서도 서슴없이 탄핵하는 것을 의미한다. 이에 설교학자 백리언은 예언자적 설교자의 자세는 사회적 정의(아모스)와 우상종교 문제(호세아)와 정치문제(이사야)에 대해서도 선포해야 한다고 일렀다.[51] 이렇게 참된 예언자가 되고자 할 때는 설교자의 영성이 필요하다면서, 구약신학자 김중은은 특히 우리 시대의 많은 고통의 원인이 사실은 거짓 예언자들과 이기적 지도자들에게 있다는 것을 분명히 하였다.[52] 그리고 실천신학자 정용섭은 설교의 갱신은 케류그마적 설교와 성서적 설교와 예배적 설교를 지향(指向)하는데 있다고 하였다.[53] 이리하여 가장 바람직한 메시지 선포는 예수님처럼 왕직 기능과 예언자적 기능과 제사장적 기능이 동반되어 있는 설교다. 여기에 더하여 반드시 설교자의 구도형적인 믿음(truth questing faith)이 있어야 한다. 이럴 때 제3 종교개혁은 그만큼 앞당겨질 것이다.

4. 교육의 부재현상

한국 교회가 역기능을 일으킴으로 말미암아 세속주의에 오염되어 있는 것으로서는 설교 외에 두 번째로는 교육(didache)이 있다. 포괄적인 맥락에서 말씀 선포(케류그마)라 할 때 거기에 예배와 전도와 교육이 내장되어 있는 것으로 본다. 그러나 엄밀한 의미에서 학제상 분리해서 생각하는 것이 바르게 연구하는 태도이다. 이에 따라 여기에서는 먼저 교육의 이론적 근거와 함께 한국 교회의 교육 상황을 살펴본 후에, 한국 교회의 구조적 취약점에 대하여 언급하고자 한다.

1) 교육의 근거와 현 상황

우선 구약학자 김정준은 교회의 교육적 사명을 신명기 설교에서 그 원형을 찾을 수 있다고 일렀다.[54] 구약에서 '가르친다'라는 말은 율법

(Torah)이란 말의 어근인 '야라'(Yarah)란 말이 가장 많이 사용되었다. 또 '배운다'(Lamad)는 말이 많은 경우에 '가르친다'는 말로도 사용 되었다. 따라서 계약백성의 본질과 그 의무에 대한 것은 교육과정을 통하여 확인되었던 것이다.[55] 이런 과정을 통해서 신앙은 전통적으로 형성되어 나갔다.

이어지는 신약시대에 이르러 예수님의 교육은 그의 공생애와 더불어 시작되었다. 그의 교육의 목표는 하나님의 나라를 선포하면서 가르치는 것이었다.(막 1:15) 따라서 그의 교육 형태는 삶을 통한 직접적인 교육이었다. 이 교육 방법은 비유를 들어 가르치는 것이었다. 더 놀라운 방법은 제자 공동체를 형성해서 삶으로 보여주는 교육을 몸소 실천(Praxis)하였다는 사실이다.

러셀(L. M. Russell)은 기독교교육의 목적은 "하나님이 그 백성을 구원하여 그들에게 자유를 얻게 하기 위해서이다"라고 정의를 내렸다. 이어 그는 그 교육을 세 가지 전망으로 보았다. 이것은 하나님의 선교(Missio Dei)로서의 사명과 하나님의 선교의 영역인 역사적 세계와 교회 생활의 새로운 구조의 필요성이었다.[56] 동시에 그는 기독교교육의 주체가 하나님이 아니고, 교회가 될 때에 교회가 타락하는 결과를 초래케 한다는 것도 부연하였다. 이 교육은 복음의 내용으로 주님의 제자의 길을 가게 하는 것이기 때문이다.[57] 이 제자의 길은 세속화 내지는 세속주의로 인하여 야기되는 탈기독교화(de-Christianization)의 과정을 막아준다.

실천신학자 은준관은 기독교교육을 삶의 정황(Cantext)으로 이해하고 있는 바, 세속정신의 횡행을 그 교육의 위기로 관조하였다. 그는 교육의 장(場)을 거론하면서 기독교교육은 형태상 가정화를 장으로 하는 교육, 인간 성장과 사회를 장으로 하는 교육, 인간화를 장으로 하는 교육, 기독화를 장으로 하는 교육이 있다고 피력하였다.[58] 그런데 기독교교육에서 영성을 중요시한 학자로서는 회중교회주의자(Congregationalist) 호레이스 부쉬넬(Horace Bushnell)이 있다. 그는 인간을 이해함에 있어서 영적 기능의 존재로 직시하였다.[59] 즉 기독교교육의 관건은 결국 영성의 문제라는 것이다. 이어 기독교학자 한춘기는 그 교육과 관련된 영성에 대하여 다음과 같이 언급하였다.

> "영성이라는 것은 하나님을 닮아가고 그를 영화롭게 하며 기쁘게 하려는 성품으로 이해할 수 있다... 영성도 그 본질상 교육되어져야만 하며 훈련되어지는 것이라고 할 수 없다. 따라서 영성훈련이라는 말은 타당하지 않으며 영성교육이라고 칭하여야 한다...
>
> 영성은 그 때문에 일방적으로 수여되는 것도 아니다. 신인의 합동(合同)에 의한 교육에 의하여 획득되고 개발될 수 있는 것이다... 영성은 세 가지 - 말씀 · 기도 · 경건 - 를 통하여 개발되며 교육될 수 있다. 그리고 인간적인 요소에 하나님의 사역이 유기적으로 연합될 때 참다운 영성교육은 가능한 것이다."[60]

이어 보수진영의 기독교교육사상가 존 아모스 코메니우스(Johm A. Comenius, 1592~1670)는 일찌기 영성으로 하나님의 형상(Imago Dei)을 이루고 세계공동체를 개혁하는 영성으로까지 발전시킨 바가 있다.[61]

이상에서와 같이 교육의 이론적 근거를 나름대로 정리해서 개관해 보았다. 그럼 이제부터는 한국 교회의 현 교육상황에 대해서 알아보도록 할 것이다. 솔직히 말하여 그동안에 교회성장주의에만 몰두하는 과정에서 바로 그 문제의 성공신학적인 설교를 해 왔으니, 교육이 제대로 되었을 리가 만무하다. 그래서 본 항목의 제목을 '교육의 부재현상'이라고 이름하였던 것이다. 일면 설교 자체가 그 안에 교육적인 측면이 내재(內在)되어 있으니 만큼 그것이 교육이라면 교육이라고 할 수도 있겠다. 이럼에도 교육의 중요성을 간파하고 특정교재를 발간하여 교육을 집중적으로 실시한 사례가 있긴 있었다. 이 대표적인 사례가 루터교단이 주도한 「베델 성서연구」이었다. 이는 1970~80년 대 한국 교회에 많은 영향을 주어 한 때는 성경공부의 바람을 불러일으키기도 하였다.

그런데 여기에서 교육적인 측면에서라도 도저히 간과할 수 없는 사실이 하나 있다. 이것은 한국 교회가 지금까지도 변함없이 '평신도'(平信徒)라는 용어를 마구 사용하고 있다는 사실이 그것이다. 이 '평신도'라는 용어는 성경에도 없을 뿐만 아니라 종교개혁의 원리 중의 하나인 '만인사제직'(萬人司祭職) 전통에도 맞지 않는다. 이 평신도라는 용어 대신에 '회중'(Congregation)이라는 용어로 대체하는 것이 정당하다. 성경에서는 회중을 하나님의 백성 또는 어떤 특별한 목적을 위하여 부르심을 받은 신앙 공동체를 일컫는다.[62]

그와 같이 종교개혁의 전통이 명확한데도 불구하고, 아무런 역사의식 없이 마구 평신도라는 용어를 기독교 TV까지도 사용하고 있다는 것은 할 말을 잃게 한다. 여기에서 다른 사례를 하나 더 들자면, 전 연세대 교목실장 이계준이 마이크 깁스(Mark Gibbs), 랄프 모오톤(T. Ralph Morton)의 공저 「*God's Lively People*」을 번역해서 「평신도의 해방」이라는 이름으로 출간하였다.[63] 이 「평신도의 해방」이라는 책명은 오류를 범하고 있는 것이다. 마땅히 원서대로 「하나님의 생동하는 백성」이라고 했어야 옳았다.

아무튼 현금 알게 모르게 개체교회에서 진행되고 있는 성경교육이 많이 있을 것으로 사료된다. 가장 중요한 바는 기독교교육의 성서적인 - 신학적인 이론적 근거를 확실히 해두고 난 후에 교육을 실시하는데 있다.

2) 한국 교회의 구조적 취약점

한국 교회의 역사적 공헌은 한국의 근대교육에 이바지하였다는데 있다. 해방 이후 한국 정부수립과 사회건설에 직접 참여한 사람들의 대부분이 기독교인들이었다는 사실에서도 그 중요성을 확인할 수 있다. 이렇게 근대 교육제도 정립에 두드러진 공헌을 한국 교회가 자체 내의 교육제도라 할 수 있는 무인가 신학교의 난립으로 인하여 역으로 한국 사회로부터 지탄을 받게 되었다. 따라서 현대 교육제도의 질서를 벗어나는 무인가 신학교의 범람은 현대 교육질서에 전적으로 유해하다는 사실을 아무도 거부할 수 없을 것이다.

이에 즈음해서 한 가지 분명한 사실이 또 하나 있다. 현금 개척해서 성공을 이룬 대 교회의 목회자들 중에 의외로 무인가 신학교 출신들이 많다는 것이 그것이다. 대부분 장사하다가 그 신학교에 입학한 사람들이었다. 이들이 졸업 후 목회에서 교인 수 늘리기에 성공하자, 교세를 넓히려는 대교단의 특별 이수과정을 마치면서 자연스럽게 학력을 세탁하게 되었다. 이런 것들이 대교단에서 이루어지고 있으니 대교단이라는 이름 아래에 있는 교인들은 착시현상을 일으키고 있는 것이다. 바로 그 무인가 신학교 출신들이 기독교 TV에 나와 설교하는 것을 들어 보노라면 내용상 문제의 소지가 많다. 그 이유는 간단하다. 신학적인 기초지식의 결핍이 그렇게 만든 것이다. 그래서 꿩 잡는 놈이 매라는 속담이 한국 교회에서는 일상어가 되고 말았다.

이와 같은 상황에서 심각하게 실재하고 있는 한국 교회 문제는 교육적인 측면에서 보아, 여실히 구조적인 취약점이 노출되고 있는 것이 된다. 다시 말해서 한국 교회의 교육을 전담하고 있는 신학계의 괴리현상이 그렇다는 말이다. 신학을 수용하지 않는 교회는 독단적인 행태로 말미암아 선포되는 메시지와 시대적 요청과의 관계 속에서 창조적으로 해석하는 지적인 능력을 상실하기 때문에, 지극히 제한된 해석을 고집하는 배타적 보수주의로 귀착하게 되어 있다. 이 결과 보수신앙에 입각한 신앙제일주의로 나타나게 되며 대사회적으로는 현대 사회규범까지도 무시해버리는

교회지상주의로도 나타나게 된다.[64)]

이런 배타적 교회지상주의는 제국적 자기팽창주의로서 신학적으로 오류에 빠지며 사회적으로도 위험천만한 태도이다. 더 나아가 그 태도는 교회와 특정한 교리 등을 포함하여 하나님 이외의 그 어떤 무언가를 절대화하는 형태로서, 이른 바 유일신관(monotheism) 신앙에서 벗어나 인간 중심으로 변질된 단일신관(henotheism)으로 전락하고 만다. 이럴 때의 그 단일신관은 교파 싸움에 이어 교파분열을 초래케 한다.[65)]

실제로 한국 교회와 신학계의 괴리현상은 그 신학계의 교육 지침을 받아들이지 않는 교회에도 책임이 있지만, 그 무엇보다도 1차적인 책임은 신학계에 있다. 왜냐하면 한국의 신학계가 설득력 있는 당당한 신학을 제대로 갖고 있지 못했기 때문이다. 이에 대하여 종교학자 윤이흠은 이렇게 해제해 주었다.

> "이는 다시 말하여 한국 교회가 스스로 처해 있는 한국 문화현장에서 당연하게 되는 문제들을 스스로의 문제의식으로 '진단하고 처방하는' 이른 바 한국신학을 갖지 못하고 단지 서구의 문화현장에서 태어난 완제품 신학을 수입하고 있는 상태라는 것을 뜻한다.
>
> 여기서 한국신학이란 한국인이 한국의 문화정황에서 기독교 신앙체험을 기독교 중심 메시지에 입각해서 보다 선명하고 보다 설득력 있게 해석하는 체계를 의미한다. 이로써 한국인에게 설득력이 발휘하게 되기 위하여는 1차적으로 한국인의 문제의식과 사유 방식 그리고 한국인의 정서에 뿌리를 박은 설명 체계이어야 한다."[66)]

이어서 계속하여 윤이흠은 한국 교회가 공유하는 문제의식과 사유 그리고 한국인의 정서를 담은 신학체계로 기독교의 중심 메시지를 전달하게 될 때, 한국 교회에 신학의 설득력을 찾게 될 것이라고 부연하였다.[67)] 이때서야 비로소 한국 교회와 신학계의 괴리현상이 극복되어지고, 더 나아가 한국 사회개혁의 안내자 역할과 책임을 다시 수행할 수 있게 될 것이다.[68] 이렇게 할 수 있게 하는 것이 한국 교회에 주어진 제1의적 명제이다.

5. 섬김과 부림

한국 교회가 역기능을 일으킴으로 말미암아 세속주의에 오염되어 있는 것으로서는 설교와 교육 외에 세 번째로 섬김(diakonia)이 있다. 이 섬김은 하나님 나라의 사랑안에 내재되어 있는 것으로서 개체교회는 물론 모든 그리스도인들이 반드시 실천해야만 하는 책무적 기능이다. 섬김은 이웃을 섬기는 믿음의 행위다. 이에 반해서 부림은 이웃을 섬기는 것이 아니라 이웃으로부터 섬김을 받고자 하는 태도로 섬김의 반대말이다.

이에 여기에서는 이제까지 해 온 한국 교회의 섬김에 대한 태도를 냉엄하게 성찰해 본 후에 이어서 부림이 만연되어 있는 한국 교회의 상황에 대하여 살펴보고자 한다.

1) 섬김에 대한 성찰

성찰(省察)이란 사전적 의미는 자신이 행한 일을 반성하며 깊이 살피는 일이라는 뜻이다. 아무리 좋은 일이라고 해도 거기에 대한 세밀한 성찰함이 없으면 안 좋은 결과로 끝나는 경우가 비일비재하다. 한국 교회의 세속화된 섬김의 기능이란 것이 그 경우에 해당된다. 이제부터 그것을 논증해 보도록 하겠다.

복음의 핵심체이기도 한 하나님 나라의 사랑은 섬김의 왕이 되시는 우리

주 예수님께서 여자의 후손(창 3:15)으로 이 땅에 오시사 그대로 다 보여주었다. 이 섬김(디아코니아)이라는 말은 개혁성경에 다양하게 번역이 되어 있다. 이것은 봉사로 시작해서 사명, 부조, 직분, 직무, 구제, 섬기는 일, 직임, 직책 등이 그것이다. 특히 섬김으로서 재정적인 지원(financial support)이 되는 경우에는 구제(고후 5:18, 6:3)와 부조(행 11:29, 12:25)로 사용되었다. 그리고 이웃을 돌보고 섬기는 일(caring and serving itself), 그 자체를 강조하는 경우에는 봉사(행 1:25, 21:19, 엡 4:12)와 섬기는 일(롬 12:7, 고후 8:4, 9:1, 히 1:14, 계 2:19)이 된다. 이렇게 섬김이라는 단어에는 다양한 의미를 담고 있다.

이런 다양한 의미 가운데서도, 우리는 섬김으로서 재정적 지원이라 할 수 있는 구제와 부조에 지대한 관심을 둬야만 한다. 이미 상황화 신학을 작업함에 있어서 성경 말씀의 중심주제를 하나님 나라의 사랑으로, 삶의 정황을 민주적인 자유주의적 자본주의로 설정해 놓은 바 있다. 당연히 그 하나님 나라의 사랑을 민주적인 자유주의적 자본주의에 적용시킬 때, 그 사랑은 물질(구제와 부조)로 나타나야 한다는 것은 두말할 필요가 없다. 사랑을 품은 물질로만이 그 같은 삶의 정황을 혁신할 수가 있기 때문이다.

그럼 이제부터는 교회사적으로 섬김의 사역이 어떻게 펼쳐졌는가에 대하여 알아 볼 것이다. 말틴 루터의 제1 종교개혁 이전, 12세기 왈도파의 왈도(Waldo)는 리옹 시에서 금융업으로 큰 돈을 번 사람이었다. 이러던 어느 날 예수님이 부자 청년에게 "가진 것을 다 가난한 사람들에게 주고 나를 따르라"(마 19:21)는 말씀에 큰 감동을 받았다. 이에 따라 그는 그 말씀을 문자 그대로 실천에 옮겼다. 두 딸을 수녀원에 맡겨놓고 전 재산을 빈민들에게 나눠주고는 걸식으로 연명하면서 설교하고 다녔다. 이 무렵에 그를 중심으로 해서 모여든 사람들이 많아지면서 자연스럽게 왈도파가 조직되었다. 이 영향력은 당시 교황청에까지 파문을 일으킬 정도로 막강하였다. 이 영향은 이후에 부유한 상인이었던 프란치스코(Francisco)에게도 미쳤다. 그도 역시 왈도와 같이 모든 재산을 나눠주고 스스로 걸인이 되어 설교하면서 돌아 다녔다.

말틴 루터의 섬김 사역에 대한 이해는 믿음(칭의론)과 함께 이웃 사랑의 책임을 일깨우는 과제에 대해서는 일단 설교자들에게 맡기는 것으로 정리를 하였다. 하지만 그에게 있어서 섬김 자체는 이웃 사랑이었던 것이다. 그리고 회중교회가 선진으로 내세우고 있는 츠빙글리(1484~1531)는 섬김 사역을 사회 전체에 펼쳐져야 할 의무적인 일로 간주하였다. 그런데 그는 기독교 사회를 전망하는 나머지 전반적인 사회의 사회적 돌봄을 세상 정부에 맡기는 입장을 취하였다. 한편 칼빈은 섬김을 사랑의 실천으로서 섬김을 이해하였으며, 이를 예배 가운데서의 섬김과 사회로까지 확대시켰다. 이와 같이 제1 종교개혁은 말씀 선포와 이웃 사랑의 섬김 사역으로 이분화하였으며, 특히 그 섬김 사역을 세상의 정부에 위임시켜주는 결과를 초래하게 되었다. 이것이 제1 종교개혁의 한계점이었던 것이다.

18세기 제2 종교개혁자 웨슬리가 실천적인 개혁자로 당시 영국 인구 800~900만 명을 이웃으로 간주하고 직접 나서서 대대적인 섬김의 사역을 펼쳐나갔다. 글자 그대로 감리교의 박애운동(Methodist Philanthropy)이었다.[69] 이 운동의 핵심은 섬김의 사역으로 할 수 있는 대로 많이 나눠주는데 있었다. 이런 웨슬리의 태도는 섬김의 사역을 세상의 정부에 일임시켰던 제1 종교개혁자들의 것과는 전혀 달랐다. 이것은 시대적인 삶의 정황(Sitz im Leben)에 따라 행해졌던 신학의 방법론이 달라서 그런 차이를 만들어 냈을 것으로 추정된다. 그런데 웨슬리 이후, 자유방임주의가 태동하면서 급속히 산업화와 함께 자본주의가 발달하는 가운데 교회의 섬김 사역은 외부지향적이라기 보다는 내부지향으로 흘러 내재화(內在化)되어 있다. 여기서 말하는 내재화란 개체교회의 교인들을 단속하기 위한 방편의 하나로서 섬김의 의미가 봉사와 사명, 직분, 직무, 직임, 직책 등으로 전이되어 강조되는 것을 일컫는다.

2) 만연되어 있는 부림현상

우리 주님은 자신이 섬김을 받는 자가 아니라 섬기는 자로서 이 땅에 오셨다.(마 20:28) 그 누구보다도 섬김의 대상이 되는 하나님의 아들은 사람들의 섬김을 누리고 그들을 부리려고 이 땅에 오신 것이 아니다. 이제 교회의 지도자들은 교회를 이용해서 교인들을 전도라는 미명하에 부리려는 권위를 내세울 것이 아니라 먼저 교인들을 섬기는 일에 선도적이어야 한다. 부림과 섬김의 차이를 한시라도 잊어서는 안 되겠다. 이리하여 만연되어 있는 한국 교회의 부림현상을 타파해 나가야 한다.

이 부림현상을 타파하고자 할 때는 섬김으로서 하나님 나라의 사랑을 실천함에 있어, 먼저 (1) 섬김의 방법은 어떠해야 하는가 (2) 사랑을 받는 대상은 과연 누구인가 (3) 섬김의 주체는 누구이어야 하는가에 대한 답변을 분명히 해둬야 한다. 이에 따라 섬김의 방법은 사랑의 실천으로 오늘의 시대가 신자유시대이니 만큼, 반드시 재정적인 지원으로서의 구제와 부조가 있어야 하는 것이 마땅하다. 그리고 사랑을 받는 대상으로서의 이웃에 대하여 제1 종교개혁자들은 그 이웃을 교회 밖에 있는 불특정 다수의 이방인들로 보았다. 이런 맥락에서는 제2 종교개혁자 웨슬리 또한 마찬가지이었다. 다른 점이 있다면, 웨슬리는 사명의식을 갖고 영국인 전체를 특정해서 집중적으로 사랑을 실천하였다는 것이다.

이제는 그 누가 뭐라 해도 성경 말씀에서 이웃을 찾아내야만 한다. 사도 바울의 말과 같이 이웃은 1차적으로 믿음의 가정들이고(갈 6:10) 2차적으로는 모든 이들이다. 이 믿음의 가정들이란 개체교회 안에서 함께 신앙생활하고 있는 회중들(Congregations)이다. 이어 섬김의 주체는 개체교회의 목회자이며 동시에 서로서로 사랑하는 바로 그 회중들이다.

이러한 데도 섬김의 대상을 개체교회 밖에서 찾아내 보여주기 식으로, 특히 연말연시를 기해 선심쓰듯이 구제 시늉을 하는 행태는 마땅히 지양되어야 한다. 이 행태는 선교 초기 때나 통했던 것으로 이제는 아무런 영향력이 없다. 하루속히 개체교회 안에 있는 믿음의 가정들이 섬김의 대상인 줄로 확신하고 그 사랑을 실천할 수 있을 때에야, 비로소 한국 교회 안에 만연되어 있는 부림현상을 타파할 수가 있음이다.

6. 회중공동체

교회는 회중공동체이다. 종교학자 요아힘 바하(Joachim Bach)에 따르면 교회란 종교경험이 사회적인 측면으로 표출된 것인 바, 이방인들에게는 대외적인 창구 역할을 하고 있는 셈이다. 이방인들은 문외한으로 이미 언급된 설교와 교육과 섬김에 대해서는 관심이 없다. 단지 사회적으로 눈에 보이는 교회가 지금 하고 있는 일에 대해서만 관심이 있다.

이 관심은 교회를 통해서 비쳐지고 있는 그대로(as it is)의 모습에 촛점을 두고 있다. 주지하는 바와 같이, 이방인들이 보기에 지금 한국 교회가 하는 일이라곤 전도한다는 미명아래 그 엄청난 헌금으로 대교회 건물이나 건축하는, 땅 투기하는, 세습하는, 학교 세우는 등등의 부정적인 모습으로만 온통 비쳐지고 있다는 것이다. 이러는 와중에서 기복신앙적 절대주의에서 야기되는 도덕적 불감증과 함께 반사회적인 반지성적 태도가 돌출되어서, 이것 또한 그 부정적인 모습에 더한층 부채질하고 있는 형국이다. 이리하여 세상 사람들보다 더한 천민자본주의적인 행태를 보이고 있으니, 개독교라는 모욕을 당하여 전도의 문이 닫히고 있는 것이다.

이에 여기에서는 교회를 일단 회중공동체라 이름하고 총괄해서 언급하고자 한다. 이 회중공동체에 대한 상세한 논의는 다음, 다음에 있을 '개조 06 가장 전형적이자 이상적인 순수정통 교회'라는 별도의 장(章)에서 다루어질 것이다. 일반적으로 교회의 기능들 중에서 우리가 회중공동체로서의 코이노니아(koinonia)라 할 때, 여기에는 교제라는 의미와 성도간의 화목, 친교 등의 내용이 내장되어 있음이다. 이런 맥락에서 보건대, 오늘날 한국 교회의 심각한 문제는 이미 알아본 대로 섬김이라는 기능도 문제이기는 하지만 더 심각한 문제는 공동체의식이 전혀 결여되어 있다는 데 있다. 그저 교회는 오로지 기복적으로 위로받는 정도의 형식적인 정기적 예배를 드리기 위하여 일시 모였다가 예배 끝나면 흩어지는, 즉 헤쳐모여만 반복하고 있지 도대체가 인격적인 공동체적 교제나 화목은 물론 친교가 없다는 것이다.

한국 교회가 그와 같이 인격적으로 공동체적인 것이 없다는 것은 교회 자체가 이미 공동사회(Gemeinschaft)가 아니라 이익사회(Gesellschaft)로 변질되고 말았다는 사실을 시사한다. 이런 경우에는 종교학자 월터 캡스(Walter H. Capps)의 말과 같이 종교로서의 역할이 불가능하게 되어 있다.[70] 1982년 한국 기독교 사회문제연구원에서 비기독교인의 교회 및 기독교인에 대한 여론조사를 한 결과, 비기독교인들이 한국 교회를 기업주의화된 이익집단으로 간주하고 있는 것으로 나타났다.[71] 이런 추잡한 상황이 한국 교회안에 있다는 사실을 1983년에 일찌기 감지한 민주투사 함석헌이 한국 교회안의 한 중앙에는 금송아지가 들어와 있다고 개탄한 적이 있다.[72] 이 금송아지는 여전히 나가지 않고 지금까지도 요지부동 그 중앙에 버티고 있는 것이다.

이에 즈음해서 한국 교회만이라도 회중공동체로서 시급히 척결해야 할 중차대한 과제는 금송아지를 살찌게 하기 위한 이익사회 집단화된 탐욕주식회사라는 오명(汚名)을 하루 빨리 벗어나는 일이다. 이런 오명을 뒤집어 쓰고 있는 한국 교회가 하나님으로부터 부여받은 본연의 고유한 기능들인 바로 그 설교와 교육과 섬김과 공동체라는 4대 기능들이 서로서로 조화를 이루어 균형이 되어 있을리가 만무하였던 것이다. 이 기능들 중에서 회중공동체 회복이 가장 시급하다. 그 이유는 그 회중공동체 회복이 되면 그 나머지 기능들 또한 필연적으로 회복이 될 수 있기 때문이다.

사도 바울이 언급한 교회관은 하나님의 백성으로서의 교회와 새로운 피조물로서의 교회와 그리스도의 몸으로서의 교회이었다. 이어 그는 교회관을 교제(Fellowship)로서의 교회로도 보았다. 그리고 코이노니아(Koinonia)라는 명사는 '나눔과 교제'를 의미하며, 코이노스(Koinos)라는 형용사는 '함께 나누는'을 의미하며, 코이노노스(koinonos)는 '나누는 사람과의 파트너'를 의미하며, 코이노네오(Koinoneo)라는 동사는 '함께 나누어 주다'를 의미한다.[73] 이렇게 사도 바울에게 있어서 교제로서의 교회란 주 예수 그리스도 안에서 함께 서로서로 나누는 공동체안의 신자들을 두고 하는 말이었다.

이러하기에 교회는 성도의 교제(Communio Sanctorum)가 반드시 있어야 한다. 이것은 말틴 루터에게서도 그대로 나타났다. 그는 나눔과 참여에는 응당 물질적인 필요가 반드시 동반되어 있어야 한다는 것을 강조하였다. 이에 대하여 「신학지남」의 편집인이었던 심창섭(역사신학자)은 이렇게 정리해 주었다.

"루터에게 있어서 교회의 본질로서의 성도의 교제는 성도들 간의 영적 참여에 머무는 것이 아니라, 삶의 고통과 아픔도 함께 나누는 물질적인

> 참여도 포함되는 것이다... 오늘날 한국의 개혁교회는 참된 개혁교회의 본질이 되는 성도의 교제를 제대로 인식하지 못하고 있다... 이제 진정한 공교회의 개념이 회복되어야 한다."[74)]

제1에 해당되는 종교개혁자들은 대부분 개인의 경건생활을 강조하였던 것과는 달리, 교회 안에서의 공동체의 삶을 더 강하게 주창한 종교개혁자는 바로 츠빙글리이었다. 그의 공동체 회복은 그의 종교개혁의 가장 중요한 개념이자 핵심이었다.[75)]

이와 같이 모든 종교의 핵심이 되기도 하는 공동체의 회복은 교회의 기능과 상관된 것으로 동시에 정체성과도 직결되어 있다. 이제 한국 교회가 그 무엇보다도 정체성에 따라 공동체 회복을 하여 교회에 주어진 그 모든 기능을 제대로 작동(Operation) 시키고자 할 때는 - 막스 베버(Max Weber)의 말을 굳이 빌리자면 - 교회 안을 온통 덮어싸고 있는 그 심각한 문제의 맘모니즘의 주술동산(magic garden)부터 영적인 다이나마이트로 폭파시켜야 한다.

종교학(Religiology)이 말하고 있는 기능주의(functionalism) 이론에서 볼 때에, 종교의 기능은 위기에 적응하는 국면이 강조된다. 이것은 결국 유형을 유지(Pattern maintenance)하는데 절대 필요하기 때문이다.[76)] 이에 현금 생사를 넘나들고 있는 한국 교회는 종교공동체인 회중공동체로 이 세상의 세속사회 속에서 그 유형을 유지하고는 있지만, 더 이상 하나의 이데올로기(ideology)로 행세하고 있는 세속주의라는 위기의 늪에 빠진 채 허우적거려서는 안 되겠다.

주(註)

1) cf. Thomas F. O'Dea, *The Sociology of Religion*, 권규식 역, 대한기독교서회, 1987, pp.28~37.
2) *Ibid.,* pp.18~24.
3) 윤이흠, 『한국종교연구』(4권), 집문당, 1999, pp.78~79.
4) 류성민, 『종교와 인간 : 종교를 통한 인간 이해』, 한신대학교출판부, 1998, p.174.
5) 채필근, 『비교종교론』, 대한기독교서회, 2000, pp.134~136, 152~155.
6) 황선명, 『종교학개론』, 종로서적, 1983, p.102.
7) 오경환, 『종교사회학』, 서광사, 1986, p.115.
8) *Ibid.,* p.38.
9) *Ibid.,* p.116.
10) 황선명, *Op. cit,.* p.104.
11) cf. Hierophany는 헬라어의 hierós(신성)과 Phainamaic(나타남, 현현)의 합성어이다. 성스러운 것은 항상 무언가를 통해서 나타나기 마련이다.
12) Peter L. Berger, *The Sacred Canopy*, Doubleday, 1967, 이양구 역, 종로서적, 1981, p.116.
13) 이원규, 『종교의 세속화 : 사회학적 관심』, 대한기독교출판사, 1987, p.18.
14) *Ibid.,* pp.18~19.
15) *Ibid.,* pp.36~38, 46~48.
16) *Ibid.,* p.46.
17) Thomas F. O'Dea, *Op. cit.*, p.82.
18) 김창훈, "설교란 무엇인가 : 설교에 있어서 네 가지 관심", 「신학지남」

(가을호), 신학지남사, 2004, p.136.

19) 서철원, "성경의 해석", 「신학지남」(봄호), 신학지남사, 1994, pp.113~118.

20) Walter Bruerggemann, 「텍스트가 설교하게 하라」, 2007, 홍병룡 역, 성서유니온선교회, 2012.

21) John Bright, "구약을 어떻게 설교할 것인가", 『기독교사상』(3월호), 대한기독교서회, 1976, pp.141~149.

22) 김창훈, *Op. cit.*, p.116.

23) 이우제, "균형잡힌 성경신학적 설교를 위한 제언", *Ibid.,* pp.304~305.

24) 류응렬, "새 설교학 : 최근 설교학의 이해와 분석", *Ibid.,* pp.143~146.

25) 류응렬, "설교의 개요, 이렇게 작성하라", 「신학지남」(여름호), 신학지남사, 2006, p.210.

26) 지동식, "칼 바르트의 설교의 성격", 「바르트신학 연구」(바르트기념논문집), 한국바르트학회, 1970, pp.245~253.

27) Harvey Cox, *The Secular City,* Harvard University Press, 19 65, 김관석 역, 대한기독교서회, 1967, pp.166~177.

28) 최한구, 「교회와 커뮤니케이션」, 성광문화사, 1994, pp.279~285.

29) 채은수, 「선교학총론」, 기독지혜사, 1991, pp.80~84.

30) W. H. Neuser, "종교개혁을 통한 복음의 재발견", 「기독교와 역사해석」, 아세아연합신학연구원, 1994, pp.536~542.

31) 유동식, 『한국 신학의 광맥』, 전망사, 1983, p.304~310.

32) 김정준, 『구약신학의 이해』, 한국신학대학출판부, 1974, pp.453~494.

33) *Ibid.,* p.238.

34) *Ibid.,* p.241.

35) 김이곤, "성서해석과 한국 교회", 「기독교사상」(3월호), 대한기독교서회, 1976, p.60.

36) 박근원, 「오늘의 설교론」(실천신학총서), 대한기독교출판사, 1980,

pp.169~171.

37) 염필형, “한국 설교의 흐름과 신학적 평가”, 「신학과 세계」(가을호), 감리교신학대학교출판부, 1985, pp.247~251.

38) 정성구, 「한국 교회 설교사」, 총신대학교출판부, 1986, pp.25~26, 395~396.

39) 정용섭,「속빈 설교 꽉찬 설교」(설교비평 I), 대한기독교서회, 2007, p.6.

40) 류응렬, “한국 교회 설교의 역사적 흐름과 성경적 설교를 위한 제언”, 「신학지남」(겨울호), 신학지남사, 2011, p.249.

41) Donald A. McGavran, *Understanding Church Growth*, William B. Eerdmans Publishing Company, 1970, 고원용 역, 보문출판사, 1993, pp.48~56, 139~140.

42) 대표작으로는 *Frontiers in Missionary Strategy*(Moody Press, 1971)가 있다. 그의 스승 맥가브란(Donald A. McGavran)의 교회성장은 선교학적 이론에 치중해 왔으나, 제자 피터 와그너(Peter Wagner)의 교회성장학은 개체교회에 촛점을 두는 연구를 시도하였다. 이후 존 윔버(John Wimber)는 영적인 측면(능력 전도)의 입장에서 교회성장학을 상세히 전개하였다.
Cf. 김성해, “성장유형별 분석과 선교적 성장 모델”, 「목회와 신학」(7월호), 두란노서원, 1993, p.63.

43) 정해윤, 『성공학의 역사』(살림지식총서 069), 살림출판사, 2004, pp.4~8.

44) 김영한, 「한국 기독교와 신앙」, 숭실대학교 한국기독교 문화연구소, 1988, pp.48~72.

45) 그의 대표작으로는 *The Power of Positive Thinking, You Can It You Think You Can* 등이 있다. 전자는 성동호에 의해 「적극적 사고방식」(홍신문화사, 1976)이라는 제목으로 출간되었다.

46) 「당신도 할 수 있다.(*You Can Become the Person You Want to*

Be)와 「불가능은 없다」(*Move Ahead with Possibility Think*)라는 책을 쓸 만큼, 자기확신에 차 있던 로버트 슐러(Robert Schuller)는 근친상간 자본주의 사생아인 교회세습에 성공하였다. 실로 불가능은 없었다. 세습 이후에 자녀들 간의 재산 소유권 분쟁으로 완전히 몰락하고야 말았다. 종교사회학자 서정민은 수정궁교회를 두고 현대 교회의 바벨탑이라고 지칭하였다. 수정궁교회가 몰락한 후에 그 소유권은 우여곡절 끝에 지금은 가톨릭교회로 완전히 넘어가 버렸다.

47) 배덕만, 「교회세습, 하지 맙시다」(교회세습 반대운동연대보고서), 홍성사, 2016, p.61 : 2001년에 은퇴하는 목사 김선도의 후임으로 아들 목사 김정석을 청빙할 계획이라는 사실이 알려지면서 교계 전체가 홍역을 앓았다. 이에 2000년 6월 12일 감리교신학대학교 총동문회가 성명서를 발표하여 '교회와 교역자의 위신을 심각하게 추락시키는 반교회적 행위로 중세교회를 타락시켰던 성직매매와 다름 없는 행위'라고 강하게 비판하면서, 세습금지 조항을 교회법에 포함시켜야 한다고 요구하였다.

48) Douglas D. Webster, *What's Wrong with Marketing the Church* : Selling Jesus, 오현미 역, 기독교문사, pp.26~39.

49) T. L. Ling, *Budha · Marx and God*, 백상창 역, 백림출판사, 1975, pp.19~26.

50) 정성구, *Op. cit*, p.재판 서문.

51) 백리언, "예언자와 설교자", 「신학논단」(제9, 10집), 연세대학교 신과대학신학회, 1968, pp.231~235.

52) 김중은, "참 예언자와 거짓 예언자 영성 비교 연구", 「기독교 사상」(12월호), 대한기독교서회, 1991, p. 97.

53) 정용섭, 『교회갱신의 신학』(실천신학총서), 대한기독교출판사, 1980, pp.64~82.

54) 김정준, *Op. cit*, p.254.

55) *Ibid.,* p.255.

56) 김성재, "하나님의 선교와 교육", 『한국 역사와 기독교』, 대한기독교서회, 1992, pp.422~423.

57) 최한구, *Op. cit,* p.87.

58) 은준관, 『교육신학』, 대한기독교서회, 1976, pp.197~409.

59) *Ibid.,* p.204.

60) 한춘기, "기독교교육학에서 본 영성", 「오늘의 영정신학」(한국 기독교신학논총4), 양서각, 1988, pp.165~171.

61) 안영혁, "코메니우스의 교육학적 영성", 『신학지남』(겨울호), 신학지남사, 2009, p.261.

62) 「라이프성경사전」, p.1239.

63) Mark Gibbs-T. Ralph Morton, *God's Lively People*, 이계준 역, 대한기독교서회, 1997.

64) 이상의 일련의 내용은 윤이흠, 「한국종교연구』(2권), 〈집문당, 1991, pp.302~305〉를 참조하라.

65) *Ibid.,* p.304.

66) *Ibid.,* p.305.

67) *Ibid.,* p.306.

68) *Ibid.*

69) 김진두, 「웨슬리의 실천신학」, 진흥, 2000, p.321.

70) Walter H. Capps, *Religion Studies : The Making of a Discipline*, Augsburg Fortness, 1995, pp.245~246.

71) 은준관, 「신학적 교회론」, 대한기독교서회, 1988, p.47.

72) 함석헌, 「한국 기독교는 무엇을 하려는가」(함석헌전집3), 한길사, 1983, pp33~34, 42, 46~47, 345.

73) 은준관, *Op. cit,* p.157.

74) 심창섭, “개혁자들의 Communio Sanctorum”, 「신학지남」(여름호), 신학지남사, 2008, p.5.

75) 박경수, 『종교개혁 핵심 톡톡』, 대한기독교서회, 2017, p.35.

76) 황선명, *Op. cit.*, p.177.

개조 05

십자가가 없어 열납되지 않는 예배와 그 갱신

1. 삼위일체적 예배
2. 성취된 하나님 나라의 시대
3. 갱신으로 나타나는 예배
4. 맺음 말 : 구도자의 예배

십자가가 없어 열납되지 않는 예배와 그 갱신

복음은 예수님이 선포하신 하나님의 나라와 이 나라를 이루시려고 십자가에 죽으시사 부활한 예수님을 증언한 사도들을 내용으로 하고 있다. 따라서 그 복음을 믿는 그리스도인들이 하나님의 영광(Sola gloria)을 위하여 함께 모여서 드리는 신성한 행위가 예배인 것이다. 땅의 시민권자로 이 세상의 속(俗)된 삶을 살 수밖에 없는 그리스도인들이 하늘의 시민권자로서 하나님께 드리는 예배는 또한 부활의 소망을 대망하는 믿음의 발로이다. 동시에 땅의 속된 것을 십자가 상에 올려놓고 스스로 죽이는 행위인 것이다. 이런데도 예배에 도대체 십자가가 없다. 강대상에 십자가를 걸어 놓은 채 예배를 드리고는 있는데, 정작 예배자의 마음과 자세에는 그 십자가가 없다는 말이다. 이런 예배는 열납되지 않는다. 그래서 예배의 갱신이 필요한 것이다.

이에 본장에서는 먼저 예배가 삼위일체적 예배라는 것에 대하여 살펴보고, 이어서 이 성취된 하나님 나라의 때에 드려야 하는 예배자의 올바른 태도에 대해서도 알아볼 것이다. 그리고 뛴가의 갱신으로 나타날 수밖에 없는 예배의 결과와 상관하여서 언급하고자 한다.

1. 삼위일체적 예배

아버지께 참되게 예배하는 자들이 영과 진리로 예배할 때(요 4:23a)의 그 영과 진리는 예배자가 성령 안에서(in spirit) 성령 충만한 가운데 진리가 되시는 주 예주 그리스도의 이름(in truth)으로 하나님께 예배를 드리라는 의미이다. 이렇게 삼위일체적으로 예배드리는 자들을 하나님은 찾고 계시다는 것이다.(요 4:23b)

이로 보아 예배의 정의와 자세를 다시 한번 확인해보고, 그와 함께 예배드릴 때 반드시 있어야 할 그 수직성과 수평성에 대하여 알아본다는 것은 중요한 관건이 되겠다.

1) 예배의 정의와 자세

말틴 부버(Martin Buber)의 말을 빌리자면, 예배는 '영원자 너'(하나님)를 만나는 거룩한 행위이다. 이에 예배의 목적은 오로지 하나님께 영광(롬 11:33~36)을 드리는데 있다. 그러므로 기독교의 예배는 하나님이 하신 바에 대한 인간의 응답이요, 하나님을 향한 신앙과 순종의 행위요, 찬송, 감사, 경배를 드리는 것이다. 따라서 하나님으로부터 창조를 받고 주 예수 그리스도를 믿음으로 말미암아 구속함을 받은 그리스도인이 성령

충만한 중에 하나님께 마땅히 예배드리는 것은 교회가 해야 할 근본적이자 본질적인 의무다. 이 예배에는 필수적으로 그리스도인의 몸과 시간과 물질이 요청된다.

성령 충만한 그리스도인은 성령의 은사들로서 선택적인 직임(디아코니아)의 은사와 사역(에네르게마타)의 은사를 지나 더욱 큰 은사(고전 12:31~13:8)가 되는 사랑(성령의 열매) 만큼은 반드시 품고 있어야 한다. 이런 예배자의 예배를 하나님께서는 열납(悅納)하신다. 이 예배자는 또한 진정한 영성을 지닌 자로서, 도덕 윤리적으로도 인격자일 수밖에 없게 되어 있다.[1] 이리하여 진정한 영성으로 사랑을 품은 그리스도인은 새 계명(마 22:37~37:40)을 준수하는 새 피조물이기에, 하나님을 사랑함과 동시에 이웃 또한 사랑하게 되어 있다.

2) 실종된 예배의 수평성

십자가는 세로대의 수직성과 가로대의 수평성으로 이루어져 있다. 주 예수님의 십자가의 죽으심은 구원의 계획과 함께 이 세상의 신(임금)으로 행세하고 있는 마귀의 일들을 멸하시기 위함(요1서 3:8)에 있다. 만일에 주 예수님이 십자가의 죽으심으로 종지부를 찍었다면, 사망의 주관자가 되는 마귀에게 진 것이 되겠지만 결국에는 부활하셨으니 승리하시사 그 마귀의 일들을 멸하신 것이었다. 이렇게 하나님의 아들의 십자가의 죽으심에는 죄인을 의인으로 삼으시기 위하여 및 화해시키기 위하여라는 뜻도 내포되어 있으며, 마귀의 일들을 멸하시기 위하여라는 뜻도 내포되어 있는 것이다.[2] 이제 신약학자 김세윤이 주장한 바와 같이 하나의 복음을 다양하게 포괄적으로 선포할 필요가 있다.[3]

여기에서 복음의 일면이기도 한 마귀론(Demonology)을 언급하는 이유는 십자가적인 예배생활 가운데 반드시 나타나야 할 예배의 수평성이 마귀의 일들로 인해서 실종되어 있기 때문이다. 기독교윤리학자 노영상은 하나님께 예배드리는 자세를 갖고 이웃에 봉사하는 믿음이 필요하다면서, 예배를 통하여 이웃 사랑의 정신이 배태되어야 한다고 일렀다.[4] 헬라어 '프로스퀴네오'와 '레이투르기아'는 모두 예배를 의미하는 단어들이다. 전자는 경배한다는 뜻이고, 후자는 봉사한다는 뜻으로 이는 하나님께 대한 예배의 수직성과 이웃 사랑으로서의 예배의 수평성을 말해주는 것이다.[5] 이 경우의 이웃은 두말할 나위 믿음의 가정들(갈 6:10)로 동일한 개체교회 안에서 함께 동고동락하고 있는 형제자매들인 교인들이다.

이렇게 분명한 데도 개체교회 자체가 선도적인 주체세력이 되어 이 신자유자본주의 시대에 물질로 1차적 이웃이 되는 교인들에게 사랑을 실천하지 않는다. 즉 레이투르기아로서의 예배생활이 없다는 말이다. 그래서 '실종된 예배의 수평성'이라고 일렀던 것이다. 이러하니 하나님께서 그런 예배를 열납하실 리가 없다. 이런 것으로 인하여 하나님께서는 서구 유럽에 이어 미국을 거쳐 한국의 교회에까지 이르러 예배를 안 받아주시고 있는 것이다. 하나님이 정하신 그 때에 먼저 서구 유럽의 교회들이 박물관교회로 추락한 이유가 바로 거기에 있다.

조직신학자 윤성범은 성도의 교제가 없는 예배생활은 무신론적 생활이요, 이런 생활을 계속하는 사람들을 일컬어 무신론적 실존주의자들이라고 일갈하였다.[6] 그들은 형식상 이론적으로는 유신론자 일런지는 모르겠으나, 내용상 실제적으로는 죽은 믿음의 무신론자라면서 윤성범은 다음과 같이 설파하였다.

> "성경이 우리에게 말해주는 것은 곧 이웃 사랑을 실천해야 된다는 사실이다. 믿음이 귀하기는 해도 믿음은 비유하자면 수도관의 역할밖에 안

되는 것이다. 믿음은 단지 하나님의 사랑, 바로 은혜와 자비의 생명수를 받아들이는 수도관에 지나지 않는다는 말이다. (사랑의) 행함이 없는 믿음은 죽은 믿음인 것이다."[7])

실천신학자 정일웅은 "우리 신자들이 예배의 순서에 따라 헌금(제물)을 드리는 것은 이웃을 위하여 사용할 감사의 제물(사랑)을 먼저 하나님께 드리는 것이다"[8])라고 하였다. 이에 묻고 싶은 것이 있다. 그 많은 헌금들이 다 어디로 흘러들어 가고 있을까라는 물음이 그것이다. 분명한 바는 예배의 수평성(레이투르기아)이 실종되었다는 사실로, 이것 자체가 삼위일체적인 예배의 정의에도 어긋나 있을 뿐만 아니라 근본적인 의무로서의 예배도 잘못 드리고 있다는 점이다. 가로대의 수평성이 없는 십자가는 한낱 항문애적인 막대기에 지나지 않는다.

2. 성취된 하나님 나라의 시대

최고 최상의 가치를 하나님께 드리는 예배자는 예배드리고 있는 바로 지금 여기(here and now)의 때를 정확히 인지하고 있어야만 한다. 개체교회 중심의 전도지향적인 구조를 띠고 있는 교회의 목회자와 그에 속하고 있는 교인들은 바로 그 때에 대한 중요성을 간과하고 있는 경우가 대부분이다. 이렇게 말하고 있는 이유는 개체교회를 구조상 역사 종말론적 교회(하나님 나라의 사랑-역사-교회)로 디자인해 놓고 있는 교회만이 바로 그 때를 이해 할 수 있기 때문이다.

이와 관련하여 본 항목에서는 바로 그 때를 이해하지를 못해서 예배를 바알숭배적 예배로 둔갑시켜버리는 행태와 역사 종말론적 교회가 드리고 있는 축제로서의 예배에 대하여 살펴 보기로 한다.

1) 바알숭배적 예배

이미 알고 있는 대로 바로 지금 여기의 때는 초림 시 이루어진 성취된 하나님 나라의 때(already)와 재림시 완성될 하나님 나라의 때(not yet) 사이에 놓여 있는 중간기의 때인 것이다. 동시에 이 때는 세상적으로 보아 민주적인 자유주의적 자본주의(Context)의 시대에 해당되는 시기이다. 따라서 이 시기는 정글의 법칙에 따라 무한경쟁과 승자독식, 약육강식, 적자생존이 판을 치고 있는 나머지 개인적인 탐욕적 이기주의가 치솟아 부익부 빈익빈이라는 양극화현상이 성행하고 있는 때이기도 하다. 반면에 영적으로는 실현된 천년왕국(realized millennium)[9]으로서의 성취된 하나님 나라와 이 세상의 신이 주관하고 있는 마귀 나라와의 사이에 엄연히 실존하고 있는 셈이다.

이와 같은 그리스도인의 실존 상황을 두고 헬무트 털리케(Helmut Thielicke)는 마귀에게 시험을 받으신 예수님(마 4:1~11)과 견주어 설명해 주었다.[10] 예수님께 대한 마귀의 첫 번째 시험은 구체적인 생활영역 가운데서 얼마든지 있을 수 있는 시련의 장(場)으로서 굶주림의 현실성에 관한 내용이었다.(마 4:4) 그 두 번째 시험은 매혹적인 기적의 과시로서 권력의 신을 숭배하는 자들에 관한 내용이었다.(마 4:5~6) 이어진 세 번째 시험은 마귀의 수중에 사로잡힌 이 세상에 대한 예수의 왕국의 위치를 알아보고자 하는 내용이었다.(마 4:8) 이런 일련의 시험에 대한 예수님의 대항은 하나님의 말씀으로 살 것이며(마 4:4), 하나님을 시험하지 말 것이며(마 4:7), 다만 하나님만을 경배하고 섬기라는 것이었다.(마 4:10)

그와 같은 예수님께 대한 마귀의 시험들은 오늘날에도 교회들과 그리스도인들을 상대로 해서 변함없이 진행 중에 있다. 이에 1978년 당시 감리교 총회신학교장 마경일은 이렇게 피력하였다.

> "마귀적인 수법과 사고가 성공을 거두어 찬양과 숭앙의 대상이 되는 사례가 우리 주변에는 너무나도 많이 있다. 그 성공의 배후에 참된 인간성을 좀 먹고 파괴하는 독소가 깔려 있다는 것을 그 헬무트 틸리케는 제시하려고 의도하였던 것이다...
>
> 개인의 영달만을 위주로 하는 사회질서, 돈과 권력과 향락을 우선하려는 인간성... 그 모두가 마귀의 온갖 작전에 휘말려 들어가는 처참한 모습에 불과하다."[11]

그리스도인들이 설령 마귀적인 수법과 사고가 득실거리는 세속사회 안에서 살아간다 할지라도, 예배드리는 시간을 통하여 오염된 세속성을 말끔히 씻어내야 한다. 이런 의미에서 교회는 우치무라 간조의 말대로 목욕탕이 되는 것이다. 멀치아 엘리아데의 주장과 같이 종교적인 체험상 어쩔 수 없이 성과 속이 병존하고 있는 세상 속에서 삶을 영위하고 있다고 해도,[12] 할 수 있는 대로 최선을 다하여 그 마귀적으로 속된 것을 제한해야 하는 것이 그리스도인의 책무이다. 그리고 조직신학자 폴 틸리히(Paul Tillich)는 악마적이라는 것은 거룩한 성격을 가진 질료(質料)의 의미에 대하여 저항하려는 속된 충동이라고 하였다.[13]

이 같은 속된 충동이라 할 수 있는 탐욕에 따르는 배금주의적인 권력욕과 명예욕이 목회자는 물론 그리스도인들에게 그대로 잔존하고 있다면, 그들에게 있어서 예배행위란 삼위일체 하나님을 빌미로 삼고 있을 뿐 그저 바알숭배적 예배를 드리고 있는 셈이 된다. 잘 아는 바 대로 바알(Baal)은 가나안 땅의 대표적인 우상으로서 비와 폭풍을 주관하는 곡물(농사)의 신이며, 가축떼를 주관하는 풍요와 다산의 신이자 전쟁도 주관하는 만능 신이었다. 이런 측면에서 그 같은 바알숭배적인 요소를 한국 교회의 샤마니즘적인 기복신앙과 견주에 보면, 의외로 일맥상통하는 면이 많다는 것을 간파할 수가 있다. 아무리 그렇다 해도 한국 교회가 바알신당(temple of Baal)으로 결단코 변질될 수는 없는 것이다. 이제 더 이상 한국 교회가 불명예스러운 모욕을 당하지 않으려면 - 누차 강조해 왔듯이 - 구도형적인 성화의 믿음으로 발돋음해서 개혁형의 믿음으로까지 승화시키는 성숙(maturity)함이 있어야 하겠다.

2) 축제로서의 예배

프로테스탄트의 전통 중의 하나는 교회를 유기체로서의 교회와 함께 코이노니아로서의 교회, 섬김으로서의 교회, 특히 말씀 사건으로서의 교회로도 인지하고 있다는 점이다.[14] 실제로 말씀 선포로서의 교회는 칼 바르트에 의해 폭넓게 대변되었다. 특히 말씀의 세 가지의 양식인 계시된 말씀 - 예수 그리스도, 기록된 말씀 - 성서, 선포된 말씀 - 설교의 상관관계는 말씀의 신학의 중심을 이룬다.[15] 그는 “설교란 성서를 살아 있는 것으로 만들어 그 안에서 그리스도를 만나게 하는 것”이라고 일렀다. 그러므로 설교는 성서적 그리스도 사건이 되는 것이다.

일반적으로 설교는 세 가지의 단계를 거치게 되는데, 즉 하나님 말씀에 대한 상고(meditatio) → 이 상고에 따른 충분한 이해작업(explicatio) → 청중들에게 적용(applicatio)시키는 일이 그것이다. 이렇게 설교를 준비하는 과정에서 성령의 역사와 함께 기도가 어울려지면, 그 선포되는 메시지는 청중들로 하여금 찔림을 받게 하여 감화 감동을 일으키게 할 것이다. 그리고 프로테스탄트의 전통상 설교 중심의 예배는 마땅히 축제적인 예배가 되어야 한다. 예배학 전공의 실천신학자 정용섭은 한국 교회의 예배의 특징은 그리스도적이라기 보다는 샤마니즘적인 데가 많다면서 다음과 같이 언급하였다.

> "지금 한국 교회가 가장 긴급하게 해야 할 과제가 무엇인가? 그것은 교파경쟁도 아니고 교세확장도 아니다. 그것은 교회의 갱신이다. 그러면 교회의 갱신은 어디서 이루어지는가? 교회의 갱신은 회중이 유일하게 하나님 앞에 서 있는 장소, 하나님과 만나는 장소인 예배에서 이루어진다.
>
> 칼 바르트는 '만일 이것이 여기서 되지 않는다면 다른 어느 곳에서도 되어지지 않는다'고 하였다. 이것은 교회의 갱신이 예배의 갱신을 통해서만 이루어진다는 말이다... 기독교의 예배는 본질적으로 축제의 성격을 띠고 있다. 기념(하나님의 창조 · 하나님의 섭리 · 구원) - 감사(하나님의 보호 · 사랑) - 헌신(신자의 생활 · 자신의 모든 것) 등, 이런 것들이 축제의 본질적인 의미이다."[16]

이미 누차 언급한 대로 한국 교회는 한국인의 교회라고 하였다. 이 한국인의 교회를 축제적인 예배의 교회를 전환하고자 할 때에, 이것이 한국인의 감성적 체질 중의 하나라고 할 수 있는 축제적 인간(homo festivus)성과 맞아 떨어지게 되어 있다. 그런데 교의신학자 최홍석은 오늘의 예배는 구원사적 구조속에 자리매김을 해야 한다는 것을 강조하였다.[17] 이 구원사적 구조라는 맥락에서 보아, 주지하는 바 지금의 때는 성취된 하나님 나라의 때로서 영적으로 실현된 천년왕국의 때이기도 하다. 그러므로 이 예배는 축제적일 수 밖에 없는 것이다.

이에 따른 공동체적 인간(homo communicans)이 드리는 축제적 예배는 음악과 거룩한 춤이 함께 어울려 있어야 한다.[18] 실제로 칼빈의 제네바 개혁교회는 성경해석을 중심한 설교와 찬양을 중심으로 하는 예배가 진행되었다. 또 그는 찬양하는 음악을 하나님께서 주신 선물로 이해를 하였다. 그런데 루터같은 경우는 츠빙글리와는 다르게 항상 예배음악에 대하여 가능한 모든 방법을 사용 할 수 있도록 허용하였다. 그리고 18세기 감리교는 노래 속에서 탄생하였다(Methodism was born into songs)라는 말은 그대로 역사적 사실이다. 이렇게 설교보다는 찬송을 통해서 더 많은 사람들에게 영향을 끼쳤는데, 이는 설교가 1마일까지 갔다면 찬송은 2마일까지 번져갔기 때문이다.[19]

복음은 기쁘고 즐거운 소식이다. 또 행복하게 한다. 기쁜 사람은 자연스럽게 노래 부른다. 이와 함께 춤도 필요하다. 특기 시편 기자는 하나님이 베푸신 기쁨과 복을 춤으로 환원해서 노래하였다.(시 30:11) 바로의 군대가 바다에 수장되었을 때, 이스라엘 백성들이 기쁜 나머지 미리암의 선도로 함께 소고를 잡고 춤을 추며 찬양하였다.(출 15:19~21) 이렇게 마음껏 찬양하고 춤으로 예배를 드리게 될 때에 성령이 강하게 역사하시사 놀라운 치유(Healing)의 능력이 일어난다. 이때 불행한 사람도 기분전환과 성령 충만한 흥을 돋구기 위해 찬양과 함께 춤을 추기라도 한다면 금시 행복해 질 것이다. 이것이 하나님의 면전에서 솔직하게 예배를 드리는 바보의 자세이다.

3. 갱신으로 나타나는 예배

갱신된 예배는 갱신된 모습으로 나타나게 되어 있다. 이 모습은 저절로 되어지는 것이 아니라 박형룡의 말대로 교회의 전투적인 면(ecclesia militans)이 강할 때만이 이루어진다.[20] 실로 갱신된 예배에 의해 갱신된 교회는 팽배해 있는 물량주의적 경향과 심대한 세속화 현실, 권위적인 인본주의, 목회자의 사제주의적 태도, 교인들의 영적 배회현상 등과는 아무런 상관이 없는 교회다.[21]

이에 본 항목에서는 왕도신앙과 예배의 상관성을 살펴보고, 이어서 예배드리는 자의 영성의 문제와 한국 교회의 예배의 미래에 대하여 피력해보려고 한다.

1) 왕도신앙과 예배

파넨버그(W. Pannenberg)의 말대로 교회론이 교회로부터가 아니라 하나님의 나라로부터 시작해야 하듯이, 예배론 역시 당연히 그 하나님의 나라로부터 시작해야 한다. 그런데 이 하나님의 나라는 삼위일체 하나님의 나라로서 이 세상의 나라에서와 같이 왕 – 백성 - 영토라는 3대 요인을 갖추고 있다. 이 왕은 삼위일체 왕으로 섭리하시사 구원사의 흐름에 따라 통치하신다. 왕으로서 통치하시는 하나님은 구약시대에는 이스라엘을 백성으로 삼으셨고 신약시대에는 만왕의 왕(King of kings)이 되시는 구세주를 영접하여 믿는 자들을 백성으로 삼으셨다. 특히 구원받아 은혜받은 이 성령시대의 영토는 왕이신 하나님의 영을 모시고 있는 그리스도인의 심령이 바로 영토이다.(고전 3:16, 6:19)

이렇다고 할 때에 하나님 나라의 백성이자 영토이기도 한 성도들이 하나님 나라를 열망하는 자들의 모임인 교회에 모여서 함께 예배를 드린다고 하는 것은 참으로 크나큰 은총이라고 아니 할 수가 없다. 이리하여 갱신된 예배행위가 주님 보시기에 합당하려면 그 무엇보다도 예배드리는 그리스도인들은 반드시 왕도신앙을 갖고 있어야 한다. 왜냐하면 교회는 정확히 하나님의 통치에 대한 표징(anticipatory sign)이기 때문이다.

왕도신앙에는 세 가지의 요소가 충족되어 있어야 한다. 첫째로 하나님은 왕이시다. 둘째로 그리스도인은 백성이다. 셋째로 백성은 왕의 통치를 받아야 한다. 이런 왕도신앙은 한국인의 그리스도인들에게는 절대로 요청되는 신앙이다. 그 이유는 한국인의 그리스도인들이 그 문제의 샤마니즘적인 기복신앙의 지배를 받고 있기 때문이다. 이런 경우에는 예배를 드리고 있으면서도 왕이신 하나님을 일식(Gottesfinsternis)으로 만들어 버리는 우를 범하게 되어 있다. 이 일식을 처음으로 주장한 말틴 부버(Martin Buber)에 대하여 철학자 남정길은 다음과 같이 보완해 주었다.

> "일식의 경우에 태양과 지구의 사이에 달(月)이 개입하여 빛을 차단하듯이, 하나님의 일식의 경우에도 하나님과 인간 사이에 어떤 개입물이 있어서 하나님의 모습을 보지 못하게 된다. 하나님(영원자 당신)은 개입물이 없을 때에만 우리와 참으로 만나 주신다."[22)]

어쨌든 영과 진리로 예배드리는 자는 그 어떤 개입물이 개입된 채, 예배를 드려서는 안된다. 그 이유는 하나님 나라의 백성으로서 그 어디에서 무엇을 하든 - 예배도 포함하여 - 온전히 왕이 되시는 하나님의 통치를 받아야 하겠기 때문이다. 이에 교회도 하나님의 통치를 받아야 한다. 두말할 필요가 없는 것이다. 예배드리고 있는 자가 왕도신앙과는 전혀 관계없이 예배를 드리고 있을 때에 그 무언가가 절대시되어진 개입물이 하나님보다 우선하게 되면 그 무언가는 바로 우상(Idol)이 된다. 그래서 이 문제의 예배는 우상숭배의 의식이 되고 만다. 신학자 데이비드 포드(David F. Ford)는 우상숭배에 대하여 다음과 같이 언급하였다.

> "최선이 부패하면 최악이 된다. 예배의 역동성이 왜곡되고 오도될 때에 그 영향은 파괴적일 수 있다. 가장 심각한 왜곡은 우상숭배 (idolatry)인데, 이것은 사람들이 하나님보다 못한 것을 하나님께만 걸맞는 방식으로 관계하는 것이다.
>
> 그래서 전체 삶의 생태환경이 오염되고 왜곡된다. 권력과 영광, 금권과 부, 지위와 명성, 자아 성취, 영웅의식 등이 흔히 보는 우상들이다."[23)]

일언하여 하나님의 통치하에 있는 왕도신앙인의 예배는 일체의 우상 숭배의 것들이 개입되어 있지 않는 예배로서 그것 자체가 순수하게 갱신된 예배인 것이다.

2) 예배자의 영성

예배자는 예배의 진행 전체를 집전하는 정예전통과 함께 예배드리기 위해 모여든 대중전통으로 구성되어 있다. 그래서 공동체적 예배인 것이다. 그런데 여기에는 예배자의 영성(Pneumatikos)이 요청된다. 어떤 형식의 예배라고 할지라도 거기에 참석한 정예전통은 물론 대중전통의 영성이 주님보시기에 합당치 않으면 그런 예배는 열납되지 않는다. 서구 유럽의 교회들이 - 사람들이 보기에 - 거창거대한 예배를 드렸는 데도 불구하고, 1945년 이후에 신자들이 점점 감소하다가 끝내 폐쇄된 결정적인 요인은 주님이 원하시는 영성이 결여되어 있어서였다. 이 따위로 드리는 예배 같지 않은 예배를 하나님께서 안 받아 주신 것이다.

오늘날에도 영성의 결여는 미국 교회에 이어 한국 교회에도 그대로 나타나 있다. 이런 의미에서 영성에 관련된 일련의 문제들을 알아본다는 것은 중요한 과제라고 아니 할 수가 없겠다. 생령이 되는 인간의 영이 하나님의 영(성령)을 받아 성령 충만하여 은사를 가지며 열매까지 맺게 되면 여러 가지의 면에서 효과와 함께 영향력이 나타난다. 이에 구약학자 구덕관은 그 하나님의 영이 내는 효과를 6가지로 나누어서 제시하였다. 이 6가지의 효과는 (1) 활력 : 삼손(삿 13:25, 14:6) (2) 황홀경 : 요엘(욜 2:28) (3) 지도력 : 엘리야(왕상 18:12) (4) 지혜 : 모세(신 34:9) (5) 영감과 감화 : 스가랴(대하 24:20), 에스겔(겔 11:5) 등 (6) 좋은 인간성(사 44:3~5, 겔 36:26~27)이다.[24] 이어서 그는 하나님의 영의 기관으로서는 사사와 예언

자와 왕, 주의 종 메시야가 있다고 하였다.[25)]

신약학자 김득중은 누가를 기도의 복음기자 혹은 누가복음을 기도의 복음(Gospel of prayer)이라면서, 이 누가복음을 통하여 기도하는 영성을 모색하였다.[26)] 그리고 조직신학자 이수영은 영성이해와 관련된 조직신학의 관점에는 창조론적 관점과 기독론적 관점과 성령론적 관점이 있다고 일렀다. 이러면서 그는 영성의 의미를 (1) 하나님 나라를 향한 지향성으로서의 영성 (2) 그리스도 안에서 보증된 참된 본래적 인간성으로서의 영성 (3) 성령 안에서 누리는 하나님 나라의 삶의 능력으로서의 영성에서 찾았다.[27)] 이어 이수영은 갈라디아서 1장 10절의 말씀을 들어 그리스도로부터 받는 우리의 영성의 요체를 다음과 같이 해제해 주었다.

> "하나님을 기쁘시게 하는 하나님의 사랑은 곧 이웃을 사랑하라는 명령을 동반한다. 이웃 사랑은 주 예수 그리스도가 우리에게 주신 새 계명이고, 그의 세상에서의 삶 자체는 이웃 사랑 바로 그것이었다. 이웃을 사랑하는 것 자체가 하나님 중심의 삶의 한 중요한 부분인 것이다."[28)]

한편 기독교의 영성을 세계교회사적으로 고찰한 교회사가 이장식은 어거스틴(Augustine)에게 있어서의 영성은 하나님 사랑과 이웃 사랑에 있었다는 것을 간파하였다. 이어서 그는 중세교회의 교회적 영성은 율법적이었던 것으로 행위주의적인 특징을 갖고 있었다고 하였다. 이에 반발한 루터의 영성은 '믿음만'(Sola fide)이라는 명제를 내세워 인간에 대한 하나님의 사랑을 강조하였다. 이에 따라 그는 신자가 만인제사장으로 직접 하나님과 영교하여 그의 은혜를 직접받는 인격주의적인 영성으로 발전시켰다. 이후에 구체화되었던 웨슬리의 영성운동은 성령운동과 회심운동이 동반되는 가운데 가난한 자들의 빈곤퇴치에 온 열정을 쏟았다.[29)]

조직신학자 존 매쿼리(John Macguarrie)의 말과 같이 신학이란 일종의 아카데믹한 지성적 훈련(an intellectual discapline)인데 비하여, 영성이란 삶의 깊이를 다루는 것으로 인간의 의지에 더 큰 관심을 갖고 있다.[30] 이로 보아 영성의 문제는 결국 그리스도인들의 의지의 문제와 직결되어 있다는 것을 직시할 수가 있겠다. 이에 제2 종교개혁자 웨슬리는 하나님의 구원하심에 대하여 인간은 그 은총에 호응하며 의지를 작동시켜 함께 일해야 한다는 신인협동설(Synergism)을 주창하였다.[31] 이 같은 인간의 의지를 제거시킨 나머지 오로지 하나님의 영광만을 내세우게 되면 또다시 중세기의 암혹시대로 돌아가는 우를 범하게 된다.

그런데도 대다수의 그리스도인들은 교회에 가서 예배드린답시고 그냥 앉아 있기만 하면, 분위기에 도취되어 성령 충만해져서 영성은 저절로 이루어지는 것으로 착시현상을 일으키고 있다. 분명히 인지해둬야 한다. 하나님을 사랑하는 그리스도인은 그 결과로 이웃을 사랑하게 되어 있다는 영성의 요체에 대한 문제는 요컨대 의지의 문제라는 사실이 그것이다. 그 이웃 사랑의 출발 시점은 황금율(마 7:12)을 개체교회 안에서부터 실천하는데 있다. 이것이 예배자의 진솔한 영성의 모습인 것이다.

4. 맺음 말 : 구도자의 예배

예배는 유일한 종교적 표현으로 종교적인 사람과 비종교적인 사람을 분간할 수 있는 가장 좋은 행위의 기준이다.[32] 이리하여 그리스도인은 성과 속의 변증적인 삶을 영위하는 경계인이기는 하지만, 그 예배 행위를 통해서 거룩한 현세성(holy worldness) - 신성한 세속성(sacred secularity)을 기원하는 태도가 요청된다.[33] 그리고는 동시에 하나님을 사랑하는 것만큼이나 1차 이웃이 되는 동일한 교회안에 있는 회중들을 사랑해야 한다. 이것이야말로 구도자의 예배가 되는 첩경(royal road)인 것이다. 이것이 안 되는 예배자는 샤마니즘적 기복신앙에 매달려 있는 젖먹이 신앙인(히 5:12~14)일 뿐이다.

실천신학자 정용섭은 한국 교회의 예배의 문제점으로 (1) 복받기 위주의 예배 (2) 극단적인 개인주의 등을 지적하였다.[34] 이렇게 한국 교회의 예배에는 더불어 살아야 한다는 공동체의식 같은 것이 전혀 없다. 다시 말해서 십자가의 가로대 수평성으로서 그 레이투르기아(이웃을 섬기는 봉사)적인 예배정신이 실종되어 있다는 것이다. 이 때문에 아무리 하나님을 사랑한다면서 십자가의 세로대 수직성으로 예배를 드린다 할지라도 그 예배는 사이비(pseudo)로 위선적인 것이나 다름이 없다.

이 시대는 성취된 하나님 나라의 때이니 만큼, 샤마니즘적인 기복신앙으로 가득차 있는 바알숭배적 예배를 하루빨리 척결하는 여룹바알(Jerub - Baal)로서의 사사 기드온(Gideon)이 되어야 하겠다. 주지하는 바, 그 척결하는 최선의 방법은 구도형의 믿음으로 구도자의 예배를 드리는 것이다. 따라서 이미 구원받았음에 감사하는 가운데 십자가적인 죽음의 신앙으로 완성될 하나님 나라를 대망(주님의 재림)하면서 축제로서의 예배가 될 수 있도록 해야 한다.

이런 때의 예배는 왕도신앙과 참된 영성으로 말미암아 자연스럽게 갱신된다. 이렇게 갱신된 예배는 구도자의 예배로서 기복신앙이 내장된 구도형의 믿음의 예배이기도 한 것이다. 이리하여 예배의 갱신은 매우 작은 규모로 시작되는 것으로, 이는 교회 자체를 위해서나 세상을 위해서나 모두가 다 복된 일이다.

주(註)

1) 이한수, 『신약의 성령론』, 총신대학출판부, 1994, p.189.
2) 김세윤, 『복음이란 무엇인가』, 두란노, 2011, pp.151~188.
3) *Ibid.,* pp. 200~210.
4) 노영상, "경제와 사회적 선교", 『기독교와 경계』, 호남신학대학교 출판부, 1999, p.164.
5) 노영상, 『예배와 인간행동』, 성광문화사, 1996, pp.93~96.
6) 윤성범, 『기독교와 한국사상』, 대한기독교 서회, 1983, p.176.
7) *Ibid.*
8) 정일웅, "섬김의 주제들에 대한 신학적 성찰", 「신학지남」(봄호), 신학지남사, 2012, p.23.
9) J. A. Adams, *The Time is at Hand,* 1970, pp.7~11 : 무천년이란 말 대신에 실현된 천년왕국이라는 말을 사용하자고 제안하였다.
10) Helmut Thielicke, *Between God and Satan*, 마경일 역, 전망사, 1978, pp.56~161.
11) *Ibid.,* pp.169~170.
12) Mircea Eliade, *Cosmos and History*, Harper Torchbooks, 1958, 정진홍 역, 현대사상사, p.244.
13) Paul Tillich, *What is Religion*, Harper Torch books, 1973, p.98.
14) 은준관, 『신학적 교회론』, 대한기독교서회, 1998, pp.281~345.
15) *Ibid.,* p.327.
16) 정용섭, 『교회갱신의 신학』, 대한기독교출판사, 1980, pp.6~7, 232~240.
17) 최홍석, "기독교 예배의 구원사적 고찰", 「신학지남」(여름호), 신학지남사,

2003, p.61.

18) 배철현, 「위대한 여정」, 21세기북스, 2017, pp.375~388.

19) 김진두, 「웨슬리의 실천신학」, 진흥, 2000, p.219.

20) 박형룡, 「교회론」, 은성문화사, 1977, p.42.

21) 최홍석, "교회 갱신의 은총과 책임", 「신학지남」(여름호), 신학지남사, 1999, p.160.

22) Martin Buber, *Eclips of God*, Harper & Row publishers, 남정길 역, 전망사, 1983, pp.195~196 : 역자후기.

23) David F. Ford, *Theology*, Oxford University Press, 1999, 강혜원, 노치준 역, 동문선, 2003, p.75.

24) 구덕관, "구약 신학에서 영성이해", 『오늘의 영성신학』(신앙과 신학 제4집), 한국기독교학회, 1988, pp.60~66.

25) *Ibid.*, pp.67~73.

26) 김득중, "누가의 기도의 신학", *Ibid.*, p.89.

27) 이수영, "영성의 의미에 관한 조직신학적 고찰", *Ibid.*, pp.97~106.

28) *Ibid.*, pp.101~102.

29) 이상의 일련의 내용은 이장식의 "기독교 영성의 사적 고찰"(*Ibid.*, pp.110~125)을 참조하라.

30) John Macquarrie, *Paths in Spirituality*, SCM Press, 1973, p.62.

31) 조종남, 『존 웨슬리의 신학』, 대한기독교출판사, 1988, p.102.

32) J. A. T. Robinson, *Honest to God*, 1963, 현영학 역, 대한기독교서회, 1968, p,106.

33) *Ibid.*, p.126.

34) 정용섭, *Op. cit.*, pp.223~228.

개조 06

가장 전형적이자 이상적인 순수정통 교회

1. 교회에 대한 총괄적 이해
2. 영속적인 혁명과 한국 교회
3. 사도행전의 예루살렘교회
4. 맺음말 : 예루살렘교회의 실현화

가장 전형적이자 이상적인 순수정통 교회

이미 개조 03에서 역사의식과 함께 교회의 구조에 대하여 논의한 바 있다. 이에 따라 개체교회 중심(하나님 나라의 사랑-교회-세계)의 전도지향적인 태도(하나님 나라의 사랑-세계-교회)는 오류를 범하고 있는 구조라는 것을 지적하였다. 그리고 개조 04에서는 교회에 주어진 본연의 고유한 4대 기능들인 말씀선포-교육-섬기는 봉사-나눔의 공동체에 대하여 언급하였다. 이에 그 4대 기능들 중에서 그 섬기는 봉사(디아코니아)와 나눔의 공동체(코이노니아)라는 2가지 기능이 결여되어 있다는 것을 직시한 바 있다. 이리하여 그 개조 03과 개조 04를 논의하는 가운데 교회는 과연 어떻게 동향해야 하는가에 대하여 나름대로 간략하게나마 피력하였던 것이다.

이에 본장에서는 교회론에 대해서 미진했던 내용을 중심하여 총괄적으로 다루어 보도록 할 것이다. 그리고는 이어서 가장 전형적이자 이상적인 순수정통 교회에 대하여 구체적으로 살펴볼까 한다.

1. 교회에 대한 총괄적 이해

여기서 일컫는 총괄적 이해란 교회에 대한 일반적인 견해를 한데묶어 정리해보는 작업을 말함이다. 이렇게 하는 까닭은 교회론 전체를 조망해 보는데 있어서 도움이 될 것으로 사료되기 때문이다. 이래야만 바로 그 순수정통 교회를 제시할 수가 있어서이다.

1) 교회의 시작과 시대적 교회

교회의 시작에 대한 견해는 일반적으로 두 가지의 태도에 의해서 정리된다. 하나는 구약시대에 이미 교회가 시작되었다고 하는 견해이다. 다른 하나는 마가의 오순절 다락방의 성령강림 이후부터 시작되었다고 하는 견해이다. 특히 두 번째 견해를 지지하는 이들은 구약시대에는 교회란 것이 없었고, 신약시대에 이르러 주 예수 그리스도의 죽음과 부활과 승천 이후의 성령강림과 더불어 교회가 비로소 시작되었다는 것을 강하게 주창하고 나선다.

이와는 달리 보수주의 신학자 루이스 벌코프(Louis Berkhof) 같은 이는 교회의 시작을 구약시대에까지 거슬러 올라가는 견해를 내세웠다. 이리하여 그는 구약시대의 교회를 족장시대의 교회(창 4:26 참조)와 모세시대의 교회(행 7:38 참조)로 나누었다.[1] 이후에 시작된 신약시대의 교회라 할지라도 하나님의 경륜상 본질적으로는 의미에 있어서 구약시대의 교회와 별반 다르지 않다.

2) 교회의 속성과 다양한 구별

교회의 속성으로서는 통일성과 거룩성과 보편성과 사도성이 있다. 그 통일성에는 대체로 두 가지가 있다. 하나는 그리스도의 몸이라는 내면적인 통일성이 있다. 다른 하나는 신자들의 신앙고백과 공중예배, 성례전 참예 등을 통해서 나타나는 유형적 통일성이 있다. 이어 거룩성은 예수 그리스도 안에서 그의 의의 전가로 말미암아 획득되어졌다.(벧후 1:1) 그리고 교회의 보편성은 공공성(Catholicity)이기도 한데, 이는 전 세계에서 참 종교를 신앙하는 모든 사람들과 그들의 자녀들로 구성된 유형교회를 통하여 표출된다. 또 그 사도성과 상관하여서는 로마 가톨릭의 사도적 계승을 일체 용납치 않으며, 이러하기에 조직은 물론 교리의 사도적 계승(마 16:18) 또한 용납치 않는다. 다만 사도적 말씀과 사도적 교리는 받아들이되, 프로테스탄트의 사도적 정통적인 사도성은 대단한 카리스마(charisma)를 지닌 특정한 지도자가 등장하였다 할지라도, 그 지도자에게 현혹되지 않는다.

일반적으로 우리가 교회를 지칭하여 부를 때 다양하게 구별하여 부를 수가 있다. 여기에는 (1) 전투적 교회 (2) 승리적 교회 (3) 무형교회 (4) 유형교회 (5) 유기체로서의 교회 (6) 조직체로서의 교회 (7) 교파교회 (8) 정통교회 (9) 개혁교회 (10) 자립교회 (11) 미자립교회 등이 있다.

3) 신학적 교회론

교회론을 논의함에 있어서 신학적인 측면으로 신학 전체를 조망한 이는 실천신학자 은준관이었다.[2] 그는 성서적 교회론에서 구약에 나타난 신앙공동체를 만남으로서의 성막공동체와 현존으로서의 성전(synagogue community)로 나누었다.[3] 이어서 그는 신약시대에 이르러서는 예수가 선포한 하나님의 나라를 중심으로 하여 제자공동체가 형성되었다는 것을 논증하였다.[4] 또 그는 바울의 교회론에서는 그가 무엇보다도 교회공동체를 세우는 일(edification of the community : 고전 12:7, 엡 4:12)에 초점을 두고 있다는 것을 간파하였다.[5]

우리가 역사적 교회론을 논의할 때는 교부시대와 중세기와 종교개혁시대와 20세기시대로 나눈다.[6] 그리고 현대 신학적 교회론에서는 교회를 유기체로서의 교회와 코이노니아로서의 교회, 말씀 사건으로서의 교회, 섬김으로서의 교회로 구분한다.[7] 이에 더하여 신학적 교회론을 전개하고자 할 때는 두 가지의 관점을 분명히 해둬야 한다. 첫째로 이미 개조 04에서 알아보았듯이 교회의 4대 기능들인 말씀선포 – 교육 – 섬김 - 나눔 간의 상호관련성(corelation)이 조화로이 균형을 이루어야 한다는 점이다. 둘째로 교회의 구조는 하나님 나라의 사랑-역사-교회로서 역사 종말론적 교회 공동체라는 구조를 띠고 있어야 한다는 점이다.[8] 그래서 개조 03에서 그 구조의 문제를 심층 있게 다루었던 것이다.

2. 영속적인 혁명과 한국 교회

우리가 일반적으로 혁명이라고 이름할 때, 소위 말하는 개혁과 갱신, 혁신 등과 의미상 동일한 맥락이다. 단지 어원상 강조하고자 하는 의도가 다른 것일 뿐, 전체적인 맥락에서 볼 때에 과거와는 전혀 다르게 뭔가를 변화시키겠다는 의지의 발로라는 것에는 이의가 없을 것이다.

이상에서 살펴본 '교회에 대한 총괄적 이해'에 언급된 일련의 내용들은 고전종교의 이상적인 사유적 가치관에서 비롯된 것들이다. 즉 교회는 그 성서적 원론에 따라 그렇게 기능하고 작동해야 한다는 말이다. 만일에 그 원론에 기초하여 그동안 세계 교회는 물론 한국 교회가 그대로 실천해 왔더라면, 오늘날 이 지경에까지 와 있겠는가 하는 물음을 진지하게 묻지 않을 수가 없다.

『신학지남』의 편집인이었던 김상훈(신약학자)은 기독교회에도 흥망성쇠가 있다면서 한국 교회의 현 실태를 이렇게 일갈하였다.

> "우리가 몇 교회들을 가지고 있는가. 얼마나 많은 일을 하는가는 자랑거리가 안 된다. 문제는 숫자가 아니다. 아니, 숫자에 신경 쓸 때가 아니다. 천국 사역에 있어서 순수함의 농도와 그 질적 가치에 관심을 두어야 한다. 교회의 허우대와 겉모습이 아니다. 내적 경건과 내실의 알참이 있어야 한다. 교회답지 않은 교회의 모습은 벗어내야 한다...
>
> 어려운 시대가 왔다... 언제든 대세는 바뀔 수 있다. 상황이 어렵다고 희망이 없는 것이 아니다. 어두운 사사시대(士師時代)가 지나고서야 사무엘시대가 왔다."[9]

이제 한국 교회는 주림의 재림 시까지 살아남기 위해서라도 영속적인 혁명을 날마다 날마다 시도해야 한다. 이에 따라 본 항목에서는 그런 시도에 힘을 북돋아주기 위한 하나의 방편으로서, 변화에 대한 교회의 시각과 함께 변화의 선도적인 주체세력으로서의 교회에 대하여 살펴보고자 한다. 이어서 영속적인 혁명에 대해서도 언급할 것이다.

1) 변화에 대한 교회의 시각

430여년 동안 애굽에서 노예생활하고 있었던 이스라엘 백성들에게는 혁명이라는 것이 있을 수가 없었다. 그런데 하나님께서는 모세(Moses)를 통해 개입하시사 출애굽(Exodus)이라는 놀라운 혁명적 변화를 맞이하게 되었다. 이어 예표된 하나님 나라의 때인 다윗과 솔로몬 시대에는 그들을 통하여 문화적 변혁을 일으켰다. 폰 라드(von Rad)라는 구약학자는 이 솔로몬 시대를 두고 특별한 계몽시대로 보아 솔로몬 시대의 문화적 대변혁의 때였다고 높이 평가하였다.

2000년 역사를 되돌아보면, 교회는 그때 그때마다 속해 있던 정치와 경제와 문화 등의 변화와 밀접한 상관관계를 유지하면서 지금까지 성장해 왔다. 이런 와중에 때로는 교회가 사회에 혁명적 변화를 초래케 한 진원지가 되기도 하였다. 또 때로는 교회 밖에서 야기된 사회변화로 말미암아 교회가 생존의 길을 모색하거나 혹은 자체 내의 변화를 강요당하지 않으면 안 되기도 하였다. 이런 역사적 사실은 교회가 외따로 우뚝서서 사회변화에 대하여 결코 초연할 수 없었다는 것을 시사한다. 다시 말해서 교회가 그런 변화에 적절하게 적응하였거나 또는 타협을 통하여 그런 변화에 대처해 왔다는 것이다.

이런 흐름으로 보아 현금의 한국 교회는 하루가 다르게 가나안 신자들이 속출하고 있는 처지인 데도 불구하고 변화에 적응하지도 못하고 있을 뿐만 아니라 대처하지도 못하고 있는 것이다. 한국 교회의 심각한 위기로 인하여 한국의 사회적 위기로까지 치닫기 전에 뭔가의 긴급 처방전을 내놓아야 할 때다. 이런 의미에서 "심각한 종교적 위기는 큰 사회적 위기에서 비롯된 결과"[10]라고 주창한 신학자 트뢸치(Ernst Troeltsch)의 시각은 오류를 일으키고 있는 것이다. 이제는 시대적 상황이 변해서 심각한 종교적 위기가 오히려 사회적 위기를 초래케 할 수 있는 가능성이 더 많기 때문이다.

주지하는 대로 교회와 사회는 서로 불가분의 밀접한 상관관계에 있기에 서로가 영향을 주고 받는다. 그런데 엄밀한 의미에서 보아 교회가 먼저 변화해야 하는 것이 바람직스럽다. 이럴 때 사회도 덩달아 변화할 수가 있는 것이다. 이 같은 사실은 예수님의 복음운동과 루터와 칼빈의 종교개혁과 웨슬리의 부흥운동을 통해서도 여실히 확인해 볼 수 있다. 아무리 시대적 상황이 시대마다 제각기 다르게 나타난다 할지라도, 교회만큼은 기독교의 정체성(Identity)이 너무나 확연하기 때문에 절대로 그 정체성이 오도되어서는 안된다. 이것이 변화에 대한 교회의 올바른 시각이다. 그러므로 변화를 보는 교회의 시각은 언제든지 종교개혁이라는 역사적 연속성과 더불어 교회라는 공동체의식에 촛점을 맞추고 있어야 한다.

적어도 16세기 종교개혁자들에게 있어서 교회를 개혁한다는 것은 정통교회를 이탈하거나 새로운 종교운동을 일으키는 것이 아니었다. 이에 그들은 기독교의 원래의 복음으로 되돌아가서 교회로 하여금 복음의 본질면을 다시 기억하게 하고, 사도들의 증언을 재확인하는 작업에 전념하였던 것이다. 이것이 종교개혁적인 전통이다. 신학자 딜렌버그(J. Dillenberger)가 말한 바와 같이 전통이란 그리스도 안에서 하나님의 생명적 행위와 특수한 환경 안에서 자기 나름대로 삶을 영위하는 인간들의 그것에 대한 역사적인 반응에서 형성된 것이다.[11)]

18세기 영국의 시대적 상황은 제1 종교개혁자 루터와 칼빈의 당시 상황과는 달리 산업화로 말미암아 자본주의가 한창 태동하고 있었던 때였다. 이런 때에 웨슬리는 종교개혁적 전통을 이어받아 그 같은 경제적인 급격한 변화를 교회라는 공동체의 시각에서 통찰하였던 것이다. 그래서 그는 복음적인 경제(evangelical economy) 행위를 통해서 영국민을 상대로 하여 전폭적으로 박애운동을 전개하는데 전력을 다하였음이다. 이런 맥락에서 - 이미 언급한 대로 - 리처드 니버가 이르기를 새 종교운동은 이제 신학적으로나 교리적으로만 볼 것이 아니라 경제적인 입장에서도 보아야 한다는 주장에는 강력한 설득력이 있다.[12)]

이러하니 이제야말로 신자유자본주의의 정신이 대세를 이루고 있는 이 경제적 상황에 대한 한국 교회의 시각을 바로 잡을 때이다. 이것은 그 무엇보다도 한국 교회를 병들게 하고 있는 그 문제의 중병이 - 바로 맘모니즘이라는 우상숭배가 - 한 중앙에 자리를 잡고 있기 때문이다. 이런 모습에 대하여 전 전주대학교 총장 이종윤은 다음과 같이 설파하였다.

> "오늘날 한국 교회를 박해하고 있는 가장 큰 힘은 돈이다. 교회가 필요에 의한 것이라고 변명아닌 변명을 하고 있지만 사실은 헌금 액수를 늘리는데 혈안이 되어 있다. 이것을 위해 이웃교회의 성도들을 끌어들여야 하며, 교회 안에 돈 가진 자에 대한 특대와 교회의 상류사회화 현상은 날이 갈수록 심화되어 가고 있다. 이런 것들이 교회의 목을 조이고 있는 핍박이 아닐 수가 없다.
>
> 한국 교회가 정치적 또는 타종교로부터 박해를 받고 있다면, 차라리 목숨을 걸고 싸워 줄 인물들이 많이 등장하게 될 것이다. 하지만 그 보이지 않는 내적 핍박 앞에서는 한국 교회가 오금을 못펴고 항복하는 자세를 취하고 만다. 이에 우리 한국 교회는 그와 같은 비극적인 현실을 지적할 수 있어야 하겠다."[13)]

위와 같은 이종윤의 지적은 1992년에 한 것이었다. 그 때 당시에도 그랬는데 30년이 지난 오늘날이라고 해서 더하면 더했지 못하지 않다는 것은 두말할 필요도 없다. 이러할 진대 두 손 놓고 있을 수만은 없다. 이제라도 늦지 않았으니 이렇다 할만한 성서적인 대처방안이 나와야 한다. 일언해서 아직까지도 한국 교회 안에 도사리고 있는 문제의 금송아지를 죽이지 못하고 있는 결정적인 요인은 정예전통들의 인문학적 내지는 사회과학적 지식의 결핍에 있다. 이렇게 언급하고 있는 이유는 한국 교회가 세상의 4면이라 할 수 있는 정치 - 경제-사회-문화를 모르고 있어 그런 세상으로부터 당하고 있기 때문이다.

2) 선도적인 주체세력으로서의 교회

제1 종교개혁의 교리적 개혁자들인 루터와 칼빈 등은 물론 제2 종교개혁의 실천적 개혁자인 웨슬리는 한결같이 당시의 시대정신을 이끌어갔던 선도적인 주체세력으로서의 교회를 확립시켰던 위인들이었다. 따라서 현금의 한국 교회를 개혁하려고 하는 제3 종교개혁자 역시 선도적인 주체세력으로서의 교회를 확립시켜야 하는 것이 마땅하다. 이렇게 되고자 할 때는 반드시 먼저 (1) 참된 자아를 찾아야 하고 (2) 독립성을 발휘해야 하고 (3) 항거하는 도전정신을 키워야 하는 과정을 흔쾌히 밟아나가야 한다.

이리하여 선도적인 주체세력으로서의 교회가 되려면 다음과 같은 두 가지의 태도를 단호히 거부해야 한다.

첫째는 사회변화에 대하여 무관심한 교회로 남아 있는 태도가 있다. 이것은 주로 이원론적인 세계관을 지닌 보수적인 경향인 바, 이 무관심은 거룩한 교회와 세속된 사회를 구별하는 데서 비롯된 것이다. 역사적인 사례를 들자면 루터의 국가와 종교의 분리론을 그대로 계승한 루터교회가 사회변화에 무관심한 나머지 히틀러와 제3 공화국을 등장시킴으로서 인류 역사에 오점을 남긴 사실이 그것이다. 이것이 교리를 지나치게 강조하였던 루터의 한계점이 된 셈이 되었다.

둘째는 사회변화 속에서 단지 현존하고 있는 것으로 살아남아 있겠다는 현상유지적인 태도가 있다. 여기에 해당되는 경우는 가진 것들(금권·명성·권력 등)이 너무 많아 주체를 못하는 기득권 세력자들의 교회이다. 오로지 모든 은혜를 다 받고 있는 양 착각을 일으켜 여기가 그대로 좋사오니 하는 마음보가 대놓고 작동한다.

그 누가뭐라 해도 주님이 원하시는 선도적인 주체로서의 교회는 사회변화에 혁명적으로 동참하는 믿음의 공동체다. 상황윤리학자 폴 레만

(Paul Lehmann)은 혁명을 역사 안에서의 하나님의 인간화적 활동으로 이해를 하였다. 이에 인간화(Humanization)를 위한 사회변화에 상반되는 모든 사회질서는 인간에 대한 모독일 뿐만 아니라 하나님 자신을 모독하는 것이기 때문에 교회는 기존질서에 항거하는 혁명 대열에 과감히 투신해야 한다는 것이다.[14)]

이렇다고 할 때에 오늘날에 와서 인간화를 위한 사회 변화에 상반되는 일들 중에서 대표적으로 한 가지를 선택한다면, 이는 여지없이 부익부 빈익빈이라는 양극화 현상이다. 이런 양극화 현상에 대하여 이제 한국 교회는 혁명하겠다는 믿음으로 동참해야만 한다. 그 이유는 이웃에 대한 사랑 때문에 하는 것이다. 이 때의 이웃은 1차 이웃으로서 개체교회 안에서 동일하게 신앙생활을 하고 있는 교인들이다. 이에 따라 화해의 공동체적 역군으로서 한국 교회는 개체교회 안에서부터 경제적인 화해의 신학(theology of economic reconciliation)을 수립해 놓아야 한다. 그리고는 사회의 온갖 구조악에서 비롯된 가진 자와 못 가진자의 갈등 상황을 그리스도적 사랑으로 포용하여 공동선을 이루는데 하나가 될 수 있도록 분투하여야 한다. 즉 개체교회 안에 있는 교인들 간에 그 양극화현상이 최대한 축소화될 수 있도록 사랑을 실천하는데 전력을 다하라는 말이다. 이것이 바로 진정한 의미에서 사회변화에 참여하는 교회인 바, 선도적인 주체세력으로서의 교회인 것이다.

3) 영속적인 혁명적 교회

여기서 발하는 영속적인 혁명적 교회란 뭔가 대단한 언표인 것 같지만, 일언해서 개혁된 개혁교회는 또다시 개혁할 일이 있으면 끊임없이 개혁해야 한다는 프로테스탄트(protestant) 정신과 같은 맥락에서 일컫는 것이다. 다만 다른 것이 있다면 개체교회에 집중적으로 촛점을 두고 있다는 점이다. 이렇게 하는 데는 이유가 있다. 개체교회가 하나 하나씩 개혁해 나갈 때 그 영향력이 번져나감으로써 한국 교회 전체가 개혁할 수가 있기 때문이다.

그런데 개혁을 성공시키고자 하는 의도가 강력하게 되면, 여기에는 반드시 메타노이아(Metanoia)라는 과정을 거쳐야만 한다. 이 메타노이아는 인간과 공동체의 상호작용(interaction)에서 인간의 삶 속에 궁극적인 의미(ultimate meaning)를 부여하신 주 예수 그리스도를 만나게 하며, 동시에 이 만남에서 공동체적인 인간 됨(becoming)이 일어난다. 이 같은 메타노이아라는 개념을 사상의 중심에 놓고 자신의 신학을 전개한 학자는 리처드 니버이었다. 그의 신학사상에 있어서 메타노이아의 개념에는 다섯 가지의 명제들이 있다.[15)]

첫 번째의 명제로서는 회개(Repentance)가 있다. 이 회개의 의미를 지닌 메타노이아는 하나님을 향해서 온 삶의 방향을 전환시키는 것인데, 우선 온갖 우상으로부터 돌아서는 일이다. 두 번째의 명제로서는 혁명(Revolution)이 있다.(turning about) 이 하나님의 혁명은 교회의 참여 속에서 우리들의 세계를 취급하는 메타노이아의 또 하나의 근원이 된다. 이렇게 혁명의 의미도 갖고 있는 메타노이아는 과거와 미래의 재해석을 통하여 현재 안에서 활동하는 새로운 존재로 만든다.

세 번째의 명제는 회심(Conversion)이다. 삶의 회심으로 불리워지는 메타노이아는 오로지 기독교 신앙의 가장 중심에 있는 것이다. 회심은 마음의 변화(change of mind)로 복음의 나라를 모신다는 의미가 내장되어 있다. 이어 네 번째의 명제는 변화(Transformation)이다. 이 메타노이아는 모든 피조물을 인도하시는 하나님의 주도권에 바탕을 두고 계속적으로 변화하는 것을 의미한다. 동시에 이런 의미의 메타노이아는 이성적이고 도덕적인 투쟁도 포함되어 있다.[16] 그리고 다섯 번째의 명제로서는 재해석(Reinterpretation)이 있다. 이 재해석으로서의 메타노이아는 예수 그리스도의 사건(십자가의 죽음과 부활)에 의해 지배되는 것으로, 그의 성육신 없이 우리의 신앙은 유지될 수 없으며 변화될 수도 없다.

이상과 같은 일련의 메타노이아에 관한 내용들을 정리 하자면 이렇게 요약할 수가 있을 것이다. 진정으로 주 예수 그리스도를 믿는 온전한 그리스도인(Perfect Christian)은 재해석하는 작업을 통하여 복음의 나라에 구원의 확신으로 절대 순종한다. 그리고 그는 마음의 변화(회심)와 함께 이성적, 도덕적으로도(변화) 새롭게 된 존재(혁명)로서 일체의 우상숭배를 과감히 타파하는 사람이기도 하다. 이런 위대한 메타노이아의 과정은 단 한번으로 종료되는 것이 아니라 끊임없이 시도해야 되는 종말론적인(eschatological) 거룩한 일인 것이다. 이 일을 할 수 있는 유일무이한 신앙의 터전은 바로 믿음의 공동체인 교회이다. 이리하여 개혁적인 의미에서 교회가 영속적인 혁명적 교회로 새롭게 존재해야 한다는 것은 두말할 나위가 없다. 이런 경우의 존재는 과정신학자 존 캅(John B. Cobb)의 말대로 소유하기 위한 존재가 아니라 사랑을 실천하기 위한 기독교적 존재(To be)를 일컫는다.[17]

3. 사도행전의 예루살렘교회

진리의 기둥과 터가 되는 교회는 하나님의 아들이신 주 예수 그리스도를 통하여 구원 받아야 할 인간에게 주신 은총의 도구로서 하나님의 위대한 작품이다. 그러면서도 동시에 의인이자 죄인이기로 한 그리스도인들이 그 위임 맡은 교회를 만들어가야만 하는 사명 또한 있는 것이다. 이런 의미에서 교회는 그리스도인들이 그리고 있는 씨줄과 날줄의 무늬인 셈이 되겠는데, 당연히 교회의 정체성은 그런 무늬를 통해서 드러내게 되어 있다. 이러하기에 교회로 존재하는 것 자체가 개념 정도로만 머무르고 있음이 아니라 하나의 엄연한 사건(an undeniable event)이 된다. 이런 까닭에 교회의 무늬에 대하여 마냥 두 손 놓고 있을 수 만은 없는 것이다.

이에 따라 본 항목에서는 본 장에 주어진 '개조 06 가장 전형적이자 이상적인 순수정통 교회'라는 제목에 따라 그 진의를 살펴보고자, 전이해 작업으로 먼저 사도행전의 예루살렘교회에 대한 고찰을 시도해 보려고 한다. 이에 우선 예루살렘교회의 제1기 상황을 추적해 본 후에, 그 교회에 대한 주해(exegesis)를 집중적으로 논의할 것이다. 그리고는 이어서 예루살렘교회에 대한 평가들을 알아보도록 하겠다.

1) 예루살렘교회의 제1기 상황

신약신학자 박형대는 사도행전을 구조 분석하면서, 예루살렘교회를 1~4기로 나누어 그 변화의 과정을 추적하였다.[18] 그 제1기는 사도행전 1장 4절부터 6장 7절 상까지(주후 33년부터 34 · 35년까지)이고, 제2기는 사도행전 6장 7절 하부터 12장 24절까지(주후 34 · 35년부터 46년 까지)이다.[19] 이어지는 제3기는 사도행전 12장 25절부터 19장 20절까지(주후 46년부터 55년 초까지)이다.[20] 제4기는 사도행전 19장 21절부터 28장 31절까지(주후 55년부터 62년까지)이다.[21]

이에 여기에서는 본 글의 집필 의도상 사도행전 2장 42~47절과 4장 32~37절, 5장 12~16절에 촛점을 두고 있기 때문에, 그 제1기에 집중적으로 논의할 수 밖에 없다는 것을 전제로 한다. 주지하는 대로 제1기 예루살렘교회의 정예전통(elite tradition)은 베드로를 중심으로 한 사도들이었다. 그리고 대중전통(popular tradition)은 주로 유대인들과 유대교로 개종(改宗)한 사람들이었다.(행 2:19, 11:19) 여기에는 갈릴리 사람들(행 2:7)과 경건한 디아스포라(헬레파) 유대인들, 히브리파 사람들이 포함되어 있다.

이런 대중전통의 대표자로서는 공제를 위해 선출된 이들이 있었는데, 여기에는 스데반을 중심으로 7명의 집사들이 있었다. 따라서 이 때의 예루살렘교회는 주요한 기능들이라 할 수 있는 복음전파와 교육과 섬기는 봉사(행 2:42~47, 4:31~35, 5:42, 6:1)와 공동체 믿음(행 2:42)을 게을리하지 않았다. 이렇다고 할 때에 예루살렘교회야말로 교회에 주어진 그 본연의 기능들을 나름대로 조화롭게 균형을 이루고 있었다는 사실을 직시할 수가 있겠다. 이에 종교학(Religiology) 본영에서는 종교에 주어진 본연의 기능을 정체성에 따라 제대로 작동시키고 있는 종교를 진정한 종교로 본다. 이 때문에 그 종교학에서는 종교기능론을 중요하게 다루며 연구한다. 이에 대한 대표적인 학자로서는 종교의 본질에 관한 이론에서 기능(function)에 관한 이론으로 발전시킨 멜퍼드 스파이로(Melford Spiro)가 있다. 그리고 종교의 통일성 있는 포괄성이라는 맥락에서 종교의 기능주의 이론을 논한 밀턴 잉거(Miltom Yinger)라는 학자도 있다.[22] 이렇게 종교에 있어서 기능적인 역할은 그만큼 중요한 동인이 된다.

이에 예루살렘교회가 섬김(디아코니아)과 나눔(코이노니아)이라는 기능을 발휘하기 위하여 신도들이 자발적으로 밭과 집을 팔아 그 판 것의 값을 사도들의 발 앞에 두매, 그 사도들이 교회안에 있는 신도들을 1차 이웃으로 직시하고 필요에 따라 나눠주는 사랑을 실천하였다. 그 결과, 예루살렘교회 안에 있는 신도들 중에 한 사람도 가난한 이가 없었던 것이다. 그리고 모든 물건도 서로서로 통용하였다. 이와 같은 예루살렘교회의 제1기 상황에 대하여 규범적인 모습이라면서 신약신학자 유상섭은 이렇게 설파하였다.

"행 2:42~47은 초대 예루살렘교회의 삶의 모습을 요약해서 그려주고 있다. 물론 비슷한 기록이 행 4:32~37에 다시 등장한다. 여기에 묘사된 예루살렘교회의 삶의 모습은 너무나 아름답고 훌륭하다.

이 모습은 초대교회의 역사적인 모습일 뿐만 아니라 후대의 모든 교회들이 본받아야 할 규범적인 모습이다. 우리가 이 모습에 관심을 가지는 이유도 이것이 후대 교회가 보여주어야 할 교회의 참된 자화상을 제시하기 때문이다."[23)]

2) 제1기 예루살렘교회에 대한 이해

도대체가 무슨 이유로 해서 그 예루살렘교회가 규범적인 교회인가를 확인해 보고자 할 때는 필연적으로 그에 해당되는 말씀에 대한 이해의 작업이 뒤따라야 한다. 먼저 사도의 가르침(행 2:42)에서 그 가르침(didache)은 구약성경 및 그리스도의 교훈 등을 중심으로 하여 성령의 조명을 받아서 기독론적(christological)으로 해석한 내용이었다.[24)] 이에 따라 그 가르침은 예수님을 통해서 이루어진 구원의 실제이었다는 것을 간파할 수가 있다.[25)] 이 같은 사도의 가르침과 함께 말씀선포(kerygma)는 예루살렘교회의 생활에서 가장 중요한 첫 번째의 책무이었다.[26)]

특히 사도행전 2장 42절에 있는 '교제'라는 헬라어 '테 코이노니아'에서 정관사 '테'가 있는 것으로 보아, 신도들의 교제에는 공동체 의식을 갖고 재물을 함께 나누는 친밀한 관계가 형성되어 있었다는 것을 알 수가 있다.[27)] 이 물질의 공유는 사도행전 4장 32절의 말씀에 그대로 이루어져 나타난다. 그래서 한스 콘첼만(Hans Conzelmann)은 4장 32절을 그 2장 42절과 상관시켜서 해석을 하였다.[28)] 그리고 에른스트 헨챈(Ernst Haenchen)은 이것을 예배 시 헌금을 드리는 것에 국한 되었을 뿐만 아니라, 구제를 위한 전 모금과 모금의 분배도 포함한 것으로 보았다.[29)] 이렇게 재물을 서로 나누었던 것은 한 영과 한 마음을 가진 신도들의 내적인 일치를 표현한 것이었다. 이는 실로 그들이 성령을 함께 소유하는 구속적인 대역사가 그들에게 있었기 때문 이다.

그와 같은 신도들 간의 물질 공유는 신도들 스스로가 자발적으로 섬기는(디아코니아) 나눔(코이노니아) 없이는 불가능하다. 사랑의 실천이 그렇게 만든 셈이다. 이리하여 제1기 예루살렘교회의 신도들은 사도들의 가르침을 받아 사도들을 중심으로 십자가의 세로대 수직성(날줄, 종)과 그 가로대 수평성(씨줄, 횡)이라는 사랑의 무늬를 그리고 있었던 것이다. 이것은 그들이 주 예주님이 친히 말씀하신 새 계명(마 22:37~40)을 몸소 실천하였다는 것을 말해준다. 뿐만 아니라 황금율(마 7:12)도 실천한 것이었다.

여기에서 간과할 수 없는 중대한 사실이 있다. 분명히 구제 대상이 예루살렘교회 안에서 함께 신앙생활하고 있는 동료 신도들이었다는 사실이 그것이다. 실제로 예루살렘교회의 구제 대상은 교회 밖에 있는 비신자들이 아니었다. 교회안에 있는 가난하고 궁핍한 신도들이었다는 사실은 여기에만 나타나는 것이 아니고 사도행전 전반에 나타나는 내용이다.[30)]

3) 예루살렘교회에 대한 평가들

확실히 예루살렘교회의 신도들은 사도들로부터 가르침을 받아 예수님의 십자가의 죽음에서 죽어가는 신앙을 종말론적으로 체험하는 사람들이었다. 그들은 생존생계형의 기복신앙에서 구도형적인 믿음으로까지 성화(sanctification) 시킴으로 말미암아, 자신들의 물질과 소유마저도 십자가 위에 올려놓았던 것이다.

"(십자가의) 죽음이라는 명사가 갑자기(물질까지도 죽이는) 동사로 자기에게 파고드는 사건을 경험하는 것이다. 명사로 굳어진 사람이 동사적 율동을 회복하는 것이다.

여러분, (십자가의) 죽음에만 매달리지 말고 (십자가를 통해서) 죽어가는 일을 응시하기 바란다... 명사로는 계란 하나로 깰 수 없다."[31]

에리히 프롬(Erich Fromm)의 말과 같이, 소유(To have)에서 존재(To be)로 메타노이아(metanoia)한 혁명적 교회라 할 수 있는 예루살렘교회에 대한 일련의 평가는 주목할 만한 가치가 있다. 먼저 서창원은 '참된 교회'라는 제목의 설교에서 예루살렘교회가 참된 교회의 모습을 보여주었다고 일렀다.[32] 이어 박창식 '이상적인 교회상'이라는 설교에서 예루살렘교회를 진정한 교회의 모습이라고 부르며, 우리가 해야 할 일은 사도행전에서 보여준 바로 그런 교회를 세우는 일이라고 주장하였다.[33] 이러면서 그는 그런 교회야말로 우리가 꿈꾸는 이상적인 교회상이자 모든 교회의 원형이라고도 부연하였다.[34]

한편 김서택은 예루살렘교회를 두고 이르기를 가장 정상적이고 올바른 교회의 모습을 보여주었다고 하였다.[35] 또 곽선희는 예루살렘교회를 참 교회의 모델이라고 하였으며,[36] 이순한은 현대 교회가 반드시 본받아야 할 전형적인 교회의 모습이라고 강변하였다.[37] 그리고 정성구는 '이상적 교회생활'이라는 설교에서 예루살렘교회 자체가 이상적인 교회 · 교회의 참된 모습 · 순수하고 깨끗한 교회이었다고 극찬하였다.[38] 이어 한규삼은 이상적인 공동체이었다는 것을 분명히 하였다.[39]

이어서 김현진은 공동체 운동에 초점을 두고 연구하는 가운데, 예루살렘교회가 모든 기독교 공동체의 모델이라고 주장하였다. 그래서 예루살렘교회는 성령의 역사로 자연스럽게 물질의 교제를 나누었던 진정한 공동체이었다는 것이다.[40] 그리고 김창수는 예루살렘교회를 교회성장의 모델로 제시하면서 교회성장학 또는 선교학의 가정을 열어놓았다.[41] 또 박철수는 예루살렘교회의 모습은 사유재산의 포기와 함께 총체적 유무상통이 있는 존재지향적 교회로서 표준교회이었다고 일렀다.[42]

그런데 여기에서 의구심이 드는 것이 있다. 위에 언급된 대다수의 목회자들이 예루살렘교회를 두고 한결같이 그렇게도 청송하였는 데도 불구하고, 왜 자신들이 담임하고 있는 개체교회에 그대로 적용시키는 목회는 하지 않았는가 하는 점이다. 이렇게 될 수밖에 없는 이유는 핵심체가 되는 교회안의 물질 공유에 대한 관건은 무관심하듯이 통과(passing)한 채, 그들이 예루살렘교회를 예(例)로 들면서 성령운동만을 운운하고 있기 때문이다. 이렇게 된 데는 이것 또한 인문학적 내지는 사회과학적 지식의 결핍에서 비롯된 것이다.

이어서 계속 예루살렘교회에 대한 전문학자들의 평가들을 알아 보기로 한다. 이에 존슨(Luke T. Johnson)은 예루살렘 공동체의 모습을 헬라적 이상과 구약의 이상을 실현한 것으로 보았다.[43] 그리고 포웰(M. A. Powell)은 더 강하게 사도행전의 두 구절(행 2:42~47, 4:31~35)에서 예루살렘교회가 기독교 공산주의를 실행했을 뿐만 아니라 이것을 이상화(理想化)하였다고 주장하였다.[44] 또 윈더링톤(B. Witherington)은 예루살렘교회가 로마 · 헬라철학자들이 추구하던 이상사회와 쿰란공동체가 실현하였던 공동사회와 유사한 면이 있다고 일렀다.[45]

이에 더하여 기독교철학자 정기철은 사도행전 2장 42~47절과 4장 31~35절에 기록된 초대 기독교 공동체의 경제는 하나님의 경제적 정의를 말하는 것으로서, 그리스도의 경제적 주권이 실현된 것을 보여준 것이라고 하였다.[46] 이는 당시의 그리스도인들의 윤리적 삶이 임박한 종말론적 기대와 밀접하게 연관되어 있기에, 그렇게 사랑을 실천하였던 것이다.[47] 사회경제사상가 말틴 헹엘(Martin Hengel)은 사도행전 2장 44절과

4장 32절의 말씀을 들어 예루살렘 초대 공동체는 여지없이 공산사회이었다는 것을 직시하였다.[48]

심지어는 무신론적 철학자 에른스트 블로흐(Ernst Bloch)까지도 예루살렘 초대 공동체의 공동생활에 대하여 다음과 같이 긍정적으로 관조하였다.

> "(1) 초대 공동체의 재산공유는 그들에게 미친 종말의 강한 영향 때문이라는 사실에 바탕을 두고 있다.
> (2) 그 사랑의 공동생활에는 자발성과 임의성이 있었다. 이것은 외적 강제에 종속되어 있지도 않았다. 결정적인 것은 조직이 아니라 코이노이아에 있었다.
> (3) 당시 예루살렘교회의 신도들은 불의한 재물과 재물에 대한 근심을 비판한 예수의 메시지를 올바르게 참조하였다, 뿐만 아니라 예수의 설교와 삶의 방식을 계속해서 기억하고 있었다."[49]

이리하여 페쉬(R. Pesch) 같은 학자는 예루살렘교회의 신도들이야말로 단지 사유재산을 포기하는 공동주의자들이었다기 보다는 하나님 사랑과 이웃 사랑을 실천함으로서, 하나님 나라의 백성인 것을 증거하는 자유로운 헌신자들이었다고 설파하였다.[50] 이어 윌리암 맥버니(William S. McBirinie)는 예루살렘교회는 예수님께서 세우신 교회라면서 그 교회의 특징을 전도하며 세례를 주는 교회, 사도들의 가르침에 충실한 교회, 교제를 중요시한 교회, 애찬을 자주하는 교회, 기도하는 교회, 신유의 역사가 강한 교회, 담대히 증거하는 교회, 가르치고 배우는 교회, 선거하는 교회, 그 무엇보다도 재물과 소유를 정당하게 분배하는 교회로 정리해 주었다.[51] 이에 그는 참된 교회(true church)를 가려내는 식별 기준을 그리스도께서 마음속에 품으셨던 바로 그 사도행전의 예루살렘교회다운가 아닌가에다 촛점을 두고 판단하였다.[52]

4. 맺음말 : 예루살렘교회의 실현화

이제까지 우리는 교회에 대한 총괄적 이해를 통하여, 과연 교회는 어떻게 되어야 하겠는가를 원론적인 의미에서 여러 측면으로 살펴 보았다. 그래서 얻어낸 결론은 교회는 구조상 역사 종말론적 교회(하나님 나라의 사랑-역사-교회)이어야 한다는 것을 재차 확인한 바 있다. 그리고는 이어서 교회는 시대적인 삶의 정황에 따른 변화에 대해서 도외시 내지는 무관심할 수만은 없다는 것을 밝혔다. 그 이유는 선도적인 주체세력으로서의 교회가 되려면, 그 삶의 정황을 주도해나가야 하겠기 때문이다. 이런 때의 교회는 영속적인 혁명적 교회가 되지 않고서는 안된다. 이 경우의 핵심어는 여전히 메타노이아이다.

이제 실제적인 면으로 돌아와서, 실로 역사 종말론적 교회가 선도적인 주체세력으로서의 교회이자 영속적인 혁명적 교회로 실재할 수 있겠는가 하는 것이다. 바로 지금 여기에서(here and maw) 말이다. 얼마든지 그런 교회가 실재할 수 있다. 단 조건이 있다. 사도행전의 예루살렘교회의 모습을 현재의 삶의 정황 - 이미 개조 02에서 언급한 대로 '민주적인 자유주의적 자본주의' - 에 대하여 철두철미 분석(analysis)한 후에 성경 말씀의 중심주제인 '하나님 나라의 사랑'을 적용시키면 되는 일이다. 이 적용시키는 일이 사도행전의 예루살렘교회를 실현화(Realization)시키는 거룩한 작업인 것이다.

반드시 그렇게 해야만 하는 결정적인 이유는 예루살렘교회야말로 기독교 2000년 역사상 실재하고 있었던 그 많은 교회들 중에서 가장 전형적이자 이상적인 순수정통 교회이었기 때문이다.

주(註)

1) Louis Berkhof, *Systematic Theology*, Grand Rapid : Eerdmans, 1972, 서윤택 역, 세종문화사, 1991, p.264.
2) 은준관, 『신학적 교회론』, 대한기독교서회, 1998.
3) *Ibid.*, pp.71~89.
4) *Ibid.*, pp.91~108.
5) *Ibid.*, p.167.
6) *Ibid.*, pp.175~268.
7) *Ibid.*, pp.271~345.
8) *Ibid.*, pp.425~442.
9) 김상훈, "권두언 " 기독교의 흥망성쇠", 「신학지남」(겨울호), 신학지남사, 2015, p.6.
10) Ernst Troeltsch, *The Social Teaching of the Christian Churches* (Vol. I), by Trans. O. Wyon, Harper & Row, 1960, p. 47.
11) J. Dillenberger and C. Welch, *Protestant Christianity*, Charles Scribner's Sons, 1954, p.313.
12) Richard Niebuhr, *The Social Sources of Denominationalism*, Merdian Books Inc., 1929, p.27.
13) 이종윤, "한국 교회의 성장과 그 문제점", 『한국 교회의 종교개혁』(신앙 강좌 시리즈4), 엠마오, 1992, p.120.
14) Fritz Buri, *Gott in Amerika*, 1960, 변선환 역, 전망사, 1988, pp.106~113.
15) E. W. Poitras, *H. Richard Niebuhr and the Missionary Witness*,

ph. D. dissertation, Drew University, 1966, p.221: 1968년 교회사가 E. W. Poitras는 논자가 감리교신학대학교 재학 시 세계교회사 담당교수였다.

16) Richard Niebuhr, *The Meaning of Revelation*, 1941, 박대인 김득중 역, 대한기독교서회, 1968, p.120.

17) John B. Cobb, *The Structure of Christian Existence*, The Westminster Press, 김상일 역, 전망사, 1930, pp. 14 ~ 124.

18) 박형대, "사도행전에 소개된 예루살렘교회의 변화에 대한 소고", 「신학지남」(여름호), 신학지남사, 2010. pp.107~132.

19) *Ibid.,* pp.116~119.

20) *Ibid.,* pp.119~120.

21) *Ibid.,* pp.120~122.

22) J, Milton Yinger, *The Scientific Study of Religion*, Collier Macmillan Publishers, 1970, pp.92~99, 502~503.

23) 유상섭, "예루살렘교회의 규범적인 모습(행전 2:42~47)", 「신학지남」(여름호), 신학지남사, 1999, p.255.

24) 「톰슨II 주석성경」, 기독지혜사, 1992, p.193.

25) 유상섭, *Op. cit.*, p.258.

26) 「트리니티 말씀대전」(25: 사도행전), 목양서원, 1993, p.96.

27) 「톰슨II 주석성경」, p.123.

28) 유상섭, *Op. cit.*, p.261.

29) *Ibid.*

30) *Ibid.,* pp.275~276.

31) 최진석, 「인간이 그리는 무늬」, 소나무, 2014, pp.230, 285~288: 괄호 안에 있는 말은 논자가 임의로 첨가한 것이다.

32) 서창원, 「사도행전 강해집II」, 진리의 깃발, 1997, p.78.

33) 박창식, 「성령을 기다리는 교회」, 문예사, 2002, p.69.

34) *Ibid.*

35) 김서택, 「오순절에 일어난 부흥」, 솔로몬, 2007, p.83.

36) 곽선희, 「교회의 권세」, 계몽문화사, 1995, p.154.

37) 이순한, 「사도행전 강해」, 한국기독교교육연구원, 1993, p.175.

38) 정성구, 「사도행전 강해설교」, 총신대출판부, 1996, p.47.

39) 한규삼, 「사도행전」, 생명의 말씀사, 2006, p.81.

40) 김현진, 「공동체 신학」, 예영커뮤니케이션, 1998, p.97.

41) 김창수, 「사도행전에 교회성장의 열쇠가 있다」, 엘맨, 2000.

42) 정훈책, "예루살렘교회는 이상적이며 모범적인 교회인가", 「신학지남」(여름호), 신학지남사, 2008, p.161.(주 19에서 인용)

43) *Ibid.*, pp.160.

44) *Ibid.*

45) *Ibid.*

46) 정기철, "종말론과 경제생활", 「기독교와 경제」, 호남신학대학교출판부, 1999, p.278.

47) *Ibid.*, p.284.

48) Martin Hengel, *Property and Riches in the Early Church : Aspects of Social History of Early Christianity*, 1973, 이정희 역, 대한기독교서회, 1992, p.20.

49) *Ibid.*, pp.58~62.

50) 정훈택, *Op. cit.*, pp.174~175.

51) William S. McBirinie, *The Search for the Early Church : New Testament Principles for the Todays Church*, Tyndale House Publishers, 1978, pp.31~40.

52) *Ibid.*, pp.157~161.

개조 07

인기스타 산업화된 종교시장과 헌금사업

1. 인기스타의 산업화 현상
2. 한국인의 교회시장
3. 십일조 중심의 헌금 사업

인기스타 산업화된 종교시장과 헌금사업

1980년 실천신학자 정용섭은 그동안 한국 교회는 온통 십일조 헌금과 교회당 건축과 교인배가운동 등 일련의 경제적 자립과 외적인 성장이 곧 교회성장을 의미하는 것으로 여겨왔다고 지적을 하였다.[1] 때문에 교회의 내적인 성장이나 교인들의 올바른 신앙생활에는 사실상 촛점을 두지 않았다는 것이다.[2] 이에 대한 대안책으로 그는 공동체 신앙의 진솔한 회복을 제시하고 나왔다.

1992년 전 전주대학교 총장 이종윤은 한국 교회의 위기를 대형화 경향으로 진단하면서 교회개념을 상실한 채, 개교회주의에 함몰되어 있는 현상을 심각하게 우려하였다.[3] 이 중심에는 맘모니즘이 도사리고 있다는 것을 그는 간파하였다.[4]

1993년 실천신학자 정성구는 한국 교회 안에 인본주의 사상의 유물주의가 깊숙히 들어와 있으며, 팽배한 기복신앙이 자리를 잡고 있다는 것을 지적하였다.[5] 이어서 그는 1998년에 한국 교회의 위기들 중의 하나로 개인주의적이며 극단적인 자기 사랑이라는 것은 분명히 하였다.[6] 그리고 조직신학자 김영한은 성장둔화된 한국 교회의 문제점을 내실 없는 양적 성장과 목회자 · 교인들의 윤리성 결여로 인한 사회적 신뢰의 실추, 세속주의의 물결, 선지자적 역할 외면 등으로 정리하였다.[7]

상기에 언급된 일련의 학자들의 주장을 총괄하여 요약한다고 할 때는 단 하나로 언표할 수가 있겠다. 바로 이 하나가 한국 교회의 문제의 중병인 맘모니즘이다. 그런데 이 맘모니즘을 극대화시키려면, 그 맘모니즘을 책동하고 있는 당사자는 어쩔 수 없이 인기스타로 등극(throne)하게 되어 있다. 이때의 인기스타는 산업화가 된다. 그래서 산업화는 또한 종교시장을 필요로 하며, 이 목적의 숨은 뜻은 헌금사업으로 막대한 이익을 창출해내는데 있다.

이에 즈음해서 여기에서는 한국 교회의 산업화된 인기스타 현상을 확인해 본 후에, 그 산업화가 판치고 있는 종교시장의 상황에 대하여 피력해 보고자 한다. 그리고는 영리단체로 전락(degradation)하고만 한국 교회의 실태에 대해서도 알아볼 것이다.

1. 인기스타의 산업화 현상

종교학도가 어느 종교를 객관적으로 가치중립적인 태도에 의해 연구한다고 할지라도 이따금씩 저항하는 현상학도로 변신하는 경우가 있다. 그 이유는 종교학도 역시 인간이기에 인간에 대한 것 치고 일어나고 있는 현상에 대하여 낯선 것이란 없기 때문이다.[8] 이런 가운데 창조적인 해석을 시도할 수가 있는 것이다.

이리하여 본 항목에서 인기스타의 산업화현상을 확인해 본다는 것은 한국 사람으로 이루어진 한국 교회의 정예전통들 중에서 산업화를 위하여 인기스타가 되고자 고군분투하는 동향을 알아보는 일이다. 이를 위해서 먼저 한국이라는 전반적인 상황을 색인(inclex)해보며, 한국인의 동조문화에 이어서 영웅주의자들의 신앙술에 대해서도 논의해 볼 것이다.

1) 한국의 전반적인 상황

한국 교회가 진정 개혁하기를 원한다면 한국 교회가 한국인의 교회이니 만큼 한국의 전반적인 상황을 보여지는 대로 볼 수 있는 태도가 필요하다. 이것이 선과제인 셈이 되겠다. 이 선과제를 도외시하게 되면 그 사람은 한국인인 것을 상실한 나머지 사대주의(flunkeyism) 신앙에 함몰되어 있는 섬나라 사람에 지나지 않는다.

한국인은 놀이하는 인간(homo ludens)답게 오락공화국을 조성하기도 하였다. 그런데도 한국인의 스트레스 지수와 자살률은 세계 최고 수준이다. 이는 땅이 좁고 자원이 없는 나라가 살 길은 근면과 경쟁밖에 없는 바, 이것이 그렇게 만든 것이다. 그와 함께 대중매체가 지배하는 사회 속에 살다보니 그에 따른 쏠림 · 소용돌이 현상이 두드러지게 표출되기도 한다. 더불어 살아야 하겠다는 공동체의식은 내팽개친 채, 극한 이기주의의 최정상이라 할 수 있는 승자 독식주의가 횡행하고 있다. 이와 부화뇌동한 최대주의(maximalism)가 1극 소용돌이와 함께 작동하고 있음이다. 여기에는 큰 것이 아름답다는 거대담론증이 내장되어 있다는 것을 간파할 수가 있다. 이에 대한 대표적인 사례를 하나 들자면, 한국이 세계 50대 교회들 중에서 제1위를 포함하여 23개를 갖고 있다는 사실이 그것을 말해준다.

빨리 빨리의 문화가 팽배해 있는 한국인은 여러 영역에서 대외의존도가 강렬하다. 한국 교회 같은 경우에는 구미신학에서 비롯된 꽃다발 신학에만 매몰되어 있어 한국적 신학 하나 제대로 발굴하지 못하고 있다. 있었다 해도 한국인의 정서를 잘못 읽고 내놓은 민중신학 정도가 있을 뿐이었다. 이렇게 대외의존도가 강렬한 이유들 중의 하나는 한국인의 심리 가운데에는 강자와 동일시하고자 하는 마음이 도사리고 있기 때문이다. 여기에는 남모르게 은밀히 작동하고 있는 자본(資本)의 내면화가 있다. 제임스 헐먼(James Hermen)은 "돈은 원초적으로 무의식의 대상"이라고 토로한 적이 있다. 이리하여 이 강자의 돈에서 권력과 명성이 나온다는 것이다.

한국의 군중들은 집단극화(group polarization)에 쉽게 빠져드는 경향이 농후하다. 네티즌들(netizens)이 벌떼처럼 민첩하게 움직이는 예(例)가 그것이다. 박근혜 대통령 탄핵 시 광화문에 몰려들었던 촛불혁명이 그러하였다. 이에 구스타프 르 봉(Gustave Le Bon)은 몰려다니는 군중들의 속성을 다음과 같이 정리하였다.

> "군중은 충동의 노예다. 군중의 기질은 과장적이기 때문에 과격한 감정에만 쉽게 끌린다. 또 군중은 편협하고 독재적이며 보수적이다. 군중은 마치 범죄자처럼 쉽게 용감해진다."[9]

이에 따라 군중은 사회적 비교에 의존하기 때문에 쏠림현상을 일으킨다. 이 쏠림현상의 대표적인 사례를 종교학자 정진홍은 한국 교회에서 찾아냈다.[10] 그래서 한국 교회에 그렇게도 대 교회들이 많다는 것이다. 그 같은 쏠림현상은 심리적으로 안정감을 가져다주는 그것으로 위안을 받는다. 이로 인하여 끼리끼리 모여사는 벙커도시를 조성하기도 한다. 이 벙커도시의 사람들은 또한 집단사고(grupthink)를 가짐으로써 낙관론에 빠져 있는 탓에, 집단적으로 눈이 멀어지는 맹신(盲信)현상을 야기시키는 경우가 많다. 이런 와중에도 힘이 강한 자의 눈치를 보는 처세술에 능하다.

이런 상황에 자유시장의 개념과 가치가 더하여져서 소위 거짓과 편법을 부추기는 문화(cheating culture)가 만연하기에 이르렀다. 이에 대하여 미국의 정치학자 데이비드 켈러헌(David Callahan)은 이렇게 묘사하였다.

> "첫째는 자유방임주의에 힘입어 돈과 손익계산을 중시하게 되었다. 둘째로 수익과 성과만이 성공의 목적이 되면서 일순간 공정성은 낡은 가치가 되고 말았다. 셋째로 시장의 힘이 세진 결과로 말미암아 자기의존적인 개인주의와 물질만능주의(맘모니즘)만이 난무하게 되었다."[11)]

이런 것으로 하여 거짓과 편법이 성행하게 되었다면서, 데이비드 켈러헌은 그 이유들로 다음 4가지를 들었다. 이 4가지는 (1) 경쟁이 치열한 나머지 도덕을 쓰레기통에 내동댕이 쳤으며 (2) 승자 독식주의가 횡행되었으며 (3) 속임수에 기대려는 유혹이 강해졌으며 (4) 곳곳에 침투해 있는 부정부패로 인한 불안 · 냉소주의 · 박탈감에 시달하고 있다는 것이었다.[12)] 이렇게 심각하게 문제를 제기하고 있는 그가 놀라울 정도로 그 대안책의 해결 방안을 종교의 영성(Spirituality)의 역할에서 찾았음에 우리는 주목해야 한다.

인간이 잘 났으면 도대체 얼마나 잘 났길래, 평범하게 목회하고 있는 목회자의 수 백배가 되는 돈을 받아 챙기는 게 과연 정당화되고 미화될 수가 있겠는가를 반문하고 싶다. 결국에는 그 영성의 역할에 기대할 것이 없다는 말이다. 실제 영속적인 혁명적 교회로 개혁되지 않는 한 거의 불가능한 일이다. 우리 한국인, 특히 한국 교회를 지배하는 인지법 중의 하나는 시각주의(視覺主義)라는 것이 있다. 뭔가 이름 꽤나 있고 덩치 큰 교회가 있으며 그런대로 좀 있어 보이면 그 쪽으로 눈이 돌아간다. 그리고는 쏠림현상을 일으켜 철새교인들이 바람 따라 보란듯이 이동하는 날개를 친다. 당연히 단호하게 아니라고 부정하겠지만, 거기에는 헌금생활을 제대로 하지 않으려는 은밀한 배금주의(拜金主義)가 작동하고 있다는 사실을 부인할 수가 없다. 왜냐하면 시각주의의 함정에는 이미 그 배금주의가 내장되어 있었을 것이기 때문이다.

이상에서 살펴 본 대로 한국의 전반적인 상황은 자유주의의 정신적 가치인 시장경제와 사유화, 경쟁, 이윤의 심리가 지나치게 과열되어 있는 나머지, 각자도생적인 삶의 모습들이 적나라하게 드러나 있다는 것을 알게 되었다. 이 같은 상황에 한국 교회마저 발을 맞춰온 셈이었다.

이런 일련의 상황에 대하여 이제라도 한국 교회가 성찰을 심도 있게 한 후에 공존상생(共存相生)의 터전을 만들기 위해서라도, 그 일환책의 하나로 통섭(Consilience)하는 작업을 게을리하지 말아야 하겠다. 이 통섭은 큰 줄기(統)를 잡다(攝)는 것으로 서로 다른 것을 한데 묶어 새로운 것을 창출한다는 의미를 담고 있다. 다시 말해서 인문학과 사회과학과 자연과학 등을 통합해 새로운 것을 만들어내는 범학문적 연구를 일컫는다.[13] 이래야만 하는 통섭의 이유는 섞여야 아름답고 섞여야 강해지기 때문이다.

이제는 모든 것을 쪼개어 분석해서 기점으로 되돌아가는 환원주의(Reductionism)의 태도는 지양되어야 한다. 그 통섭에 동원된 인문학과 사회과학과 데이아르 드 샤르댕(Theilhard de Chardin) 같이 자연과학에다 더하여 신학을 접목(接木)시키게 되면, 자연스럽게 사랑의 실천이라는 건덕을 도출해낼 수 있어야 한다. 이에 영속적인 혁명적 교회로서 사도행전의 예루살렘교회처럼 사랑을 실천할 때, 한국 교회는 한국의 전반적인 상황을 선도할 수 있는 주체세력으로서의 교회로 당당하게 우뚝서서 존재할 수가 있는 것이다.

2) 한국인의 동조문화

한국인은 명분과 과거에 묶여 있어서 종속적인 경우가 많다. 그래서 주어진 대답에 익숙하다. 이런 것으로 해서 보수이든 진보이든 그 어느 진영도 미래를 말하는 능력이 없다. 이제는 그 어느 진영이든 상승을 지향하는 혁신을 할 때이다. 현대철학자 니체(Friedrich Nietzche)는 "허물을 벗지 못하는 뱀은 파멸한다. 의견을 바꾸는 것을 방해받는 정신들도 마찬가지다"[14] 라고 설파한 적이 있다.

혁신은 정해진 마음을 버리고 다음으로 건너가는 일이다. 여기에는 과감한 용기 있는 태도가 요청된다. 그 용기는 생각하고 또 생각하는 것으로 와! 하고 몰려다니는 동조문화(同調文化)에 동의하지 않는다. 왜냐하면 용기 있는 태도는 따라하기의 종속성(subordination)을 붕괴시키는 위인이기 때문이다. 바야흐로 낡은 문법(文法) 따위를 버리고 독립의 주체성을 보장하는 새 말과 새 몸짓이 있어야 할 때이다. 이런데도 그렇게 하지 못하고 있는 이유는 자신만의 생각에 사로잡혀 있는 상(相)을 정해놓고 있어서이다. 그 상은 이익을 가져다주는 소유와 직결되어 있다는 것은 두말할 여지가 없다.

왜 한국인은 마냥 한 쪽으로 쏠리는 동조문화가 그렇게 강렬할까를 자문자답할 수 있어야 한다. 종교학전공 문화학자 최준식은 집단을 못 떠나는 한국인과 가족형 집단주의 성향, 한국인의 우리주의(Weness), 다름을 못 참는 한국인의 모습에서 그 원인을 찾았다.[15] 이 동조문화는 가짜 행복을 권하는 사회의 분위기에서 파생된 도피처와도 같은 것이다.[16] 이런 문화를 두고 사회심리학자 김태형은 가짜 자존감을 전하는 사회의 분위기와도 연결시켜서 이해를 하였다.[17] 그리고 철학자 탁석산이 한국인은 행복 스트레스에 시달리고 있다는 그의 견해를 유추해 볼 때에, 행복 자체가 세속종교로까지 변질되어 어느 특정한 교회에로 몰리는 현상을 보이고 있다는 것을 아주 쉽게 추정해 낼 수가 있다.[18] 이것 역시 동조문화 현상이 그렇게 만든 것이다.

서구문화권에서는 '나'를 중심으로 하는 울타리가 있는 외딴 집에 독립해 사는 존재로 이해하는 반면에 동양문화권에서는 '나'를 큰 기와집에 식구들과 함께 모여사는 방식으로 이해를 한다. 전자를 독립적 자기해석(independent self construal)이라 부르고, 후자를 상호의존적 자기해석(interdependent self construal)이라고 부른다.[19]

여기서 말하는 큰 기와집과 상호의존적인 자기해석은 자연스럽게 동조문화와 일맥상통한다. 예전에 방영된 인기 드라마 '한 지붕 세 가족'이 단적으로 그것을 말해준다. 이런 현상을 두고 기독교 상담학자 권수영은 동반의존증(co-dependence)이라고 불렀다.[20] 이것이 심한 경우에는 중독된 관계로까지 발전한다. 이에 대하여 권수영은 다음과 같이 해제해 주었다.

> "관계중독의 중심에는 자기학대(self-abuse)라는 것이 있다. 이 자기학대 중독은 신앙공동체의 종교지도자에게 영향을 줄 뿐만 아니라 그 공동체의 구조 자체에 깊이 침투한다는 것이다.
>
> 즉 성직자가 헌신하면 할수록 교인들의 의존도는 점점 심해지고, 나중에는 이런 의존도에 따라 움직이는 구조가 되고 만다는 것이다."[21]

이어 교육심리학자 김재은은 동조문화를 조성하는 동조행동이란 일종의 눈치보기라고 하였다. 그는 그 동조성을 "집단에서 느끼는 무언의 압력에 개인행동을 양보해서 집단적 동조행동에 호응하는 한 형태로, 이것은 특히나 집단의 흐름에 매우 민감하게 감응하고 반응하는 기질을 갖고 있는 것이다."[22]라고 정의하였다. 이런 동조행동이 극단적으로 치닫게 되면 무엇보다도 한국 교회 같은 경우에는 그 어떤 개혁도 기대할 수가 없다.

실제로 동조문화는 어느 특정한 인물 내지는 장소에로 사람들이 몰려가는 추세가 강렬하여 거대한 팬덤(fandom)을 형성하기도 한다. 그래서 그 문화에는 도대체가 경계선이라는 것이 실재하지 않는다. 이것은 조직이나 단체에서도 사람 사이에 힘의 균형을 이루는 경계를 만드는 것이 중요하기에 하는 말이다.[23)]

한국 교회 같은 경우는 더욱 그러하다. 나와 나의 교회만이 부를 축적키 위해 은행 통장의 숫자를 더 많이 늘릴 것이 아니다. 주위에 있는 교회들과 함께 공감하고 서로에게 힘을 줄 수 있는 관계가 공존상생할 수 있도록 이웃 교회들을 배려하는 관계적인 경계가 필요한 것이다. 이제는 한국 교회의 존재 밑바탕에 경계와 경계 사이를 상호관계성으로 서로 서로가 존중하는 역량이 요청된다.

3) 영웅주의자들의 신앙술

한국의 전반적인 상황을 주도하고 있는 핵심어(核心語) 중의 하나는 경쟁심리로, 이것이 너무나는 팽배해 있다는 사실이다. 이리하여 각 분야에서 저마다 인기스타가 되고자 그렇게도 발버둥치고 있음이다. 이는 인기스타가 되는 것 자체가 산업화인 줄로 알고 있기 때문이다. 그래서 일단 인기스타로 등극하게 되면 아주 용이하게 동조문화까지 형성된다는 것 또한 잘 알고 있다. 따라서 인기스타로 산업화시키는 데 있어서 성공한 사람들에게는 일순간 돈 · 명성 · 권력이라는 기복의 문제가 해결된다.

종교학에서는 종교인이 신앙체계를 빌미로 삼아 어떤 특정한 소기의 목적을 달성하기 위하며 온갖 수단과 방법을 가리지 않는 술책을 종교기술(religious engineer)이라고 부른다. 이 종교기술을 기독교의 입장에서 조직신학자 김광식은 신앙술이라고 불렀다. 그런데 문제는 영웅주의자들일수록 신앙술에 아주 능하다는 데 있다. 그래서 영 분별의 은사(고전 12:10)가 필요한 것이다. 도날드 블로쉬(Donald G. Bloesch)는 영웅주의자에 대하여 다음과 같이 언급하였다.

> "그스도인들이 어느 정도는 영웅주의에 젖어 있기 때문에, 우리가 그것에 대해서 흔히 간과해 버리는 태도는 하나의 위험한 일이다. 우리는 영웅이 아니라 성도가 되어야 한다.(고전 1:2)... 영웅주의 이념이 기독교 신앙속으로 침투해 올 때, 그리스도의 모습은 항상 거꾸로 바뀐다.
>
> 예수님은 편견과 나이로 인한 제약을 초월한 선지자적 인물, 종교와 사회의 억압적 구조에 대항하는 현명한 지도자이었다... 그리스도인의 표지는 십자가를 지는 고난이지 영웅적인 정복이 아니다. 교회는 사회에다 그 뜻을 관철시키려는 권력 구조와 혼돈어서는 안 된다."[24]

디트리히 본회퍼(Dietrich Bonhoeffer)도 역시 복음적 기독교와 영웅주의의 끈질긴 유혹 사이의 차이를 예의 주시하는 가운데, 영웅적인 것의 추구가 아니라 하나님의 사랑에 촛점을 둬야 한다고 강변하였다.[25] 이러하기에 영웅주의의 이상을 옹호하는 세태를 멀리하고 오로지 하나님 나라에 이바지하는 시대를 요청해야 한다는 것이다.[26]

한마디로 말해서 인기스타의 산업화 현상은 동조문화 때문에 가능한 것이다. 그리고 이 인기스타는 신앙술을 부리는 영웅주의자이다. 이 영웅주의자는 동시에 능력주의자로 행세하기도 한다. 이 능력주의자는 자연스럽게 입신 출세주의와 맞닿는다. 이어서 그들은 승자독식과 부익부 빈익빈 현상을 부추긴다.[27] 이로 인해 불공정과 불평등이 득세하는 상황으로까지 변해간다.

2. 한국인의 교회시장

일부에서 나타난 한국 교회의 문제를 모두의 문제로 확대시킬 필요는 없다. 그렇다고 해서 문제가 없는 척하자는 것이 아니다. 왜냐하면 문제를 야기시키고 있는 일부 교회들이 끼치는 그 영향력이 막강하기 때문이다. 이로 말미암아 그 피해는 고스란히 미자립(개척 · 비전) 교회들이 받고 있기에 더욱 그러하다. 인기스타로 등극한 영웅주의자들은 동조문화에 힘을 받아 더욱 큰 산업화를 위한 교회시장을 확대시키어 나간다.

이에 따라 여기에서는 먼저 한국의 종교시장에 대하여 살펴 본 후에, 일부 총망라주의적 목회행위와 그로 인해 야기되는 일련의 신앙 병리현상에 대해서도 언급해 보기로 할 것이다.

1) 한국의 종교시장론

일반적으로 종교시장론(religious market theory)이라고 할 때, 이 이론은 주류 종교학의 연구 분야의 하나로 광의적이고 경제학적인 의미에 중점을 둔 용어이다. 이와 동일한 의미로 쓰여지기도 하는 합리적 선택이론은 사회학적인 관점에서 다소 협의적으로 종교현상을 이해할 때 사용된다.[28] 따라서 교회시장론이라고 할 경우의 그 의미는 포괄적인 맥락에서 모든 종교를 논의하고 있는 종교시장론과는 다르게, 좁은 맥락에서 한국 교회에 국한시켜 논의하는 것을 말함이다. 그러나 종교시장론이나 교회시장론이나 개념상 의미하는 내용은 동일하다.

종교시장론의 가장 큰 특징은 사회적 행위자로서 종교시장에도 구성하고 있는 공급자와 소비자가 있는 바, 이들은 서로가 본질적으로 교환

관계에 있다는 것이다.[29] 이런 종교행위의 기본은 자발적 자기 이익의 추구에 있다.[30] 이에 종교학자 유광석은 종교를 너무나 성스럽게만 대하고 교리나 영적인 면만을 주목하고 있기에, 우리는 종교가 가진 너무도 많은 면을 놓쳐버리고 있다는 것을 지적하였다.[31]

이어서 그는 합리적 선택이론(rational choise theory)을 설명하는 중에 모든 인간이 자신의 시간이나 돈 · 정성을 소비할 때는 그럴만한 합리적인 이유가 있듯이 종교 또한 마찬가지라는 것이다. 그 이론에 따르면 각 종교는 공급자(혹은 판매자)이며, 신자는 수요자(혹은 구매자)이기에 이들은 시장에서 경제활동을 하듯이 종교 활동도 그렇다고 일렀다. 이렇게 보면 불교와 기독교는 각각 브라만교와 유대교(Judaism)라는 당시의 기존 공급자가 제공하지 못한 새로운 종교 서비스를 선보임으로서 새 수요층을 흡수할 수가 있었던 것이다.

근대 이후에 세계적으로 탈(脫) 국교회가 진행되면서 본격적인 종교 자유시장 경제시대가 열렸다. 이런 환경에서 각각의 종교 역시 처음 창시될 때의 모습 그대로가 아니라 끊임없이 사회와 호흡하면서 유연하게 진화해 왔다. 종교는 이렇게 지속적으로 세상과 유기적으로 영향을 주고 받으며 변해가고 있는데, 기독교만 아직도 철저히 공급자 위주로만 돌아가고 있다. 이제는 수요자가 되는 신자에게도 세심한 관심을 둬야 종교시장을 제대로 이해할 수가 있는 것이다 이래야만 하는 이유는 자기이익에 몰두하고 있는 신자들 중에는 의외로 무임승차하는 경우가 많기 때문이다.[32] 이들에게서 한결같이 나타난 공통점은 무임승차하는 신자들일수록 대형 종교집단만을 쇼핑하는 것처럼 골라서 위선적으로 믿음이랍시고 신앙생활을 하고 있다는 사실이다.

이런 사실로 말미암아 여기에도 쏠림현상에 의한 동조문화가 형성되어 종교집단 간에 부익부 빈익빈이라는 양극화현상이 나타나 있다. 이런 현상을 두고 유광석은 다음과 같이 설명하였다.

> "한국의 종교 과점시장 역시 바로 이런 시장집중도에 큰 영향을 받고 있다고 해석하는 것이 종교시장 이론의 해석이다. 4대 기성종교(불교, 개신교회, 천주교, 유교)의 시장점유율이 98%이면 다른 종교들의 성장이 구조적으로 제한 받고 있다는 것이 된다."[33)]

이와 같은 종교 과점시장의 상황을 여과없이 한국인의 교회시장에 그대로 대입(代入)시키게 되면 정확하게 동일한 현상으로 와닿는다. 종교사회학자 이원규에 따르면, 교회성장론은 개인주의 신앙을 강조한 나머지 기복신앙의 만연을 가져왔으며, 교회의 대형화 추세는 농촌과 공단지역에 있는 교회의 소외를 심화시킴으로 말미암아 교회의 계층화를 자극시켰다고 성토하였다.[34)]

2) 총망라주의적 목회행위

이미 언급한 대로 한국인이 그리스도인이 된 것은 한국인의 정서에 맞춰 신앙생활하기 위함에 있는 것이 아니라, 주님의 말씀에 따라 그리스도인이 되어 신앙생활하고자 함에 있는 것이다. 그 이유는 주님은 한국인만을 위한 주님이 아니시기 때문이다.

논자는 종교학 본영의 입장에서 한국인의 정서는 지금 이 세상이 전부이기에 직접 피부에 와닿는 것만을 추구하는 즉, 경험적 현세주의라고 피력한 바 있다. 이런 정서에는 감각의 즐거움을 좇는 인생주의와 좋음을 추구하는 실용주의 또한 내장되어 있다.[35)] 이런 정서로 말미암아 그토록 기복신앙이 득세 만연되어 있었던 것이다. 철학자 최정호는 복에 관한 담론(談論)을 하는 가운데 한국의 기복사상과 기층문화에 대해서 다음과 같이 언급하였다.

> "예나 지금이나 한국인은 돈이 많고 높은 벼슬을 하고 자식을 많이 두고 오래 오래 사는 것을 복으로 여겨왔다. 수(壽), 부(富), 귀(貴), 다남자(多男子)가 바로 그것이다.... 그런데 그 '수'사상에는 현세 긍정주의가 들어가 있다... 그리고 '부'사상에는 총망라주의가 있다... '부'의 물질주의는 '수'의 현세주의와 더불어 한국인의 복사상의 바탕을 이루는 한국적 현세주의의 두 기둥이라고 할 수가 있다...
>
> 여기에는 가문의식과 족보제도도 한몫을 하고 있다... 그리고 '귀'사상은 벼슬과 치부의 일원 구조를 이루고 있다.... 이 '귀'사상은 더 나아가 권세지향적인 것이기에 당연히 출세주의를 갈구한다."[36]

그와 같이 언급하고 있는 최정호는 한국인에게 있어서 '부'사상에는 총망라주의가 있다면서, 이것을 물질적 무선별의 망라주의와 정신적 무선별의 망라주의로 나누었다.[37] 전자는 돈을 벌기 위해서는 별의 별짓을 다 하는 것으로, 온통 모든 것을 선별없이 다 갖추어대는 일종의 망라주의적으로서의 나열주의이다.[38] 즉 가장 좋은 것은 빠짐없이 두루 망라, 나열한다는 그런 탐욕이 물질적인 가치관을 형성하고 있다는 것이다. 후자는 한국인은 포용적인 샤마니즘의 영향으로 말미암아 신앙심도 망라주의와 함께 신앙 대상도 다다익선주의의 성향을 보여, 일종의 한국적인 다신교 내지는 범신교 현상을 보이고 있다는 견해이다.

이런 한국인의 총망라주의적인 태도는 점점 더 확대 되어간다. '수'라고 하는 지극히 개인적인 복의 개념은 '부'를 통해서 가족으로 확대되어가고 다시 '귀'를 통해서 가문으로 확대된다면, 여기에서 복의 개념은 가문을 잇는 시간적인 차원으로까지 진입하여 그것의 네 번째인 '다남자'의 축원을 낳는다는 것은 한국인에게는 아주 자연스러운 일이 되고 만다.[39] 이런 일련의 태도를 전형적으로 보여주고 있는 것이 기복사상의 부산물이기도 한 바로 그 문제의 한국 교회의 세습행태인 것이다. 본시 한국인의 기복사상에는 공(公)의 세계가 없기에 이웃(타자) 역시 안중에도 없다. 더 나아가 초월자도 없다. 이것을 한국 교회에 그대로 적용시키게 되면, 구도신앙에로 성숙하지 못한 채 여전히 기복신앙에만 정체되어 있을 때, 결국 그런 신앙에는 이웃도 없을 뿐만 아니라 하나님마저도 없는 셈이 된다.

그런 기복신앙으로 인하여 새 계명(마 22:37~40)을 실천하지 않는 사람을 두고 웨슬리는 유사 그리스도인이라고 불렀다.[40] 사회철학자 게오르그 짐멜(Georg Simmel)은 보다 많은 삶으로서(als mehr Leben) 복을 추구하지 말고 삶보다 이상의 것(mehr als Leben)의 복을 추구하라고 일렀다.[41]

이런 상황에 교회시장에서 한국 교회가 총망라주의적으로 목회행위를 하고 있는 사례들로서는 대 교회를 본부로 삼아 각 부동산 투기지역에 지성전 세우기와 노선별로 교회버스 운행하기, 교회공원묘지 조성하기, 학교세우기, 병원세우기 등등이 있다. 이런 목회행위는 1885년 이후 선교초창기에는 유효적절한 방법일 수 있겠다. 하지만 건국시대→산업화시대→민주화시대를 지나 이제 선진화시대에서는 맞지 않는 방법이다. 그 이유는 한국 교회가 그런 식으로 목회행위를 안해도 될 만큼 정부가 부자라는 데 있다. 그래서 그렇게 선한 사업을 하고 있는 데도 선한 영향력을 끼치기는 커녕 오히려 온갖 비난과 모욕을 당하고 있는 것이다. 여기에는 그럴 만한 까닭이 있는데, 그들이 믿기로는 한국 교회가 전도라는 것을 빌미로 삼아 그런 것을 통해서 돈벌이하고 있다고 생각하고 있기 때문이다.

3) 신앙 병리현상

총망라주의적인 나열주의식의 산업화된 인기스타의 목회행위가 이웃교회들과의 경계선마저 헐어버리고 극단 이기주의로 말미암아 이웃교회의 부재현상과 함께 하나님의 부재현상으로까지 치닫고 있다. 이로 인해서 야기된 신앙 병리현상이 가나안 신자들 및 탈교인들을 양산케 할 뿐만 아니라 급기야는 전도의 문을 닫게 만든 것이다. 이 신앙 병리현상의 대표적인 것으로서는 이미 지적한 대로 그 지성전 세우기와 노선별 교회차량 운행하기 등이 있다. 이런 것들은 정말 복음이 진정 무엇인가를 알고 있다면, 결단코 할 수 없는 목회행위인 것이다. 이런 경우의 그 행위는 여지없이 행위적인 무신론자의 작태이다.

먼저 전도지상주의의 일환책으로 위장된 지성전 세우기는 잘 알고 있는 바와 같이 신뢰할 수 있는 특정한 목회자를 파송시켜 놓고는 거기서 생기는 헌금을 모두 수납하는 것으로, 그 지성전은 프랜차이즈(franchise)로 본 교회의 대행 기관인 셈이 된다. 이런 경우에 지성전을 맡고 있는 목회자는 단지 고객을 관리하는 대리 창구일 뿐이다. 이 지성 전세우기는 마케팅의 대가 알 리스(Al Ries)와 잭 트라우트(Jack Trout)에 따르면 분할의 법칙과 라인확장의 법칙과 재원의 법칙을 그대로 적용시킨 전략 중의 하나이다.[42] 동시에 이 전략은 생존 생계형적인 기복신앙술이다. 이것은 오로지 물량주의적인 교회지상주의에 매몰되어 있는 행태이다. 일언해서 이 같은 지성전 세우기는 거대주의(Giantism)를 지향하는 대 교회를 구실로 삼아 문어발식으로 목회를 운영하여 헌금을 거둬들이는 영리사업과 조금도 다를 바 없는 것이 된다.

이 지성전 세우기와 더불어 신앙 병리현상을 일으키고 있는 것으로서의 또 하나는 그 노선별로 교회차량을 운행하는 행태가 있다. 종교학자 윤이흠은 포교의 자유와 관련하여 다음과 같이 천명하였다.

> "포교의 자유는 신조나 신앙의 내용과는 별도의 사회질서가 불가피하게 관련된다. 중심세력의 자리로 옮겨 앉은 종교가 포교의 자유를 외치면

서 무제한 자기확대를 도모하려 할 때, 이는 이미 자기 신조의 사회적 강요라는 문화적 횡포를 의미한다. 오늘의 기독교가 이에 속하며, 오늘날 종교의 자유가 그런 맥락에서 논의되고 있는 것 또한 사실이다.

현대 다원가치체계 질서의 유지를 위해서는 무분별한 자기팽창주의적인 선교활동에 가져오는 종교적 마찰의 위험을 피하고 상호관계 질서의 지혜를 가져야 할 것이다. 상호관계의 질서, 이것이야말로 현대 개방사회의 제1의 사회규범이다. 이 규범의 존중 위에서 선교의 자유가 보장되고 또 행사되어져야 한다."[43]

이러한 데도 일부 한국의 대 교회들은 조금도 부끄러움 없이 저인망식으로 노선별로 교회차량을 운행해서 교인들을 모조리 훑어 실어나르고 있다. 지역내의 이웃 교회들을 잔인하게 고사(枯死)시키고 있는 것이다. 이런 형태는 조직신학자 김광식에 따르면 신앙술에 해당된다.[44] 그리고 후안 오르티즈(Juan Ortiz)는 교인들을 야적장에다 하나 하나씩 쌓아 올려지는 벽돌로 취급하는 목회를 하지 말라고 충언하였다. 그에게 있어서의 벽돌은 그 자체가 돈으로 간주되었다.

일반시장에서는 서민들의 생존권을 위하여 여객운수 사업을 보호한다는 차원에서 백화점 셔틀버스 운행을 헌법재판소의 판결에 따라 2007년 6월 30일부터 금지시켰다. 당시 재판부는 결정문(2001헌 마132)에서 "백화점 등의 무분별한 셔틀버스 운행으로 공공성을 띤 여객운송 사업체의 경영에 타격을 줌으로써 건전한 여객운송절서 확립에 장애를 불러왔다"며 "셔틀버스는 형식상 무상운행이지만 결국 모든 상품에 전가됨으로 실질상 유상운행이나 다름이 없다는 것을 분명히 명시하였다.[45]

이상에서 알아본 바와 앞이, 노선별 교회차량 운행과 관련하여 나름대로 정리해 볼 필요가 있다. 첫째는 한국 교회의 지성적인 수준이 일반사회보다 그 수준이 이하라는 점이다. 둘째는 한국 교회가 공동체의식을 갖고 지역교회를 배려하는 마음이 전혀 없다는 점이다. 셋째는 한국 교회는 노선별 교회차량 운행을 스스로 자정 능력을 갖고 정리할 수 있을 만큼 성숙하지 못했다는 점이다. 넷째는 한국 교회가 헌법 제20조(종교의 자유 및 정교분리의 원칙)을 십분활용한 나머지 성역화시키여 기피대상으로 삼고 있다는 점이다. 다섯째는 한국 교회의 일부 교회가 비대해지면 비대해질수록 나타날 수밖에 없는 부패의 실상을 그대로 보여주고 있다는 점이다.

한국인의 교회시장에서 실재하고 있는 그 지성전 세우기와 노선별 교회차량 운행하기는 분명히 총망라주의적 목회행위에서 비롯된 것으로 신앙 병리현상임에는 틀림이 없다. 여기에는 한국 교회의 종족의 우상과 동굴의 우상에 이어서 노출된 시장의 우상(idola fori)이 더 한층 한 몫을 하였던 것이다. 이 같은 신앙 병리현상은 경제학자 장하준에 따르면 인간이 인간을 착취하는 행위로서, 나쁜 사마리아인들(bad samaritans)이 신앙술수를 부리고 있는 도둑질의 모습이다.[46]

3. 십일조 중심의 헌금 사업

하나님은 성경을 통해서 돈에 대해 가장 많이 말씀하고 있다. 실제로 그리스도도 비유하신 38가지 중 16가지가 물질에 대해서 말씀하고 있다. 뿐만 아니라 신약에서는 천국과 지옥을 합한 것보다 더 많이 물질에 대해 다루고 있으며, 기도보다 5배 가량 더 많이 다루고 있다. 그리고 기도와 믿음에 대한 절(Verse)은 500여 개 있는 반면에 돈과 재물에 대해서는 2,630여 개의 절이 있다.[47]

이리하여 제2 종교개혁자 웨슬리는 주님의 재판 때는 다른 것은 안 물으시고 너에게 맡긴 재물을 어떻게 쓰다가 왔는가를 물으신다는 설교를 자주 하곤 하였다.[48] 이런 사실만 보아도 신자유자본주의의 영향을 받아 재물의 축적에 온통 혈안(血眼)이 되어 있는 이 시대에 오늘의 교회가 돈에 대한 성경의 가르침의 중요성을 간과해서는 결단코 안 될 것이다.

이에 따라 본 항목에서는 한국 교회가 하나의 큰 중병으로 앓고 있는 맘모니즘의 실체를 점검해보고 난 후에, 십일조(Tithe)의 세 가지의 용처에 대하여 알아보고자 한다. 이렇게 하는 데는 충분한 이유가 있다. 한국 교회가 그 맘모니즘 때문에 말씀에 따라 십일조를 용처대로 사용하지 않고 있어서이다. 그래서 '십일조 중심의 헌금사업'이라고 명명한 것이다.

1) 맘모니즘의 실체

맘모니즘(Mammonism)이란 한마디로 돈을 우상시해서 하나님보다 더 섬기는 행태를 말함이다. 이 '섬기다'라는 말에는 '기준을 삼다' 또는 '판단의 근거로 삼다'라는 의미가 내장되어 있다. 다시 말해서 믿는 그리스도인들이 무슨 일을 하고자 할 때에 하나님의 말씀에 우선하여 경제적 이득에다 판단기준을 두게 되면 그것 자체가 맘모니즘인 것이다.

맘모니즘에 빠져 있는 사람은 하나님의 소유권을 분명히 하지 않는 마음에서 비롯된 것으로 즉, 소유하고 있는 모든 것은 하나님이 주셨다는 것을 인정하지 않는 마음이다. 주지하는 대로 땅과 거기에 충만한 것과 세계(시 24:1)는 물론 금과 은(학 2:8)도 포함해서 이 세상의 존재하는 것 - 들에 핀 백합화와 공중의 나는 새 까지도 - 그 모두가 다 하나님의 것이다.(전 5:18~19) 이러하기에 그리스도인들은 돈 자체가 선한 수단인 줄로 믿고 신앙심을 갉아먹지 않도록 항상 근신하며 깨어 있어야만 한다. 따라서 돈 때문에 마귀의 올무(딤전 3:7, 딤후 2:26)에 빠져서도 안 되겠다. 이는

돈을 사랑하는 것이 일만 악의 뿌리가 되기에 더욱 그러하다.(딤전 6:10)

그 어떤 경우라 할지라도, 그리스도인은 하나님께서 주신 모든 것을 맡아 관리하는 청지기일 뿐이라는 엄연한 사실을 항상 염두에 두면서 믿음의 영적 생활을 영위해야만 한다.(눅 12:42, 엡 3:2) 그런데 이 청지기의 직분을 이행하는 주체세력은 쌍방적이다. 하나는 헌금을 수납하는 개체교회이고 다른 하나는 그 개체교회에서 신앙생활하고 있는 신도들이다. 즉 개체교회는 개체교회대로, 신도들은 신도들대로 청치기의 직분을 제대로 말씀에 따라 이행해야 한다는 말이다. 이럴 때 건강한 교회가 될 수 있음이다. 문제는 각기 주어진 대로 청지기의 직분을 제대로 이행하고 있지 않다는데 있다.

그 무엇보다도 솔선수범해야 할 개체교회가 그 많은 종류의 헌금을 수납하면서도 하나님의 말씀에 따라 사용하고 있지 않다는 데에 그 심각성이 있다. 종교사회학자 이원규는 한국 교회가 수납하는 헌금의 종류가 무려 85개나 된다면서 다음과 같이 확인해 주었다.

> "헌금을 많이 내면 물질적 축복을 더 많이 받는다는 것을 설파함으로써 기독교인으로 하여금 헌금을 더 많이 내도록 강요하고 있다. 이러다보니 헌금의 종류는 셀 수도 없이 많아졌다.
>
> 일반헌금(주일헌금, 십일조헌금, 월정헌금, 주정헌금 등), 특별헌금(감사헌금, 부활절-추수감사절-맥추감사절-성탄절 등의 절기헌금, 신년헌금, 헌신예배헌금, 부흥회헌금 등), 부가헌금(선교헌금, 구제헌금, 심방헌금, 구역회 또는 속회헌금 등) 수십가지의 헌금을 교인들은 강요당하고 있다. 걷을 수 있는 모든 항목과 구실을 붙여 내라고 하면서 이에 대하여 복을 준다고 한다."[49]

이렇게 기복신앙을 빌미로 삼아 성도들로 하여금 할 수 있는 대로 가능한 만큼 더 많이 헌금을 낼 수 있도록 강요하고 있는 셈이다. 이런 모습을 두고 종교신학자 유동식은 「국민일보」와의 인터뷰에서 한국 교회가 복음이나 제대로 알고 헌금장사를 하는지 모르겠다면서 개탄한 적이 있다. 이런 것들이야말로 한국 교회가 보이고 있는 맘모니즘의 실태(realities)라고 아니 할 수가 없다.

2) 십일조의 세 가지 용처

신자가 하나님의 말씀에 따라 돈을 제대로 사용하게 되면 그의 마음은 천국에 연결되어 있는 것이다. 이렇게 돈을 어디에 사용하고 있는가 하는 문제는 중요한 것이 된다. 이는 "네 보물 있는 그 곳에는 네 마음도 있느니라"(마 6:21)는 말씀에 잘 나타나 있다. 이리하여 하나님이 시키시는 돈 훈련의 방법 중의 하나가 십일조이다. 가장 기초적인 훈련이라 할 수 있는 이 십일조는 중생한 신자들에게 거듭나자마자 시키시는 훈련으로서, 명령을 받은 신자들이 반드시 실천에 옮겨야 할 의무사항이다.(말 3:10)

이런데도 신약교회를 지나치게 강조한 나머지 십일조는 구약시대의 것이라 하여 그 무용론(無用論)을 주창하고 있는 일부 정예전통이 있다. 대표적으로 신학대학원에서 신학을 전공한 소설가 조성기(누가)를 들 수가 있다. 그는 십일조는 이미 폐지된 것으로 그리스도인과는 아무런 상관이 없다고 강변하였다.[50] 그 누가뭐라 해도 구약성경이 하나님의 말씀으로 절대무오무흠한 이상으로 있는 한, 신자라면 십일조 생활은 반드시 해야만 한다. 그럼에도 신앙생활을 하고 있다면서 절대로 십일조하지 않는 신자들이 의외로 많다.

처음에는 믿음이 안 들어가서 뭔지를 몰라 십일조를 안내는 줄로 알았다. 언젠가 믿음이 들어가면 알아서 십일조를 내겠지하고 생각하고 있었다. 그런데 그것이 아니었다. 논자가 근 50년 목회생활을 해오면서 분명하게 확인된 사실들이 있다. 그렇게도 신앙생활한 지가 오래 되었는 데도 십일조를 하지 않는 까닭은 아주 간단하다. 왜냐하면, 그 사람 자체가 인색하기 때문이다.(고후 9:7) 이와는 달리 믿음이 있든 없든 상관없이 일단 믿음생활을 제대로 해보겠다는 사람들 중에는 아무리 초신자라 할지라도 십일조 생활을 하더라는 것이다.

그것이 궁금해서 물었다. 이렇게 대답하였다. "아니, 목사님 저를 뭘로 아세요? 제가 십일조를 안내면 목사님은 뭘로 먹고 사세요. 그리고 물세, 전기세 등 운영비는 어떻게 하구요." 이래서 알게 되었다. 이는 다름이 아니라 지극히 정상적인 사고방식과 함께 교회를 배려하는 상식만 가지고 있어도 십일조 생활은 한다는 것이다. 그리고 또 하나 알게 된 것은 투명한 개척(또는 비전) 교회일수록 거의 십일조 생활을 하고 있는 신자들이 많다는 사실이다. 반면에 인색하기가 그지없어 십일조를 안내려고 하는 신자들일수록 철새교인이 되어 익명성이 보장되어 있는 대 교회로 몰려간다는 사실이 또 하나 있다.

거기에는 정확하게 이태리 경제학자 빌프레도 파레토(Vilfredo Fareto)가 주창한 20:80이라는 법칙이 적용된다. 이 법칙은 그 어느 조직이든 구성원들 중의 20%만이 재정적으로 그 80%의 몫을 대신 책임을 지고 간다는 이론이다.[51] 예를 들자면 1,000명이 모이는 교회인 경우에 200명만이 바로 그 교회를 재정적으로 책임을 지고, 그 나머지 800명은 십일조는 물론 헌금생활을 편의주의적으로 책임감없이 한다는 셈이 된다. 이 800명을 두고 종교학의 종교시장론에서는 무임승차자라고 부른다. 그들은 유사 그리스도인일 확률이 높다. 한마디로 말해서 그들은 청지기의 직분을 하나님의 말씀에 따라 제대로 실천하고 있지 않은 것이다.

한편 개체교회는 개체교회대로 과연 청지기의 직분을 이행하고는 있을까를 확인해 볼 필요가 있다. 신자들에게 십일조 생활을 하라고 명령하신 하나님이 그 십일조의 용처에 대해서도 명령하셨다는 것은 두말할 나위가 없다. 따라서 그 명령에 순종해서 십일조의 용처대로 사용하는가 안 하는가의 책임은 온전히 그 십일조를 수납하고 있는 개체교회의 의지에 달려 있는 문제이다.

신약학자 유동준은 십일조의 용처를 세 가지로 나누어서 설명해 주었다. 이 세 가지의 용처는 (1) 교역자의 생활공급(민 18:21~24) (2) 복음전파 및 그에 따른 교회시설 유지(신 14:22~27) (3) 구제(신 14:2 28~29)이다.[52] 단연 이 용처 중에서 문제가 되는 것은 잘 알다시피 구제비다. 그 이유는 수납한 십일조를 그 용처에 따라 구제비를 제대로 지출하고 있지 않기 때문이다. 설령 있다 해도 연말연시를 기해서 보여주기식으로 소외계층을 사랑한다면서 제공하는 선물 공세 정도가 다다. 그래봐야 전체 결산의 1~2%에 지나지 않는다. 이것 역시 구제비를 1차적으로 다른데다 쓰고 있는 것이니, 결국은 유용(流用)하고 있는 것이나 다름이 없다. 사랑의 실천은 비일자부 전전후해야만 하는 주님의 명령인 바, 그런 식으로 구제비를 유용하고 있는 것이다.

이쯤해서 도대체가 한국 교회는 얼마만큼의 헌금을 보유하고 있을까에 대해서, 한번 정도는 주도면밀하게 계산해 볼 여지가 있다. 이것 역시 논자가 목회경험상 얻어진 것으로 비교적 정확한 계산방법이다. 1,000명 정도 개체교회의 1년 헌금 액수의 계산방법은 의외로 간단하다. 통상 서울을 위시한 수도권 교회는 무조건 출석교인 1명당 10만원 씩 계산해서 1,000명을 곱하게 되면 1억이 나오는데 이것이 1개월의 총수입액이 된다. 이런 식으로 계산해 1만명의 개체 교회는 1년의 총수입액이 120억이 되고, 2만명의 개체교회는 240억이 되고, 3만명의 개체교회는 360억이 되고, 4만명의 개체교회는 480억이 되고, 5만명의 개체교회는 600억이 되는 셈이다. 이렇게 종교시장 바닥에서 헌금사업을 잘해서 호황을 누리고 있는데, 자식들한테 물려주지 누구 좋으라고 남에게 덥썩 돈 덩어리를 넘겨주겠는가 하는 불순한 생각이 들긴 들겠다. 그렇다 하더라도 탐욕에서 비롯된 교회세습은 결단코 해서는 안 된다.

3) 탐욕의 파노라마

개체교회가 십일조의 용처에 따라 구제비를 정당하게 지출하지 않고, 신자들 80%가 십일조 생활을 제대로 하지 않는 이유는 한마디로 탐욕 때문이다. 이런 상황에서 한국 교회가 건강한 믿음의 공동체가 될 수 없다는 것은 당연하다. 솔직히 말해서 한국인의 교회가 유독히 탐욕이 그렇게도 많은 까닭은 그 문제의 기복신앙에서 비롯된 것이다.

탐욕의 사전적 의미는 지나치게 많은 욕심으로서 부당하게 탐하는 욕망이다.(시 119:36) 예수님은 탐욕이 사람을 더럽게 하는 인간의 일반적인 속성이라고 가르치셨다.(막 7:22) 이어 사람의 생명은 소유의 넉넉함에 있는 것이 아니기에 탐욕을 물리치라고 권면을 하셨다.(눅 12:15) 그리고 빛의 자녀로서 탐욕은 그 이름이라도 멀리해야 하고(엡 5:5), 탐욕에 관련된 자는 저주의 자식이라고까지 선언하셨다.(벧후 2:14) 특히 개체교회의 직분자들의 기본 요건으로 탐욕이 없어야 한다는 사실이 강조되었다.(딤전 3:2~3, 3:8~9, 딛 1:7)

인간의 욕심에는 물욕과 명예욕, 권세욕, 독점욕, 특별히 탐욕 등등이 있는데 이런 것들은 다른 사람과의 관계를 통해서 드러난다. 이에 사회학자 김병서는 한국을 물질욕이 팽배해져 있는 사회와 권력욕이 지배하는 사회, 명예욕으로 가득차 있는 사회로 규정을 하였다.[53] 전 총신대 대학원장 신성종은 일언하여 욕심이야말로 우상숭배라면서, 그 예로 가룟 유다를 우상숭배에 빠져 있던 탐욕자라고 일렀다.[54] 이어 그는 제사장의 아들인 엘리와 사무엘의 자녀들을 일컫어 성직(聖職)을 이용하여 탐욕을 부린 자들이었다고 하였다.[55] 그리고 정신과의사 차준구는 에덴동산의 아담과 하와에게서 최초의 욕심을 찾아냈다. 그리고는 이어서 그는 그 욕심으로 인하여 생기는 정신질환의 사례들을 다음과 같이 들었다.

> "욕심은 현실 적응을 어렵게 한다. 욕심은 다른 사람들에게 피해와 고통을 준다. 욕심은 자신을 망친다. 욕심은 자신을 나타내려고 한다."[56]

전 남서울교회 목사 홍정길은 교회생활에서의 욕심의 모습을 허영으로 보고 있으며, 이 허영은 신도들이 직분을 사모하는 데서 찾아볼 수 있다고 지적하였다.[57] 무엇보다도 그는 목회자들의 허영에서 비롯된 성취욕은 죄를 범하는 지름길이라는 것을 분명히 하였다.[58] 그리고 교육학자 박성수는 욕심의 악마성은 은밀함과 위장성에 더 많이 존재하고 있으며, 이 위장된 도덕적 원리를 내세워 개인적 욕심을 이렇게 저렇게 정당화하기도 한다고 일렀다.[59]

이미 누차 한국 교회의 욕심은 탐욕으로까지 상승, 발전하여 맘모니즘에 함몰되어 있다는 사실을 여러 차례 강조한 바 있다. 이 맘모니즘은 한국 교회의 큰 중병으로서 여러 모양으로 합병증세를 일으키고 있다는 것은 두말할 여지가 없다. 글자 그대를 탐욕의 파노라마(panorama)를 보이고 있다는 것이다.

전 고신대 석좌교수 손봉호는 "이단이란 것은 교리적인 것이지 행실적인 것은 아니다. 행실로 따진다면 한국 교회가 이단이다"라고 단언하였다.[60] 이어 그는 한국 교회가 부와 권력과 명예만을 좇으면서 예수님을 섬긴다고 립서비스(lip service)만 해대고 있노라고 질타하였다.[61] 그리고는 너무나 많은 교회들이 돈을 우상숭배하고 있다는 것도 함께 지적하였다.[62] 그래서 돈이 있는 상위계층만을 대변이나 하고 있는 종교로 자리매김을 했다는 것이다.

런던신학교에서 신학을 전공한 양희송은 한국의 대형교회는 이제 빙하기 멸종위기 공룡과 같다고 일갈하였다.[63] 또 「예수 없는 예수 교회」의 저자인 사회학자 한완상은 5만개 한국 교회의 대다수가 예수가 없다면서 그 이유를 한국 교회의 자기 배(腹) 불리기에 급급한 탐욕에서 찾았다.[64] 이런가 하면 사회학자 류태영은 한국 교회가 하나님 중심의 교회가 아니라 돈과 권력과 조직과 명예 등으로 점철된 인간 중심의 교회로 변질되고 말았다는 것을 토로하였다.[65] 노철학자 김형석은 100세 일기(日記)에서 다음과 같은 말을 남겼다.

> "톨스토이는 세상을 떠나기 얼마전... 화덕 불을 쬐면서 '좀더 많은 사람을 사랑하고 싶었는데....'라는 말을 되뇌었다... 그는 성경을 읽으면서 삶의 의미를 찾으려고 작가의 길을 택하였다. 많은 재산과 농토를 소유한 삶을 부끄럽게 후회하면서 살았다...
>
> 높은 정상에 오르기 위해서는 무거운 것들은 산 아래에 남겨두는 법이다. 정신적 가치와 인격의 숭고함을 위해서는 소유의 노예가 되어서는 안된다. 소유는 베풀기 위해 주어진 것이지 즐기기 위해 갖는 것이 아니다. 톨스토이가 나에게 남겨준 교훈은 '정신적으로는 상류층으로 살지만, 경제적으로는 중산층에 머물러 있어야 행복하다' 이었다."[66]

주(註)

1) 정용섭, 「교회갱신의 신학」(실천신학총서), 대한기독교출판사, 1980, p.269.
2) *Ibid.*
3) 이종윤, "한국 교회 성장과 그 문제점", 「한국 교회의 종교개혁」(신앙강좌 시리즈4), 엠마오, 1992, p.112.
4) *Ibid.*, p.120.
5) 정성구, "21세기의 한국 교회 무엇을 준비할 것인가", 「신학지남」(겨울호), 신학지남사, 1993, p.117.
6) 정성구, "한국 교회의 위기 극복", 「신학지남」(가을호), 신학지남사, 1998, p.196.
7) 김영한, "한국 교회 성장이 둔화되고 있다", 「신앙 세계」(303호), 신앙세계사, 1993, pp.60~63.
8) 이길용, 「이야기 종교학」, 종문화사, 2018, p.290.
9) Gustave Le Bon, *The Crowd: A Study of the Popular Mind*, 1985, 이상돈 역, 간디서원, 2005, pp.38~52.
10) 졸저, 「교회세습의 바벨론 포로」, 왕중왕, 2008, p.116.(재인용)
11) David Callahan, Cheating Culture, 강미경 역, 서들, 2008, pp.30~32.
12) *Ibid.*, pp.34~37.
13) 지원배, "미디어, 믹스(MIX)를 넘어선 통섭의 시대", 「CHEIL WORLDWIDE」, 2008년 9월, p.14.
14) Samuel Enoch Stumpf, *A History of Philosophy*, Mc Graw-Hill, Inc., 1975, 이광재 역, 종로서적, 1992, pp.496~501.
15) 최준식, 「한국인에게 문화는 있는가」, 사계절, 1999, pp.33~159,

215~236.

16) 김태형, 「가짜 행복을 권하는 사회」, 갈매나무, 2021, pp.13~63.

17) 김태형, 「가짜 자존감을 권하는 사회」, 갈매나무, 2020, pp.142~145.

18) 탁석산, 「행복 스트레스」, 창비, 2016, pp.65~68.

19) 권수영, 「한국인의 관계심리학」, 살림, 2011, p.34.

20) *Ibid.,* p.48.

21) *Ibid.,* p.49.

22) 김재은, 「떼창의 심리학 : 한국인의 한, 흥, 정 그리고 끼」, 푸른사상, 2021, p.53.

23) 권수영, *Op. cit.*, p.93.

24) Donald. G. Bloesch, *Faith and its Counterfeits*, Inter - Varsity Christian Fellowship, 1981, 김해규 역, 생명의 말씀사, 1983, pp.115~116, 119~120.

25) *Ibid.,* p.130.

26) *Ibid.,* pp.133.

27) 박권일, 「한국의 능력주의」, 이데아, 2021, p.126.

28) 유광석, 「종교시장의 이해」, 다산출판사, 2014, p.9.

29) *Ibid.,* pp.17~18, 29~30.

30) *Ibid.,* p.30.

31) *Ibid.,* p.17.

32) *Ibid.,* p.14.

33) *Ibid.,* p.99.

34) 이원규, 「한국 교회의 사회학적 이해」, 성서연구사, 1992, pp.241~242.

35) 탁석산, 「한국인은 무엇으로 사는가」, 창비, 2015. pp.80~102, 124~153.

36) 최정호, 「복에 관한 담론: 기복사상과 한국의 기층문화」, 돌베게, 2010, pp.54~55, 59~62, 96~102, 124~127, 165~169.

37) *Ibid.*, pp.96~107.

38) *Ibid.*, pp.96~97.

39) *Ibid.*, p.139.

40) John Wesley, *The Holy Spirit and Power*, Bridge-Logos, 2003, 김광석 역, 요단출판사, 2011, pp.63~77.

41) 최정호, *Op. cit.*, p.208.

42) Al Ries. Jack Trout, *The 22 Immutable Caws of Marketing*, Harper Collins Publishers, 1993, 이수정 역, 비즈니스 맵, 2008, pp.111~120, 131~142, 223~230.

43) 윤이흠, 「한국종교연구」(1권), 집문당, 1988, pp.241~242, 313. cf. 김경동, 「발전의 사회학」, 문학과 지성사, 1980, p.88.

44) 김광식, 「언행일치의 신학」, 종로서적성서출판, 2000, p.180.

45) 졸저, 「헌금을 매주일 나눠주는 교회」, 기빙백, 2018, pp.162~163.(재인용)

46) 장하준, 「나쁜 사마리아인들」, 부키, 2007, pp.161~187.

47) 김도일, "돈, 무엇을 어떻게 가르칠 것인가", 「기독교와 경제」, 호남신학대학교 출판부, 1999, p.107.

48) 김진두, 「웨슬리의 행복론」, Kmc, 2020, p.65.

49) 이원규, 「한국 교회 무엇이 문제인가」, 감리교신학대학교 출판부, 1998, p.239.

50) 조성기, 「십일조를 넘어서:기독교인가 맘모니즘인가」, 베틀북, 1999, pp.119~141.

51) 졸저, 「기독교 상생주의 선언」, 기빙백, 2017, pp.390~391.

52) 유동준, 「돈, 돈이란 무엇인가」, 쿰란출판사, 1998, p.67.

53) 김병서, "현대 사회에서의 욕심의 유형들", 「욕심」, 두란노, 1994, pp.31~38.

54) 신성종, "욕심, 성경은 어떻게 말하고 있는가", *Ibid.*, pp.15~16, 23~24.

55) *Ibid.*, pp.20~21.

56) 차준구, “욕심이 정신건강에 미치는 영향”, *Ibid.*, pp.56~60.

57) 홍정길, “교회생활에서의 욕심의 모습”, *Ibid.*, pp.95~97.

58) *Ibid.*, pp.99~100.

59) 박성수, “복음과 욕심, 새로운 도덕의 방향”, *Ibid.*, pp.108~110.

60) 「시사인사이드」, 2015, p.31.

61) *Ibid.*, p.64.

62) *Ibid.*, p.65.

63) *Ibid.*, pp.66~67.

64) *Ibid.*, pp.68~70.

65) *Ibid.*, pp.72~73.

66) 「조선일보」, 2020년, 4월 11일자, B 2면.

개조 08

신앙발달의 장애와 긴급 처방전

1. 유아기와 미분화된 신앙(0~2세경)
2. 제1 단계 : 직관적 – 투사적 신앙(2~7세경)
3. 제2 단계 : 신화 – 문화적 신앙(7~12세경)
4. 제3 단계 : 비분석적 - 관습적 신앙(12~18세경)
5. 제4 단계 : 주체적 - 반성적 신앙(사춘기 이후 성년 초기)
6. 제5 단계 : 접속적 신앙(중년기)
7. 제6 단계 : 보편적 신앙
8. 맺음말 : 한국 교회의 신앙단계의 수준

신앙발달의 장애와 긴급 처방전

인간은 연령에 따라 성장하면서 삶을 영위한다. 이에 그리스도인도 인간인 이상 연령에 따라 신앙이 발달해야 한다는 것은 당연한 수순이다. 그런데 연령에 걸맞게 인간이 발달하지 못한다고 할 때, 우리는 그런 것을 두고 발달장애라고 부른다. 마찬가지로 그리스도인이 연령에 걸맞게 신앙이 발달하지 못하고 있다면, 이런 것 역시 신앙발달에 장애를 일으키고 있는 것이다. 이런 경우에는 필연으로 긴급 처방전을 조제(Prescription) 하여 해결해야 할 것이다.

이리하여 본장에서는 신앙발달을 학문적으로 탁월하게 조명(照明)한 바 있는 감리교 신학자 제임스 포울러(James W. Fowler)의 「신앙의 단계」(*Stages of Faith*)를 중심으로 하여 논의해 보고자 한다. 이와 함께 이미 개조 01에서 언급한 적이 있는 그 세 가지의 신앙유형인 (1) 기복형의 신앙

(2) 구도형의 신앙 (3) 개혁형의 신앙과 견주어 보는 작업도 해보려고 한다. 이렇게 하는 이유는 한국 교회 전체의 현 신앙의 단계는 물론 그리스도인들 또한 스스로의 신앙 수준을 가늠할 수 있기 때문이다.

이어지는 항목(項目) 설정은 그 제임스 포울러의 견해를 참조할 것이며, 의외로 간단한 내용이기에 세부적인 항목은 생략하고 총괄적으로 다룰 것임을 밝혀둔다.

1. 유아기와 미분화된 신앙(0~2세경)

우리 모두는 유아기에서부터 신앙의 순례(pilgrim)를 시작한다. 이때는 신앙 그 자체가 형성될 수는 없겠으나, 신앙의 여정은 시작되고 있다는 것이다. 그래서 아이를 돌보는 사람들의 믿음이 중요하게 작용한다. 따라서 이 단계에서 나타나기 시작하는 신앙의 힘은 그 유아를 가장 사랑하고 돌보는 사람에 대한 기본적 신임과 그 사람과의 상호성(mutuality)의 경험의 원천이 된다.[1)]

2. 제1 단계: 직관적 - 투사적 신앙(2~7세경)

이 시기는 환상으로 가득차 있으며 모방적인 신앙의 성격이 두드러지게 나타난다. 이에 따라 사고와 언어가 수렴되기 시작한다. 그리고는 자기의 경험 세계에 대해서 질적으로 새롭고 강력한 종류의 수단을 갖게 된다.[2)] 이 무렵의 아동들은 단어와 명칭들을 사용하여, 자기가 이전까지 배우지 못했던 개념들과 구조를 지니고 있는 새로운 세계와 새로운 요소들을 나름대로 탐색하곤 한다.[3] 때문에 아동들은 부모에게 쉴새없이 이게 뭐야(What) 또는 왜(Why)라는 질문을 해댄다. 이 시기의 아동들에 대한 특징을 제임스 포울러는 다음과 같이 정리해 주었다.

> "이 직관적 - 투사적 단계의 아동들은 인지상으로 자기중심성(ego centrism)의 성향을 보여준다. 즉 그들은 똑같은 지각 대상에 대한 두 가지의 서로 다른 관점들을 통합시키고 비교할 줄 모르기 때문에... 자기가 지각한 것만이 유일한 관점이라고 아무런 의심없이 무조건 믿어 버리는 태도를 취한다...
>
> 이로써 인지 발달의 측면에서 보면, 이 아동기의 사고는 유동적이고 주술적(magic)이다. 그래서 연역적 및 귀납적 논리가 결여되어 있다."[4]

이 아동들은 한데 모여서 대화를 한다해도 쌍방간의 독백(dual monologues)으로 종료되는 경우가 아주 흔하게 비일비재하다. 한마디로 제1 단계의 직관적 - 투사적 신앙을 형식적으로 정리하자면, 이 단계의 신앙은 자기와 가장 깊은 관계성을 맺고 있는 어른들이 보여주는 신앙의 본보기들과 분위기, 행동, 이야기들에 의해서 매우 강력하고도 영속적인 영향을 받게 되어 있는 시기이다.[5]

3. 제2 단계: 신화 - 문화적 신앙(7~12세경)

이 단계의 10세 된 아동 같은 경우는 학령전의 아동과는 달리, 보다 질서정연하고 어느 정도까지는 일차원적이며 신빙할 만한 세계를 구성하고 있다. 동시에 귀납적 사고와 연역적 사고를 할 수 있게 됨으로써 나이 어린 경험주의가 된다. 이로 인해 제1 단계에서의 인식상의 자기중심과 큰 혼동은 제2 단계에 접어들어서는 소멸되거나 상당히 감소된다. 그 대신 자기의 관점과 타인의 관점을 통합시킬 수 있는 능력이 나타나게 된다. 그리고 보다 더 예측할 수 있고 틀이 잡힌 - 보다 더 단조로울 수도 있는 - 세계를 경험하게 된다.[6] 이 단계에서 나타나는 인식상의 큰 재능은 자기의 경험을 이야기할 수 있는 능력이 있다는 것이다.

실제로 제2 단계의 신화적-문화적 신앙은 자기의 공동체에 속해 있는 것을 상징하는 이야기들과 신조들 그리고 관계들을 자기 자신의 것으로 삼기 시작하는 단계이다. 동시에 도덕적 규칙들 및 태도들과 마찬가지로 신조들을 문화적으로도 판단하여 자기의 것으로 정리한다.[7] 이 같은 신앙의 단계는 일반적으로 초등학교 아동들의 수준인 바, 때로는 청년기와 성년기에 있는 사람들에게서도 그런 신앙의 모습을 엿볼 수가 있다. 이 제2 단계의 신앙에 나타나 있는 두드러진 특징은 뭔가 반성하고 성찰하는 태도가 결여되어 있다는데 있다. 그 이유는 문자적인 신앙이 너무나 강렬하게 작동하고 있기 때문이다.

4. 제3 단계: 비분석적 – 관습적 신앙(12~18세경)

이 제3 단계에서는 문자적 신앙이 붕괴된다. 이 단계는 사춘기가 시작되는 때로서 경험의 범위가 확대되어 간다. 이 시기의 특징은 자신이 속해 있는 집단의 인습에 기초해서 삶을 해석하고 상관시키면서 의미를 찾고자 하는데 있다. 이런 의미에서 순응의 단계인 셈이다. 이는 충분히 성숙되지 않았다는 측면에서 순응하는 단계라는 것이다. 그래서 자신이 스스로 판단을 내릴 수 있다는 사실을 충분히 인식하지를 못하고 있기에 비분석적인 태도를 보인다.

이로 말미암아 관습적 신앙에 매여 있는 고로 객관화시킬 수 있는 자질과 능력이 부족하다. 이 신앙에서는 세계 경험이 가족을 넘어 확장된다. 이때는 여러 가지 영역들에 주의를 기울이게 되는데, 이 영역들이란 가족과 학업, 직업, 친구들, 일상에서 부딪치는 사회현실(Street Society)과 전달매체 그리고 종교들도 포함된다.[8)]

제3 단계의 신앙은 청년기에 나타나는 것이 보통이지만, 많은 성인들도 이 단계에서 정체(accumulation)된 채 영원히 평행 상태를 유지하고 있는 경우가 의외로 많다. 이 단계에서는 개인 상호 간의 관계성 속에서 궁극적 환경을 형성한다. 또한 가치와 신조를 진지하게 받아들이기는 하지만, 이를 암묵적으로 지니고 있는 것이 보통이다.

5. 제4 단계: 주체적 – 반성적 신앙(사춘기 이후 성년 초기)

이 신앙의 단계는 사춘기 이후에야 가능한 신앙의 수준이다. 대체로 대다수의 성인들이 이 제4 단계에까지 도달하지 못하고 있다. 사람에 따라서는 30대 중반에서 40대에 이르러서야 겨우 이 수준의 신앙에 도달하는 경우가 없지 않아 있긴 있다. 이 단계에서는 개별성 대 집단성, 주관 대 객관, 자기실현 대 타인봉사, 상대성과 절대성에 상관된 긴장관계를 주체적으로 인지하고 체험하게 된다.[9)]

그리고 이 시기는 전 단계에서의 타인의존적인 신앙생활에서 탈피(脫皮)하여 자신의 정체성(identity)을 확립하는 때이다. 이어 세계관도 확립되는 시기이다. 이런 시기는 타인도 의식하는 가운데 있으면서도 여전히 자기의존적인 신앙이 농후하다. 또 비신화화하는 태도가 된다. 이와 함께 비판적인 반성의 능력을 발휘하기도 한다.

6. 제5 단계: 접속적 신앙(중년기)

이 접속적 신앙(conjunctive faith)은 이해하고 인식하며 결단하는 하나의 방식으로서 제4 단계의 이분법적 흑백논리 즉, 이것인가 저것인가(either-or)의 논리를 넘어 선다. 다시 말해서 제5 단계는 어떤 문제의 두 가지 측면(혹은 다양한 측면) 모두를 동시에 관조할 수 있는 능력이 있다는 것이다.[10] 그래서 견해들 사이의 상호관련성의 패턴에 주의를 기울여 대화적 인식(dialogical knowing)의 태도를 취한다.

이리하여 제5 단계의 접속적 신앙은 자신의 전통이나 다른 전통들이 제시하는 상징들과 이야기들 · 교리들 그리고 예전들은 부분적인 것일 수밖에 없으며, 특정한 사람들의 하나님에 대한 경험에 국한되고 있으므로 불완전한 것이라는 사실을 인식하고 있다.[11] 이에 서로 상대적인 것들을 상관시킴으로써 접속하는 지각이 있다. 이렇다고 해서 이것도 좋고 저것도 좋다는 식의 중립성을 띤다는 것이 아니다. 오히려 접속적 신앙이 다른 전통의 진리에 대하여 철저히 개방적일 수 있다는 것은 바로 그 사람 자신의 전통에 의해서 중재되고 있는 실재에 관한 확신에서 비롯된 것이다. 즉 그 실재란 자신의 전통에 의해서만 중재되는 것이 아니라는 사실을 인식하는 데에 바탕을 둔 개방성이다.

중년기 이전에는 좀처럼 나타나지 않는 이 제5 단계는 결정적인 계기가 되는 결단과 행동을 잘 알고 있다. 그 무엇보다도 제5 단계는 변혁되지 않은 세계와 그것을 변혁시키려는 꿈과 그 변혁에 대한 충성 사이에서 살며 행동 또한 서슴치 않는다.[12] 이에 아주 드문 경우이기는 하지만, 그 변혁을 철저히 실천시키는 단계에로까지 나아가는 바, 이 단계의 구체적인 면모를 우리는 제6 단계의 신앙에서 찾아 볼 수가 있다.

7. 제6 단계: 보편적 신앙

제6 단계의 보편적 신앙은 그 자신에 대한 위협뿐만 아니라 자신이 속한 집단과 기존절서의 제도적 장치 등에 가해지게 하는 도전에 대하여 전혀 개의치 않는 대담성이 있다. 이리하여 부분적으로만 이해하고 있었던 절대적 사랑과 정의를 자신의 행동을 통하여 구현(具現)시킴으로써 그것을 현실적인 것이 되도록 만드는 단계이다. 그러므로 이 제6 단계는 절대적 사랑과 정의의 명령이 성육화(Incarnationization)되는 단계이다. 이 때의 자아(自我)는 현실을 변혁시켜 초월적 현실이 이루어지도록 하기 위해서 그의 일생을 바치는데 전념한다.[13)]

이 보편적 신앙의 제6 단계에 있는 사람들에 대하여 제임스 포울러는 다음과 같이 해제해 주었다.

> "제6 단계에 있는 사람들은 우리들이 흔히 생각하는 정상적 기준을 뒤흔들어 놓는 것이 보통이다. 즉 그들은 자신의 안전을 전혀 돌보지 않을 뿐만 아니라, 초월적인 도덕성과 종교성을 구현하는 일에 있어서 전력투구하고 물불을 가리지 않기 때문에 그들의 행동과 언어는 비상하여 때로는 전혀 예측할 수 없는 것들이 있다…
>
> 그러므로 우리들의 평범한 기존관념을 위협하는 그들이 그들의 비전을 화육(化肉)하였다는 사실 때문에 순교까지 당하게 되는 일은 그저 놀랄만한 것이 아니다."[14)]

이로써 제6 단계의 보편적 신앙은 매우 희귀한 신앙인 바, 이는 모든 존재를 포괄하는 궁극적 환경을 감지하는 믿음이다. 다시 말해서 그들은 포괄적이고 완성된 인류공동체의 정신을 실현하는 사람이며, 그런 정신이 그대로 화육한 사람이라는 것이다. 이러하기에 제6 단계의 신앙을 갖고 있는 사람은 바로 모든 존재를 위한 하나님 나라의 미래에 철저하게 의지하는 위인들이다. 이로 인해 일종의 뜬 구름 잡는 것처럼 생각하는 것이 일반적이다.

이 보편적 신앙의 면모를 여지없이 삶으로 보여주었던 대표적인 인물들로서는 본회퍼(D. Bonhoeffer)와 말틴 루터 킹(M. Luther King) 등이 있다. 이후에 제임스 포울러는 제2 종교개혁자 웨슬리(John Wesley)를 보편적인(Universal) 신앙의 사람이었다면서, 그는 접속적인(Conjunctive) 신앙을 뛰어넘은 그야말로 진정한 기독교인(genuine christian)이었다고 평가하고는 제6 단계의 신앙단계에다 포함시켰다.[15] 그들에게서 나타난 공통점은 초월하는 신앙(trans-narcissistic love)으로 하나님의 나라를 이 땅에다 실현시키기 위하여 그들 자신의 생애를 바칠 각오가 서 있었다는 사실에 있다.[16]

이상에서와 같이, 제임스 포울러의 신앙의 단계별에 따라 신앙의 발달상황을 알아보았다. 이런 일련의 내용들 중에서 두 가지의 견해를 도출해낼 수가 있겠다.

첫째는 기독교 신앙이란 것이 역동적인(dynamic)것으로 어디까지나 생물이라는 것이다. 제임스 포울러가 신앙의 단계에 따른 신앙의 발달 상황을 6단계로 나누어 설명하였다고 해서, 연령에 따라 저절로 발달되어 가는 진행형이 아니라는 데에 유의해야 한다. 그에 의하면 성인이라 해도 제2 단계적 신앙의 수준(7~12세 경)에, 혹은 제3 단계적 신앙의 수준(12~18세 경)에 정체되어 있는 경우가 있다고 언급했기 때문이다. 이런 경우에 이런 신앙은 성인에 걸맞지 않는 신앙의 수준이기에, 우리는 그런 것을 신앙의 발달장애를 일으키고 있는 것으로 본다. 당연히 거기에는 긴급 처방전이 필요하다.

둘째는 사랑의 실천을 행동으로 보이는 재복음화(再福音化)된 성도야 말로 보편적인 신앙인으로서, 최상의 경지인 제6 단계에 이미 들어가 있는 진정한 기독교인이라는 것이다.

8. 맺음말 : 한국 교회의 신앙단계의 수준

여기에서 진지하게 묻지 않을 수가 없다. 대체 한국 교회의 신앙의 단계는 어느 단계에 와 있을까를 말이다. 따라서 한국 교회의 그리스도인들의 신앙의 단계 또한 한국 교회의 신앙의 단계를 뛰어넘지 못하고 있기 때문에, 그 물음에 대한 답변은 그만큼 중요한 것이 되겠다. 한국 교회의 선교기원을 1866년 최초 순교자 로버트 저메인 토마스(Robert Jermain Thomas) 목사로부터 계산한다면, 한국 교회는 올해로 156세나 된다. 적은 세월이 아니다. 게다가 세계에서 제일 큰 교회도 한국에 있고, 각 교파마다 - 장로교, 감리교, 침례교 등 - 제일 큰 교회들도 다 한국에 있다. 그런데 문제는 선교 초기와는 전혀 다르게 지금에 와서는 그런 대 교회들이 있다고 할지라도 아무런 영향력이 없다는 데 있다. 뿐만 아니라 칭찬을 받기는 커녕 오히려 저주스런 모욕을 받고 있다는 데 그 심각성이 있다.

이와 같은 현실적인 상황을 놓고 볼 때, 신앙발달상 신앙의 단계에 장애를 일으키고 있음에는 틀림이 없다. 논자는 이미 개조 01에서 한국 교회는 물론 그리스도인들이 온통 기복형의 믿음으로 생존생계의 동기에 따라 현세적인 조건들만(부요. 명예욕, 권력욕 등)을 추구하는데 몰두(沒頭)해 있다는 것을 지적한 바 있다. 그래서 진리를 추구하는 구도형의 믿음으로 발돋움하여, 개혁형의 믿음으로 황금시대(Golden age)에의 희망을 가져야 한다는 것을 설파하였던 것이다.

이쯤해서 확실히 해둬야 할 것이 있다. 한국 교회가 종교학자 윤이흠의 말대로 한국 종교들 중에서 제1의 기복집단으로 여전히 정체되어 있다면, 더 이상 변명할 여지없이 한국 교회는 신앙발달에 장애를 일으키고 있음이다. 이제는 하루라도 빨리 제2 단계의 신화적-문화적 신앙(7~12세 경) 또는 제3 단계의 비분석적-관습적 신앙(12~18세 경)을 과감히 탈피해야 한다. 이것은 한국 교회가 156세나 되었는 데도, 아직까지도 주체적 의식을 갖고 반성적 신앙(사춘기 이후 성년 초기)은 물론 접속적 신앙(중년기)에 이르지 못했다는 것을 시사해주는 것이 된다. 이에 대한 긴급 처방전은 조속히 기복형의 믿음을 포용한 채, 구도형의 믿음으로 개혁형의 믿음을 일궈내는 일이다. 이 구도형의 믿음이 개혁형의 믿음으로까지 발달할 때에, 이 믿음은 그대로 제6 단계인 보편적 신앙(성령의 열매 : 사랑의 실천)이 되는 셈이다.

몸은 한국인의 몸통으로 온갖 한국인의 정서(경험적 현세주의)에 따라 현세주의적 중심의 기복적인 믿음으로 인하여 탐욕으로 가득차 있으면서도, 겉으로는 그렇지 않은 척하는 정예전통들은 고전종교의 사유적 가치관(성경)을 설교하고 대중전통들은 그런 설교를 듣고는 위로를 받는다. 이 같은 이중적이자 위선적인 신앙의 상황을 종교학의 본영에서는 종교외피용(宗教外皮用)이라고 부른다.[17] 이런 경우의 그 외피는 특정한 교파의식과 특정한 교리 독선, 특정한 신학의 절대화, 특정한 태도의 설교, 특정한 교육의 주입화 등등으로 다양하게 포괄적으로 나타난다.

"때가 오래되었으므로 너희가 마땅히 선생이 되었을 터인데 너희가 다시 하나님의 말씀의 초보에 대하여 누구에게서 가르침을 받아야 할 처지이니 단단한 음식은 못먹고 젖이나 먹어야 할 자가 되었도다. 이는 젖을 먹는 자마다 어린 아이니 의의 말씀을 경험하지 못한 자요 단단한 음식은 장성한 자의 것이니 그들은 지각을 사용함으로 연단을 받아 선악을 분별하는 자들이니라 그러므로 우리가 그리스도의 초보를 버리고 죽은 행실을 회개함과 하나님께 대한 신앙과 세례들과 안수와 죽은 자의 부활과 영원한 심판에 관한 교훈의 터를 다시 닦지 말고 온전한 데로 나아갈지니라 하나님께서 허락하시면 우리가 이것을 하리라."(히 5:12~6:3)

주(註)

1) James W. Fowler, *Stages of Faith : The Psychology of Human Development and the Quest for Meaning*, Harper & Row Publishers, 1981, 이재은 역, 대한기독교출판사, 1986, p.152.
2) *Ibid.*, p.154.
3) *Ibid.*
4) *Ibid.*, pp.154~155.
5) *Ibid.*, p.167.
6) *Ibid.*, p.170.
7) *Ibid.*, p.186.
8) *Ibid.*, p.215.
9) *Ibid.*, p.228.
10) *Ibid.*, p.231.
11) *Ibid.*, p.233.
12) *Ibid.*, p.249.
13) *Ibid.*, p.251.
14) *Ibid.*, pp.251~252.
15) James W. Fowler, M. Douglas Meeks(ed.), "*John Wesley's Faith Development*", *The Future of the Methodist Theological Tradition*, 변선환 역, 기독교대한감리회 교육국, 1987, p.176.
16) James W. Fowler, *Op. cit.*, p.265.
17) 윤이흠, 「한국종교연구」(2권), 집문당, 1991, pp.122~123.

개조 09

새로운 시대의 제3 개혁교회

1. 정리 A.B.C와 총정리
2. 새로운 시대
3. 제3 개혁교회
4. 맺음말 : 넷째 논점과 다섯째 논점

새로운 시대의 제3 개혁교회

여기에서는 이제까지 개조 01에서부터 개조 08까지 논의한 일련의 내용을 총괄적으로 A.B.C로 나누어서 정리하고, 또다시 그 A.B.C의 내용을 총정리하고자 한다. 이렇게 하노라면 진정한 기독교의 모습이 드러나 보일 것이다. 그리고는 이어서 여러 모양으로 닥쳐올 새로운 시대의 현상들에 대하여 알아보도록 하겠다. 그래야 만 제3 개혁교회가 바람직스럽게 자리매김할 수가 있기 때문이다.

만일에 그와 같은 정리 작업이 없게 되는 경우에는 이제까지 논의한 그 모든 개조들(01~09)이 이론적 교구주의(theoretical parachialism)와 환원론(reductionism)에 빠지고 말 확률이 많다. 동시에 그 모든 개조들이 고전종교(古典宗教)의 사유적 가치론에 불과한 종교외피용으로 여지없이 전락하고야 만다. 그래서 적용(applicatio)시켜 실천(praxis)할 수 있는 선도적인 주체세력으로서의 개체교회가 그만큼 중요한 것이다. 이리하여 논자는 이 개체교회를 이름하여 제3 개혁교회라고 하였던 것이다.

1. 정리 A.B.C와 총정리

여기서 정리 A는 개조 01에서부터 개조 03까지의 내용을, B는 개조 04에서부터 개조 05까지의 내용을, C는 개조 06에서부터 개조 08까지의 내용을 각각 한데 묶어 간략하게 언표(言表)하는 것을 말함이다.

1) 정리 A (개조 01 ~ 개조 03)

한국인의 교회가 주님이 원하시는 진정한 교회인 것을 확신하고 있다면, 한국인의 기층종교인 샤마니즘적인 기복신앙에서 구도신앙을 거쳐 개혁신앙으로까지 성숙해야만 한다. 이리하여 개혁신앙적인 교회는 성경말씀의 중심 주제가 '하나님 나라의 사랑'인 것을 직시하고, 현 삶의 정황(Sitz im Leben)이 되는 '민주적인 자유주의적 자본주의'에 과감히 적용시키는 용단을 갖고 있다.

이에 그 개혁신앙적인 교회는 개체교회 중심(하나님 나라의 사랑 - 교회 - 세계)과 전도지향적인 교회 중심(하나님 나라의 사랑 - 세계 - 교회)이 통합된 절충 구조를 탈피하여 역사 종말론적 교회(하나님 나라의 사랑 - 역사 - 교회)라는 성경적인 구조로 갱신된 믿음의 공동체인 것이다.

2) 정리 B (개조 04 ~ 개조 05)

이제 한국인의 교회는 립 서비스(lip service)를 주무기로 삼는 강해 중심의 설교와 신앙술이 은밀하게 작동하고 있는 교육에 몰입해 있는 상황에만 머물러 있지 말고, 이제는 좀더 적극적으로 섬기는(diakonia) 나눔의 공동체(Koinonia)에도 지대한 관심을 둠으로 말미암아 조화와 균형을 일궈내야 할 때이다. 따라서 이 섬기는 나눔의 공동체는 십자가적인 예배에서 가로대의 수평적 예배(레이투르기아)에 해당되는 것으로, 반드시 개체교회 안에서 실천에 옮겨야 할 사랑의 실천인 것이다.

환언하자면 설교와 교육만이 있는 것은 십자가적인 예배에서 세로대의 수직적 예배(프로스퀴네오)에만 머물러 있는 것이 되니, 이제는 그 같은 예배행태를 지양하자는 말이다. 이러므로 그 사랑의 실천으로 섬기는 나눔의 공동체 신앙이 실종된 예배는 아무리 거창하게 드리는 예배의식이라 할지라도 영과 진리로 드리는 예배(요 4:21~24)는 아닌 것이다.

3) 정리 C (개조 06 ~ 개조 08)

가장 전형적이자 이상적인 순수정통 교회는 사도행전의 예루살렘교회(행 2:42~47, 4:31~35)이다. 이것은 그 어느 누구도 부인할 수 없는 성경적인 사실(biblical fact)이다. 이런 사실의 결정적인 요인은 그 순수정통교회로서의 예루살렘교회가 교회를 시장바닥으로 간주하고는 결단코 헌금사업을 하지 않았다는 소유개혁신앙에서 찾아 볼 수가 있다.

이것은 바로 예루살렘교회의 사도들을 중심으로 한 당시 초대교인들이 주 예수님의 가르침에 따라 동일한 개체교회 안에서 서로서로 사랑을 실천함으로 말미암아, 신앙단계의 최정상인 보편적인 신앙의 모습을 그

대로 보여주었다는 사실에 나타나 있다.

4) 총정리 (A+B+C)

지금은 구원받고 은혜받을 만한 성취된 하나님 나라의 때로 주님의 재림 시 완성될 하나님 나라의 때를 대망하는 가운데 믿음의 영적 생활을 하고 있는 중간기(interim)이다. 이 중간기의 교회는 하나님 나라의 백성들의 공동체로서 사랑 실천의 모본을 보여주어야 함이 마땅하다. 이 모본을 보여주었던 순수한 믿음의 공동체가 성경적 원형교회로서 바로 그 예루살렘교회이었던 것이다.

이에 오늘의 이 시대에 순주정통교회가 예루살렘교회인 것을 간파하고 재해석(re-interpretion)해서 그대로 적용시키는 방법론(methodology)이 요청된다. 이 방법론은 다음, 다음에 논의되어지는 제3 개혁교회를 통하여 그 예루살렘교회를 현실화(Realization) 시키는 것으로써 한국 교회에 대한 진단에 따른 대처방안이 될 것이다.

예루살렘교회를 현 삶의 정황이 되는 '민주적인 자유주의적 자본주의'에 맞게 효율적으로 현실화시키는 작업은 현금 세계 교회를 포함해서 한국 교회가 안고 있는 일련의 모든 문제들이 일시에 해결되는 계기를 마련해 주기에 충분하다. 그래서 종교학자 라다크리쉬난(S. Radhakrishnan)이 종교학적인 방법론(religiological methodology)을 두고 병들어 있는 종교를 고칠 수 있는 만병통치약이라고 천명했던 것이다.

2. 새로운 시대

이중시민권자이기도 한 그리스도인은 이 세상의 조류에 대해 전혀 무관심할 수만은 없다. 세상은 하루가 다르게 급속도로 변해가고 있다. 그런데도 지구촌의 모든 교회들이 요지부동이다. 중세시대의 제1 종교개혁의 상황에 그대로 정체되어 있다. 제2 종교개혁 때 웨슬리가 그나마 온전한 기독자의 모습을 그의 박애운동을 통해서 보여주었는 데도 교파들만 우후죽순처럼 양산되었지 아무런 영향력이 없다. 세상은 그 중세시대를 거쳐 근대시대에 이어 현대시대와 있음에도 불구하고 지구촌의 모든 교회들이 여전히 변화가 없다는 데에 심각한 문제가 있다. 이렇게까지 된 데는 아주 간단하다. 이는 꿩 잡는 놈이 매라는 식으로 현장에 있는 목회자들이 목양(牧羊)만을 무지하게 일삼아 왔기 때문이다. 이런 것을 두고 실천신학자 은준관은 꿩 잡는 놈이 매라는 속담이 모두의 생활 통념이 되었다고 일갈하였다.[1]

이제 새로운 시대를 열어가는 선도적인 주체세력으로서의 교회로 혁신할 때다. 이렇게 될 때만이 주님이 명하신 지상명령(The Great Commission)에 자연스럽게 순종할 수가 있다. 이를 위해서는 먼저 현 삶의 정황에 대한 철저한 분석이 필요하다. 그리고는 한국 교회의 미래상을 논의해 보는 것 또한 필요한 것이다.

1) 현 삶의 정황에 대한 분석

이 현재 삶의 정황에 대한 분석 작업이 있어야 새로워지는 일이 생긴다. 세상이 변화하는 것에 따라 가치관이 바뀌지 않으면 그 고수(固守)하고 있는 가치관은 도태될 수 밖에 없다. 중국철학자 최진석은 다음과 같이 언급하였다.

> "과거는 목적이 아니라 가벼운 수단으로 사용하는 것이 낫다. 과거의 논의로 현재를 채우고, 과거의 방법으로 현재의 문제를 풀려고 하면 수주대토한 농부처럼 웃음거리가 된다. 그런데 바보들은 언제나 다른 결과를 기대하면서도 계속 같은 방법을 쓴다."[2)]

그와 같이 한국 교회가 새로워지기 위하여 변화하지 않으면, 목회자들이 기복적인 성공신앙이라 할 수 있는 자기 존중신앙과 번영신앙만을 설교함으로 말미암아 교인들에게 물질로 주는 것 없이 피로감을 더해주는 모양새가 되고 만다.

이런 피로감에 대하여 재독철학자 한병철은 긍정성의 과잉과 긍정적인 것의 대량화와 성공을 위한 압박 등에서 비롯된 것으로, 그것 자체가 결단을 촉구하는 일도양단적인 폭력으로서의 내재성의 테러라고 폭로하고 나섰다.[3)] 이어서 그는 그 이유를 우애의 분위기를 이용해서 교묘히 자본 축적을 노리는데 있노라고 토설하였다.[4)] 이런 것으로 해서 개인이 해결하기 어려워 구조악으로 가득차 있는 우리의 사회를 더 한층 우울사회(Gesellschaft der Depression)로 만든다는 것이다.

이제라도 늦지 않았으니 한국 교회가 사회의 주체세력으로서 선도력을 갖기 위해서는 구태의연한 신학방법론 내지는 목회행위를 일단은 역사적으로 참조는 하되, 전혀 참신(斬新)한 장르를 만들어내야 한다. 과연 이 장르를 "누가 만들 수 있겠는가에 대한 한 가지 가능한 답변은 하나님이 하신다."[5)]이다. 신학은 구체적인 현실과 함께 작동하는 것으로 언제든지 질문이 많아야 한다. 어제나 오늘이나 여전히 동일하게 주어진 일정한 신학적 대답은 나태한 것이다. 이리하여 새로운 장르를 만들어내는 신학작업은 새로운 프레임(new frame)을 창안해내는 것으로서 다음과 같은 태도가 요청된다.

> "(1) 창의의 씨앗을 뿌린다. (2) 자신의 열정을 태운다. (3) 보이지 않는 저 너머를 본다. (4) 상자 밖에서 상상한다. (5) 거침 없이 바꾼다. (6) 끝까지 포기하지 않는다."[6)]

종교신학자 유동식은 지금까지의 한국신학의 광맥을 대별해서 보수주의와 자유주의와 진보주의로 나누었다.[7)] 솔직히 말하여 그런 신학의 광맥은 심리학자 리처드 니스벳(Richard E. Nisbett)의 주장에 비춰보면 서양적인 것으로서 홀로 사는 삶에, 부분을 보는 것에, 본성론에, 명사적인 것에, 논리를 중시하는 것에 치중되어 있는 이론들이다.[8)] 이러한 서구신학을 레밍쥐(Lemming) 같이 그대로 따라 답습하는 한국 교회의 신학의 광맥들에는 동양적인 것이라 할 수 있는 더불어 사는 공동체의식과 전체를 보는 시각, 상황적인 인식, 동사형적인 형태, 경험적인 것들이 결여되어 있다는데 우리는 주목해야 한다.[9)]

국문학자 이어령은 생명자본의 3자지 키워드를 선정하여 논의하였다. 첫째는 넙치로 여간해서는 헤엄치는 일이 없어 그 어떤 경우에도 정해진 영역을 벗어나는 법이 없는 종(種)으로서 꼼짝 않고 누워만 있는 게으름뱅이라고 하였다.[10)] 이와는 달리 둘째는 참치로 한시도 쉴틈이 없이 움직이는 회유어(아가미 호흡)로서 아주 바쁘게 살아가는 종이라고 일렀다.[11)] 그 넙치와 참치에 이은 셋째는 날치로 이 종은 이름 그대로 날으는 물고기로서 높게는 해수면 밖으로 10m 높이까지 뛰어 올라 활공을 하는 습성이 있다.[12)] 게다가 최장 활공시간은 45초에 이르며 최고 400m 까지도 날아서 갈 수가 있다. 이렇게 살아서 바다를 볼 수 있는 대표적인 어류이다. 그와 같이 논의하고 있는 이어령은 넙치를 토포필리아(topophilia)의 장소 사랑으로, 참치를 네오필리아(neophilia)의 새것 사랑으로, 날치를 바이오필리아(biophilia)의 생명 사랑으로 상징하였다.[13)]

여기서 논자가 이어령의 말을 인용하고 있는 이유는 놀랍게도 한국 교회에는 거의 날치는 없고, 있다면 그저 넙치와도 같은 요지부동의 일부 신학자들, 목회자들과 함께 참치와도 같은 영웅주의적인 위인들만 있다는 생각이 들었기 때문이다. 이제는 진정 한국 교회에 생명을 사랑하는 날치 같은 정예전통이 절실히 요청되는 때이다. 이 생명을 사랑하는 날치는 청년 다 빈치(da Vinci)로 불리는 와카스 아메드에 따르면 혁명가적인 지식인형으로 박애주의자형 폴리매스(polymath)일 확률이 높다. 뿐만 아니라 그 날치는 서구중심주의를 기반으로 한 사고 방식까지도 개혁한 경계인으로서 통합을 일궈낸 나머지 창의성을 발굴한 사람이다.[14)] 이미 이 창의성을 발굴한 사람은 현재 삶의 정황에 대한 일련의 분석 작업을 주로 면밀하게 할 수 있는 능력을 갖고 있다. 이 분석 작업은 새로운 시대의 주인공에게 아주 필수적인 과정일 수밖에 없는데, 이는 그렇게 해야만 새로운 시대를 명료하게 프로그래밍(programing) 할 수 있기 때문이다.

한국철학사상연구회에서는 '인간'을 이해하는 9가지 단어를 소수자와 인정, 가족, 이기주의, 욕망, 개인, 덕, 기술, 사이보그로 선정한 바 있다. 이와 함께 '세계'를 바꾼 9가지 단어로서는 권력과 진보, 민족, 전통, 소비, 합리성, 오리엔탈리즘, 환경, 문명이 있다고 하였다. 이어서 '현실'을 지배하는 9가지 단어로서의 사회 키워드(Keyword)는 빈곤과 소유, 기업, 분배, 정보, 공동체주의, 저출산고령화, 노동, 신자유주의라고 간략하게 정리를 하였다.[15)]

이미 논제 02에서 논자는 상황화신학을 전개함에 있어 그 삶의 정황을 민주적인 자유주의적 자본주의로 재단(design)해 놓은 적이 있다. 그리고는 민주주의의 핵심가치는 자유와 평등과 박애이고, 자유주의의 핵심가치는 시장경제와 사유화와 경쟁과 이윤이라고 피력하였다. 이어 자본주의의 흐름에는 자유방임주의(1.0)와 수정자본주의(2.0)와 신자유주의(3.0)가 있다는 것도 일렀다. 그런데 이런 민주적인 자유주의적 자본주의의 핵심가치들이 바로 그 9가지 단어로서의 사회 키워드와 직결되어 있다는데 우리는 주목할 필요가 있겠다. 여기서 우리가 주목해야 할 필요가 있다고 하는 것은 한국 교회야말로 진정으로 그와 같은 핵심가치 내지 사회 키워드에 세심한 주의를 기울이고 행동으로 옮겨야 할 사랑의 생명(biophilia)의 장소이기 때문이다.

이에 따라 한국 교회가 시급한 과제로서 반드시 해야 할 사명은 바로 그 핵심가치들 내지 사회 키워드를 내재화(immanent)시켜서, 사회의 선도적인 주체세력으로 모본을 보이는 일이다. 이에 즈음해서 개체교회가 아래와 같이 분명히 사명선언을 하고 행함이 있는 믿음(fide cum opera, 마 7:21)으로 개혁의 선봉이 되어야 할 것이다.

(1) 빈곤 : 개체교회는 교회 안에 사도행전의 예루살렘교회에서와 같이 빈곤한 사람이 하나도 없도록 최선을 다해야 한다.
(2) 소유 : 개체교회는 소유지향적인 목회행위를 과감히 지양하고 청지기적 목회로 존재지향적이 되어야 한다.
(3) 기업 : 개체교회는 돈을 벌어들이는 기업적인 영리단체가 아니라 비영리단체인 것을 직시하고 있어야 한다.
(4) 분배 : 개체교회는 교인들에게 할 수 있는 가능한 한 많이 줄 수 있도록-적어도 십일조의 용처에 따라 분배는 그 어떤 경우라 해도 해야 한다 - 최선을 다해야 한다.
(5) 정보 : 개체교회는 특히 담임목회자는 자신이 처해 있는 특정한 신학적인 위치에서 타 신학은 물론 인문학·사회과학·자연과학에도 두루두루 통섭하는 능력을 배양할 수 있어야 한다.
(6) 공동체주의 : 개체교회는 공동체주의가 교회의 4대 기능들 중의 하나

인 것을 간파하고, 이 기능이 제대로 작동되기라도 한다면 그것으로도 병들어 있는 자본주의(3.0)를 선도적으로 고쳐 쓸 수 있다는 것을 확신하고 있어야 한다.

(7) 저출산고령화 : 개체교회는 가임적령기에 있는 여성교인들에게도 배려 있는 관심을 두어야 하며, 70세 이상된 교인들에게도 역시 그런 관심을 두어야 한다.

(8) 노동 : 개체교회는 교인들로 하여금 노동이야말로 하나님의 부르심(Vocatio)에 응답하는 신성한 일이라는 것을 깨닫도록 하여야 한다.

(9) 신자유주의 : 개체교회는 오늘날 세계의 모든 국가들이 난문제로 몸살을 앓고 있는 신자유주의의 병폐인 바로 그 양극화현상(부익부 빈익빈)을 타파할 수 있겠다는 전위대(아방가르) 정신을 항상 상기하고 있어야 한다.

이상과 같은 일련의 현재 삶의 정황에 대한 분석 작업은 개체교회의 좌표를 설정함에 있어서 중요한 자료(資料)들이 되기에 충분하다. 그동안 그런 작업들이 거의 없었기 때문에 온통 한국 교회를 포함해서 세계의 교회들이 속수무책으로 당하고 말았던 것이다.

2) 한국 교회의 미래상

이 새로운 시대를 논의함에 있어서 그동안 관심 있는 이들이 한국 교회의 미래에 대하여 어떻게 그리고 있는가를 살펴본다는 것을 중요한 의미가 있다. 먼저 국제관계학자 최연구는 "미래는 고정불변의 숙명이 아니라 인간의 의지와 준비하는 정도에 따라 변화할 여지가 있다"고 하면서 "역사적인 성패는 미래 예측에서 비롯된다"고 일렀다.[16] 이 미래 예측의 과학적인 방법들을 추구하고자 하는 것이 미래학(Futurology)이다. 따라서 과거와 미래와 현재가 단지 연결되어 있다는 생각으로는 새로운 역사를 창조할 수가 없음이다. 이제 과거와 단호하게 결별하는 용기가 있을 때만이 미래를 향하여 능동적으로 나아갈 수가 있는 것이다.[17] 이러하기에 과거의 전통에 매몰되어 있는 한국 교회가 지금까지 해 온 목회행위로서는 결단코 개혁을 일궈낼 수 없다는 것은 두말할 나위가 없다.

미래학자 하인호는 시대를 앞서가는 사람은 먼저 미래를 읽었다면서, 미래를 읽는 9가지의 방법을 다음과 같이 제시해 주었다.

> "(1) 우리 주변에서 맴돌고 있는 미래를 포착한다.
> (2) 예측 결과에서 미래 변화를 밝힌다.
> (3) 역사 속에 숨겨진 미래를 캐낸다.
> (4) 미래 테에서 미래 실상이 밝혀진다.
> (5) 신생활 방식이 몰고 오는 미래를 선점한다.
> (6) 예측 조감도를 보면 미래가 솟아 오른다.
> (7) 전문가의 경험적 지식에 따라 문제 해결하는 방법에서 얻어낸 결론을 대안으로 선택하게 되면 미래가 개척된다.
> (8) 세계 경계의 중심축의 이동을 보면 신세계가 보인다.
> (9) 사회 문제가 미래를 만들어 간다."[18]

변화추세 전문분석가 허먼 메이너드와 수전 머턴스는 변화의 물결을 농협혁명인 제1의 물결 → 공업화와 부합하는 제2의 물결(계층구조의 모델) → 새로운 탈공업화적인 제3의 물결(팀가치의 물결) → 하나의 공동창조를 선택하는 제4의 물결(공동체 조직의 물결)로 나누어 설명하였다.[19] 여기서 주목해야 할 바는 이제 그 제4의 물결시대가 도래했다는 것이다. 이것은 공동체 조직의 물결로서 소유권의 재형성을 시도해야 하며, 경제적 민주화를 위해서라도 일부에 편중되어 있는 물질주의를 쇠퇴시켜야 한다는 입장을 지지한다.[20]

이제부터는 한국 교회의 미래상을 논의한 이들의 견해를 알아보도록 한다. 그러노라면 위에 언급한 이들과의 견해와 견주에 보는데 있어서 도움이 있을 것으로 사료된다. 전 한국신학연구소장 안병무는 기독교의 역사적 증인을 하는 가운데 기독교의 미래는 가난한 자의 것이 되어야 한다는 것을 천명하였다.[21] 이어서 그는 그리스도인은 새 세계에로 초대받은 선민이기에 뭔가의 소유에 의한 기득권 전체를 포기하라고 강변하였다.[22] 이럴 때만이 그 가난한 자를 배려할 수 있다는 것이다.

이렇게 하여 새로운 세계를 만들어가는 건설자는 그 어떤 철의 장막일지라도 무너지게 하는 사람이다.[23] 동시에 그는 막힌 담까지도 헐어버리는 사람이다.[24] 이런 것을 두고 안병무는 새로운 세계를 오게 하는 인간혁명이라고 불렀다.[25]

교회행정학자 이성희는 미래의 교회는 본질적인 기능인 케류그마와 디아코니아와 코이노니아를 시대에 걸맞게 새롭게 재해석해야 하며, 사람과 함께 사회를 제대로 알아야 한다고 피력하였다.[26] 이리하여 그는 교회를 가장 개혁하지 않는 집단이라고 하면서, 이제는 하루가 다르게 달라지는 미래사회의 변화에 따라 변화해야 하는 당위성이 있으니 만큼 반드시 변화해야 한다는 것을 강조하였다.[27]

그리고 목회자이기도 한 미래학자 최윤식은 다가올 10년 안에 한국 교회가 한번도 접하지 못했던 전혀 새로운 시대가 몰려온다며, 미래는 하나님의 계획하에 놓여 있는 것으로 하나님은 미래를 준비할 수 있는 지혜를 주신다고 일렀다. 이어 그는 미래에도 지속 가능한 교회가 되고자 할 때는 그 미래 해법으로 경제 청지기의 직임으로 돌아가 하나님의 경제 정의를 구현하라고 권면하였다.[28] 이와 함께 그는 한국 교회를 향하여 현실의 삶에서 눈을 떼지 말라고 충언하였다. 이러면서 그는 그래도 여전히 교회가 희망이라며 다음과 같이 할 것을 설파하였다.

> "교회 공동체의 본연의 모습을 회복해야 한다... 현대 교회 질병의 중심부에는 경제문제가 자리를 잡고 있다... 교회 안에도 빈부의 격차가 점점 더 벌어지고 있다... 이런 것에 치욕을 느끼기는 커녕 중세 암흑기처럼 세상울 꿰뚫어 보는 통찰력 자체를 잃어 버렸다.
>
> 경제가 교회와 무슨 상관이 있느냐는 식이다. 경제적 활동으로 서로 사랑하라는 주님의 명령을 기억해야 한다... 청지기는 경제구조가 사람들에게 유익을 주도록 관리해야 할 책임을 수행한다... 자본의 소유권에 대한 성경의 가르침을 항상 선포하고 실천에 옮겨야 한다...
>
> 바울과 루터와 칼빈이라면 현대 자본주의의 구조적 문제를 지적했을 것이다. 목회자는 교인 출석을 관리하는 사람, 헌금을 걷는 사람으로 머물러 있어서는 안된다... 미래 전략은 어디서부터 시작할 것인가? 가장 가까운 곳은 두 곳인데 가정과 교회공동체다. 이웃은 다음이고 세상은 그 다음이다... 이러므로 지금이라도 당장(최소한) 기독교 공동체 안에서 실천할 수 있다."[29]

이와 같이 한국 교회의 문제점이 경제와 상관된 것으로 간파하고 있는 최윤식은 그에 대한 대처방안으로 사도행전의 예루살렘교회의 각 사람의 필요에 따라 나눠주었던 섬김의 나눔의 공동체적 생활(행 2:44~45)에서 모색하였다.[30] 이것이 갱신의 시작이라고도 하였다.

이상에서 살펴본 바 대로, 미래를 논의하고 있는 대부분이 공동체의식의 회복과 함께 그것의 실천을 강력하게 주창하였다는 것을 알게 되었다. 여기에서 한 걸음 더 나아가 그 공동체적인 삶의 모본을 사도행전의 예루살렘교회에로까지 끌고 들어온 이는 최윤식이었다. 그가 한국 교회의 심각한 경제 문제에 대하여 그 해결책을 예루살렘교회에서 모색하였다는 것은 접근 방법론상 교과서적 총론적인 것에 불과한 것이었다. 이에 그가 각론적으로 세밀하게 접근하지 못하였던 것이 못내 아쉽다.

3. 제3 개혁교회

제3 개혁교회는 제1 종교개혁과 제2 종교개혁의 프로테스탄트 전통을 역사적으로 수용하며, 사도행전의 예루살렘교회의 진면목을 그대로 현실화(Realization)시키는 것 자체가 개혁교회인 것을 지표로 삼는다. 당연히 제3개혁교회 역시 교파(denomination)가 있다.

이미 한국에 프로테스탄트의 각 교파들이 없을 정도로 다 유입(流入)되어 실재하고 있다. 그런데 유일하게 없는 정통교파가 하나 있다. 바로 이 교파는 회중교회(Congregationalism)다. 그 제3 개혁교회로서 회중교파를 택한 결정적인 이유는 논자가 1984년에 한국 교회의 최초 순교자 로버트 저메인 토마스 회중교회 선교사에 대한 관심이 많아 그에 대한 저서들을 펴낸 경험이 있어서 그 회중교파에 대하여 잘 인지하고 있었기 때문이다. 그래서 이제서야 출범하는 회중교회를 아예 제3 개혁교회로 인식시키고자 하는 것이다.

이에 따라 여기에서는 먼저 회중교회에 대한 역사적인 발자취와 함께 다양한 측면들을 논의해보려고 한다. 그리고 이어서 사도행전의 예루살렘교회의 모습을 현재 삶의 정황에 맞게 적용시키는 목회적인 실천방안을 알아보도록 할 것이다.

1) 한국의 회중교회

한국의 회중교회를 논하기 전에 먼저 그 뿌리의 진원지가 되는 영국에 이어 미국의 역사를 살펴볼 필요가 있다. 16세기 로마 가톨릭교회가 만행하고 있을 때에 유럽 전역에서 일기 시작한 루터와 츠빙글리(Zwingli)

와 칼빈의 종교개혁이 영국에까지 미쳤다. 하지만 영국에서 만큼은 독일이나 스위스의 개혁교회와 성격상 다르게 나타났다. 영국에서는 여전히 주교(主敎)들이 남아 있었으며, 성경의 권위를 내세워 성경은 오로지 주교들에 의해서 해석되어야 한다는 것을 강력히 주창하고 있었다.

이런 상황에서 교묘하게 개혁이라는 명분을 내세워 로마 가톨릭교회와 절충시킨 영국 국교회(Anglican Church)라는 것을 만들어 놓았다. 이때 교회의 통치자는 에리자베스 여왕이었다. 이에 오직 여왕만이 헌법과 함께 교리와 교회법규를 관장하였으며, 주교들은 피임명권자들로서 영국 국교회를 공무원처럼 이끌어 갔다. 그리고 영국민들은 영국 국교회의 교인으로서 세금을 지불하였다.[31)]

이와 같은 교회의 부조리 상황을 개혁하고자 하는 일단의 무리들이 있었다. 그들은 청교도(Puritan)로서 교회의 절대권위는 오직 성경밖에(Sola Scriptura) 없으며, 교회를 치리(治理)하시는 분은 오직 그리스도라는 사실을 분명히 선언하였다. 그런데 영국 국교회에 저항하는 청교도에는 두 가지의 흐름이 있었다. 하나는 영국 국교회에 그대로 남아 있으면서 내부의 개혁을 시도하였던 독립파(Independents) 청교도가 있었다. 이에 해당되는 대표적인 지도자로서는 헨리 제이콥(Henry Jacob)이 있었다. 다른 하나는 1580년 노르위치(Norwich)의 로버트 브라운(Robert Browne)이 주도하고 있었던 분리파(Separatists) 청교도가 있었다. 후에 부흥하게 되자 작성한 교회협약에 서약하는 절차를 거쳐 영국 최초로 분리파 교회를 정식 출범하게 되었다.

그 교회협약에의 서약에 따라 교회 직분자들이 임명되었고 예배형식이 제정되었다. 이 로버트 브라운의 분리파 청교도가 결국에는 이른 바 회중교회주의(Congregationalism)의 모태가 되었던 것이다.[32)] 이 회중교회주의는 언약사상에 기초하여 특히, 하나님과 교회 공동체와의 관계를 중요시하였다.[33] 그리하여 분리파 청교도로서의 회중교회주의자들은 영국 국교회를 참된 교회로 인정하지 않았던 것이다. 이에 동조한 탁월한 지도자로서는 헨리 바로우(Henry Barrowe)와 프란시스 존슨(Francis Johnson)이 있었다.[34]

이어 1604년에는 회중교회주의의 영향을 받은 캠브리지대학 출신의 존 로빈슨(John Robinson)이 스크루비(Scrooby)에 분리파 교회를 또다시 창립하게 되었다. 에리자베스 여왕 때 시작된 영국 국교회의 분리파 교회들에 대한 탄압이 1603년 그 뒤를 이어받은 제임스 1세와 1625년 차알스 1세 때까지 계속 이어졌다. 이럴 즈음에 분리파 교회인 회중교회주의자들의 태도 역시 두 그룹으로 나누어졌다.

하나는 영국 국교회의 거센 탄압에도 불구하고 그대로 영국에 남아 있겠다는 잔존그룹이 있었다. 다른 하나는 조국인 영국을 떠나 네덜란드로 이주하여 주님이 주신 신앙의 자유를 누리면서 주님이 원하시는 신앙공동체를 만들어 보겠다는 순례그룹(pilgrim group)이 있었다. 이리하여 1607년과 1608년에 걸쳐서 영국을 떠난 그 순례그룹은 스크루비 분리파 교회로서 존 로빈슨의 지도하에 있었던 회중들이었다. 그들은 그 이듬해 1609년에 네덜란드의 라이든(Lyden)에 당도하였다. 이후 라이든 정착에는 가인스버러의 존 스미스(John Smith)의 교회도 회중들과 영국을 떠나 합세하게 되었다.

이에 라이든의 회중교회주의자들은 정착한 지 수년이 지나면서 심각한 고민에 빠지게 이르렀다. 그 중의 하나가 이방인의 땅에서 이방인들과 함께 성장하고 교육을 받아야만 하는 자녀들의 앞날의 문제가 바로 그것이었다. 또다른 하나는 조국의 언어와 관습을 그리워하여 점점 더 시간이 흐르게 되면, 조국의 것들을 잃지 않을까 하는 두려움이었다. 이런 문제들을 놓고 존 로빈슨을 중심으로 하여 수시로 시간이 날 때마다 회중들과

상의하였다. 일부에서는 조국인 영국으로 되돌아가자는 의견들이 있었기는 했지만, 신대륙(New England)으로 이주하자는 의견으로 결론을 내렸다. 그리고는 곧 집사인 로버트 쿠쉬만과 존 카버를 본국인 영국으로 보내 왕의 허락을 받도록 조처하였다.

드디어 라이든에 정착한지 12년 만인 1620년 9월 크리스토퍼 존스 선장의 180톤 급 범선 메이플라워(Mayflower)호에 102명이 승선하여 미지의 신대륙을 향하여 당당한 믿음을 갖고 항해하기에 이르렀다. 항해 도중에 혹한과 배고픔과 질병에 시달리면서도 믿음의 용사답게 기도하고 예배드리는 것을 게을리하지 않았다. 이런 중에 특기할 만한 사건으로서는 41명이 서명한 '메이플라워 협약'(Mayflower Compact)이라는 것이 있었다. 이 협약의 핵심 내용은 신대륙에 도착해서 정착하게 되면 진실로 주 예수님이 원하시는 가장 이상적인 나라를 세울 것이다라는 데 있었다. 그 하나의 방편으로 시민체제 중심의 정책(시민정부)을 수립하고자 함에 있었다.[35] 이 협약은 미국 역사상 최초 문서로 작성된 신앙적인 사회계약인 셈이 되었다.

1620년 9월에 네덜란드 라이든을 출발한 메이플라워호는 약 4개월 항해한 끝에 어렵사리 12월 21일 신대륙의 프리머드 항에 닻을 내렸다. 그야말로 분리파 회중교인 순례자들이 오랜만에 흙을 밟아보는 감격적인 순간이었다. 이제 메이플라워 협약에 따라 자율적으로 처리해나가는 개척생활이 본격 시작되었다. 때는 혹한기인지라 고생은 이루다 형언할 수가 없었다. 기아 선상에 허덕였으며 질병으로 죽어나간 회중교인들이 무려 47명이나 되었다. 남아 있는 회중들은 새도 잡아 먹었으며 사슴도 잡아 구워 먹기도 하였다.

1621년 봄이 되자 인디안 추장 마사소이트의 도움을 받아 농사 짓는 방법을 배워서 옥수수와 호박, 보리, 완두콩 등을 황무지에 열심히 심었다. 이 무렵에 선거에 의해서 선출된 최초의 정착민 행정관 존 카버가 4월 한 달 동안에 너무나 열심히 동분서주한 나머지 과로로 소천(召天)하고 말았다. 그 후임을 윌리암 브래드포드가 이어 받았다. 9월이 되자 대풍년이었다. 감격하였다. 이에 추장 마사소이트에게 연락을 하여 90여명의 인디안들과 함께 연이어 3일 동안 하나님께 감사 드리는 추수감사축제를 대대적으로 벌였다. 이것이 프로테스탄트의 역사상 최초의 추수감사주일의 유래가 되었다.[36)]

이후에 시간이 흐르면서 뉴잉글랜드에서의 회중교회주의운동이 가속화되기 시작하였다. 1625~1640년 까지 무려 2만명이나 되는 독립파 청교도들이 신대륙으로 이주해 왔다. 결국에는 그들도 역시 회중교회에 합세하게 되었다. 이런 가운데 장로교회와 감리교회와 침례교회 등이 속속히 이주해 들어왔다.

미국의 탁월한 회중신학자 맨프레드 콜(Manfred W. Kohl)은 회중교회의 공헌을 교육적인 측면과 민주주의의 형성과 대각성부흥운동으로 나누어 피력한 바 있다.[37)] 이 교육적인 측면은 굴지의 대학을 회중교회의 지도자들이 주도해서 세웠다는 것으로, 그 대학들로서는 하바드대학, 예일대학, 뱅골대학, 하트포드대학, 앤도버대학, 오버린대학 등이 있다.[38)] 이어 민주주의의 형성에 끼친 공헌은 자유와 평등의 개념을 심오있게 고취시켜 주었다는 데 있다. 여기에는 메이플라워 협약에 있는 내용이 지대한 역할을 하였다. 이 자유와 평등을 인권 중심으로 해서 강렬하게 설교를 자주하였던 이로서는 뉴욕 브룩크린 프리머드 회중교회 목사 헨리 워드 비처(Henty Ward Beecher)가 있었다. 그의 그런 설교는 당시 링컨 대통령에게 심대한 영향을 주어 그로 하여금 노예해방을 결정하는데 있어서 크나큰 계기를 마련해 주었다. 뿐만아니라 그의 설교는 집사 헤리엇 비처 스토(Harriot B. Stowe)에게도 영향을 주어 당시 노예의 참상을 폭로한 세계적인 문학작품 「엉클 톰스 캐빈」(*Uncle Tom's Cabin*)을 쓰게 하였다.

이어 회중교회주의는 대각성부흥운동에도 큰 영향력을 발휘하였다. 그 부흥운동을 주도하였던 조나단 에드워드(Jonatham Edwards, 1703~1758)와 찰스 핀니(Charles G. Finney)가 회중교회의 지도자였다는 사실이 그것을 말해준다.[39] 이 부흥운동에 함께 보조를 맞추었던 일련의 운동으로서는 진첸도르프(C. V. Zinzendorf)의 모라비안 운동과 프레링호이센(T. J. Frelinghuysen)의 독일개혁운동과 웨슬리의 감리교 운동(Methodist Movement)이 있었다.[40]

이와 같은 역사적인 발자취를 유산으로 물려준 회중교회주의는 사보이(Savoy) 선언을 따르며, 특히 미국의 회중교회는 그 역사적인 뿌리를 17세기 영국의 존 로빈슨의 스크루비 분리파 청교도의 순례그룹에다 두고 있다.[41] 이로 보면 미국의 역사는 곧 회중교회주의의 역사인 셈이 되겠다. 그리고 그 사보이 선언은 신앙의 고백과 교회정치의 강령으로 구성되어 있다. 이 신앙의 고백은 철저히 삼위일체론적이다. 이어 교회의 정치강령은 회중정치의 체제로서 개체교회(Local church) 중심의 공동체 생활을 중요시한다. 이와 동시에 공동체의 회중들의 대의를 최대한도로 반영한다. 이리하여 회중교회는 계약백성의 구원과 사랑에 의해 결속된 자유와 그리스도를 중심으로 하는 공동체를 지향(指向)한다.[42]

이제부터는 한국의 회중교회에 대하여 알아보도록 하겠다. 1866년 9월 2일 한국 교회 최초 순교자로서 대원군의 쇄국정책으로 말미암아 죽임을 당한 목사 로버트 저메인 토마스는 영국의 회중교회(잔존그룹) 선교사이었다. 이에 대한 그의 역사적인 흔적을 이미 논자가 1985년에 로저(E. M. Rosser)와 오문환의 연구 자료를 기초로 번역하여 「1866년 한국 개신교 최초 순교자, 평양대동강사건」(세계종교현상연구소)이라는 역저를 펴낸 바 있다. 이외에 2006년에 총신대 출신의 철학박사 유해석이 「대동강에 떨어진 한 알의 밀알 토마스 목사전」(생명의 말씀사)의 저서를 출간하였다. 이어서 2020년에 전 대전신학대학교 총장 문성모와 배재대학교 대학원장 남청이 오문환의 글(Life of Robert J. Thomas)를 공동번역해서 이자익 목사기념사업회 엮음으로 하여 「토마스 목사전」(대한기독교서회)라는 번역서를 펴내기도 하였다. 또 2020년에 한국순교유족연구회장 김헌곤은 「한국교회 순교자 열전」(토비아)을 펴내면서 "한국 교회에 복음의 문을 연 선교사 : 로버트 J. 토마스"(pp.29~32)에 대한 글을 게재하였다.

이런 그의 순교를 기리기 위하여 1912년 9월 서울에서 열린 재한 미국장로교선교부 연회에서 '토마스 목사기념 특별위원회'가 사무엘 모페트(Samuel A. Moffett)와 밀러(F. S. Miller)와 멕쿤(G. S. Mc Cune) 등으로 구성되어 토마스의 행적을 기록하도록 임명되었다.(동연회 회의록, P.4 참조)[43] 그러나 다른 더 급한 용무로 인하여 아무 일도 하지 못하였다.(제30회 연회 회의록, p.30참조)[44] 그러다가 그 '토마스목사기념 특별위원회'는 급기야 자동적으로 해산되고 말았다.(1915년 제31회 연회 회의록, p.48 참조)[45] 이렇게까지 된 데는 논자가 추정해 보건대 그 순교자의 회중교파와는 다른 장로교파라는 의식이 교단적으로 강하게 작용하지 않았겠는가 하는 생각이 든다.

그렇게 해서 끝나는가 싶었는데, 다행스럽게 '로버트 J. 토마스 순교기념사업회'(Thomas Memorial Association)가 정식으로 출범하게 되었다. 회장은 그 사무엘 모페트(마포삼열)가, 총무는 당시 평양 숭의학교 교수 오문환(吳文煥)이, 재정담당은 북장로교 선교사 밀러(E. H, Miller)가 맡았다. 이 사업회의 목표는 (1) 토마스의 생애에 대한 저서를 출판하는 일 (2) 토마스가 순교 당한 근처에 기념예배당을 세우는 일 (3) 복음사업을 위하여 50,000원 모금하는 일이었다. 이런 목표달성을 위하여 동분서주하는 가운데, 1927년 5월 8일에 드이어 토마스가 묻혔다는 쑥섬에 1,000여명의 신도들이 모여서 기념예배를 드리게 되었다. 이후에 그 기념예배당 건축을 위한 모금운동을 전개한 결과, 대성공을 이루었다. 이에 따라 1932년 추석 전날 9월 14일(수) 오후 4시에 모여서 토마스 순교기념예배당 헌당식을 성대하게 올렸다. 이 같은 사실을 한국 최초 교계지였던 장로교단의 「기독신보」(1932년 8월 31일자)에서는 '순교자의 핏줄기'(사설)라는 제하로 심층 있게 다루었다.

해방이 되자 평양에 있던 바로 그 토마스순교기념사업회를 서울 기독교서회 빌딩 30호실로 이전하면서 '토마스 순교기념전도회'(Thomas Memorial Mission)로 개칭하였다. 이 전도회의 명예회장은 모우리(E. M. Mowry)가, 회장은 목사 김성택이, 총무는 그대로 오문환이 맡았다. 이 전도회의 주요한 목표는 '토마스 호'(Boat Martyr Thomas)를 준비해서 서해안을 중심으로 전도하는데 있었다. 이 결과, 35개 처소의 장로교가 개척되었으며 결신자는 무려 10,110명이나 되었다. 당연히 그 35개 교회는 지금도 장로교회라는 이름으로 실재하고 있다.

시간이 흘러 토마스 순교에 관련된 그 사업회와 전도회의 실질적인 책임자였던 총무 오문환이 연로해지면서 경영난에 허덕였는지, 1960년에 이르러서는 사무실을 서울 성동구 약수동 370~20번지로 이전하게 되었다. 이후로는 자료가 나와 있지를 않아 알 길이 없다. 그래도 분명한 것은 하나 있다. 평양에 세워졌던 토마스 순교기념예배당(일명 조왕교회)은 공산화되면서 완전히 흔적도 없이 사라지고, 바로 그 자리에 평양과학기술대학이 들어섰다는 사실이 그것이다.

이상과 같은 일련의 회중교회와 로버트 저메인 토마스의 순교에 상관된 역사적 사실을 잘 인지(認知)하고 있었던 논자로서는 하나님께서 다시 불러주신 것으로 받아들일 수밖에 없었다. 이에 순종하는 믿음으로 제3 개혁교회로서의 회중교회를 창립하고, 동시에 그 토마스와 연관된 일련의 사업을 재개하기에 이르렀음이다. 이에 따라 '기독교 한국회중회' 라는 회중교단 창립과 함께 2021년 9월 12일(주일)에 토마스 순교기념예배당으로 '기독교 한국회중회 제일교회'의 설립 감사 예배를 드렸던 것이다. 그리고 '(사) 토마스 순교기념선교회' 도 그 역사성을 이어 받아 재발족시켰다. 이에 정부기관의 협조하에 비영리단체로 고유번호증이 발급되었다.

2) 21세기 예루살렘교회

한국 교회가 한국인의 교회라고 할 때에 속해 있는 특정교파의 교리는 선험적 구호에 불과한 종교외피용일 뿐, 그 감싸고 있는 몸통 자체는 여전히 한국인의 정서로서의 경험적 현세주의적인 것이다. 즉 그 몸통 자체가 샤마니즘적 기복신앙으로 뭉쳐 있다는 말이다. 이런 상황에서 회중교파와 회중교회 하나 설립한다고 하여 무슨 의미가 있겠는가 하는 것이다. 이럼에도 종교 박물관이라고 불리는 이 한국 땅에서 한국 교회는 물론 세계 교회에까지 희망을 주는 회중교회가 될수 있도록 로버트 저메인 토마스의 순교신앙을 갖고 최선을 다 해야 할 책무가 있음이다. 다시 말해서 회중교회가 프로테스탄드의 전통성을 이어받아 프로테스탄트답게 의미있는 일을 해야겠다는 것이다.

이것은 바로 사도행전의 예루살렘교회를 21세기에 그대로 재현(再現)시켜서 21세기 예루살렘교회로 주님의 뜻에 따라 만들어내는 일이다. 그런데 한국의 종교인은 역사적으로 순수정통성을 그대로 보존하고 유지하려는 경향이 강하게 나타나 있다. 이에 대하여 종교학자 윤이흠은 다음과 같이 피력하였다.

> "한국은 고대로부터 유교와 불교 같은 전형적인 동양 고전문화를 유지하고 있다. 조선조는 송대의 신유학을 가장 활발하게 발전 계승하였으며, 이에 따라 한국인은 아직도 고전적인 유교문화를 유지하고 있는 사회이다. 고전적 대승불교가 꽃을 키웠던 당대(唐代)의 불교문화가 원형 그대로 남아 있는 곳이 한국의 대가람들이다. 이처럼 유교와 불교의 고전적 문화들이 한국에서 원형을 유지하는 가운데 보존되고 있다. 이는 한국 사회 밖에서는 찾아 볼 수 없는 독특한 현상이다. 이로써 한국은 동양 고전문화의 창고라고 말할 수 있다."[46]

이리하여 한국 교회들이 그렇게도 많고 게다가 대 교회들이 세계에서 제일 많이 있는데도 불구하고 순수정통성으로 원형을 그대로 보존 유지하고 있는 교회가 전혀 없다. 유교와 불교는 분명히 실재해 있는 데도 말이다. 1974년에 교의신학자 박아론은 한국 교회의 새벽기도회를 두고 이르기를 복음주의적, 정통개혁주의적, 한국 토착화 신학적이라고 평가한 바 있다.[47] 엄밀한 의미에서 이 새벽기도회는 한국인의 심성에 걸맞는 것으로 토착화시킨 것이기는 하나, 이것을 두고 복음주의적, 정통개혁주의 적이라고 평가한 것은 무리가 있어 보인다.

이제 논자는 회중교회를 통해서 기독교의 순수정통성에 따라 그 원형의 회복으로-이미 개조 06에서 가장 전형적이자 이상적인 순수정통 교회를 살펴 보았듯이 - 21세기 예루살렘교회를 일궈보려고 하는 것이다. 이 일궈내는 과업을 위해서는 다음 다섯 가지의 주요한 논점을 확실히 해두기만 하면, 자연스럽게 21세기 예루살렘교회를 만들어 낼 수가 있음이다.

첫째 논점은 무슨 이유로 해서 세계 교회는 물론 한국 교회에까지 신자들이 급격히 감소하고 있는가에 대하여 정확하게 원인을 찾아내는 일이다. 둘째 논점은 교회의 주요 기능 중의 하나인 공동체 개념을 일반 경제학에서 말하고 있는 공동체개념과 상관시킴으로서, 교회의 정체성을 다시금 확인해보는 일이다. 셋째 논점은 목회하고 있는 개체교회의 신자 수는 도대체 몇 명 정도가 적합할까에 대해서 진지하게 심사숙고하는 일이다. 넷째 논점은 개체교회는 반드시 새 계명(마 22:37~40)을 실천해야 하는 바, 이 때의 이웃은 과연 누구인가에 대한 것을 특정(特定)하는 일이다. 다섯째 논점은 개체교회에 수입된 십일조 외 각종 헌금을 신자들에게 어떤 방법으로 분배해야 하는가에 대해서 모색 해 보는 일이다.

이제부터는 그 논점들을 중심으로 해서 하나 하나씩 해제해 보도록 하겠다. 우선 한국 교회가 정체현상을 일으키면서 그 와중에 급격히 신자 수가 감소하게 되었다. 최근의 통계에 따르면 가나안 신자들이 무려 200만 명이나 될 정도로 심각하다. 이에 대한 원인 분석과 함께 대처방안들이 연이어 나오고 있다. 이 내용들은 여전히 구태의연한 것들이었다. 예컨대 항상 그랬듯이 원론적인 것으로 기도 부족이니 전도 부족이니 하면서, 마지막에는 기복신앙의 탓으로 돌리는 것이 그것이다.

심지어 새에덴교회 목사 소강석은 극단 보수주의 정치인이 아닌데도, 색깔론을 펴 가나안 신자들을 아예 안티 크리스천이라면서 네오 맑시즘(Neo-Marxism)에 편승한 세력으로 규정해 버렸다.[48] 이는 전혀 근거가 없는 주장이다. 오히려 정확하게 - 이미 언급한 대로 - 39년 전 1983년에 가나안 신자들이 있을 것이라고 주창한 이는 민주투사 함석헌이었다. 그는 가나안 신자들이 생기는 그 원인을 교회의 금송아지 숭배로 간파하였다.[49] 이런 함석헌의 주창에 아랑곳하지 않은 한국 교회는 지금까지도 다른 데서 원인들을 찾아내고는 각양각색의 신앙술을 동원하여 각종 프로그램과 프로젝트를 남발하기에 정신들이 없다. 그 무슨 병이든 막론하고 정확한 진단이 있을 때, 그 병을 고칠 수가 있다. 이미 한국 교회의 큰 병은 맘모니즘이라고 진단하였다. 이렇다고 본다면 함석헌이 한국 교회 안에 금송아지 숭배가 있다는 진단은 정확한 것이었다. 이런데도 그는 치료방법은 내놓지 못하였다. 이는 그가 한국 교회의 정예전통이 아니었으니 그럴 수밖에 없었을 것이다.

이에 정확한 진단과 함께 치료방법이랄 수 있는 대처방안을 동시에 지침해주는 일대 사건이 있었다. 이것을 확인하려면 우리는 주류 종교학에 눈을 돌려야만 한다. 믿는 그리스도인들의 최우선적인 과제는 서양인이든 동양인이든 막론하고 생존생계형의 기복적인 문제를 해결받고자 함에 있다. 그런데 동일한 기복신앙인이라고 할지라도 강도면(强度面)에서는 한국인의 기복신앙이 한국인의 기층종교인 샤마니즘과 절충된 것이기에, 서구인들의 기복신앙보다는 더 강렬하다는 것에 주목할 필요가 있다. 하지만 서구인들의 기복신앙도 소시민적인 세속적 욕망을 채우고자 함에는 그 내용면에서 우리 한국인들의 기복신앙과 다를 바가 없다.

세계 제2차 대전 이후, 한창 서구유럽의 교회안에 있는 기복신앙인들이 말씀이라는 립 서비스를 통하여 위로를 받으며 기도에 열중하고 있을 즈음에, 국가에서 사회보장제도(기초생활급여, 의료보험, 의무교육제도, 노령연금 지급 등)로 그 최소한의 기복의 문제를 해결해주기 시작하였다. 이때부터 교회의 말씀과 기도로만 아편같이 위로를 받아왔던 기복신앙인들이 썰물처럼 급격히 교회를 박차고 나갔던 것이다.[50)]

이런 일련의 역사적 상황과 관련하여 종교학자 윤이흠은 다음과 같이 간파하였다.

> "이와 같은 사회보장제도는 산업화가 이루어진 다음에나 가능해졌다... 유럽에서 제2차 세계대전을 전후하여 사회보장제도를 서둘러 사회에 정착시키게 된 것에는 1917년 소련에서 볼세비키 혁명이 일어난 것이 계기가 되었다. 절대빈곤을 해결한다는 공산주의의 정치교육적 슬로건이 요원의 불길과 같이 굶는 사람들에게 퍼져나가던 때, 유럽을 포함한 전 세계가 이제 막 공산주의로 넘어가게 되었다...

> 이 시기의 공산주의는 참으로 위협적인 존재가 아닐 수가 없었다. 이에 대항하기 위하여 유럽에서 불가피하게 공산주의 사회보다 한 발짝 사회보장제도를 만들지 않을 수가 없었던 것이다. 이것이 성공한 것이다. 그래서 공산주의는 70년 만에 사실상 손을 들게 된 것이다... 여하튼 사회보장제도가 오히려 공산주의 사회보다는 자본주의 사회에서 빨리 제도화되었다."[51)]

그 같은 영향을 받아 세계 제2차 대전 이후부터 교인감소 현상이 두드러지게 나타나기 시작하였는 바, 1980년 대에 접어들면서 교회들이 아예 텅비게 되었던 것이다. 이런 교인감소 현상은 산업화가 고도화된 미국으로 이어졌으며, 급기야 1990년대 사회보장제도(특히 의료보험제도)가 정착되기 시작한 것에 영향을 받은 한국 교회에까지 미쳤던 것이다. 이렇게 역사적인 사실이 분명한 데도 불구하고 한국 교회는 지금까지도 엉뚱한 데서 원인들을 찾아내느라고 우왕좌왕하고 있는 터에 있다.

한마디로 말해서 산업화로 말미암은 사회보장제도가 그런 교인감소 현상을 초래케 한 것이다. 산업화는 자본주의가 그만큼 발달하였다는 것을 시사한다. 그러므로 문제는 여전히 경제 문제인 셈이 되겠다. 경제 문제로 교회를 박차고 나갔으니 경제 문제로 교회에 묶어두면 되는 일이다. 이런 연유로 하여 제3 종교개혁은 21세기 예루살렘교회의 실현화(Realization)에 있다는 것을 확신하고 있기에, 사도행전의 예루살렘교회로 돌아가자고 주창하고 있는 것이다.

이제는 둘째 논점이 되는 공동체에 관하여 논의해 보려고 한다. 교회의 기능에는 말씀선포와 교육과 섬김과 나눔이 있다고 일렀다. 이 섬김과 나눔을 한데 묶어 섬기는 나눔이라 할 때에, 이것이 곧 공동체의식을 정리해 준 것이다. 그동안 실종되어 있던 공동체라는 기능을 이제는 작동시키고 그 의식을 회복해야만 한다. 이 공동체는 기독교 나라의 공동체

(Community of Christendom)이기도 한데, 개혁자들은 성도의 교제(Communio Sanctorum)이라고 이름하였다. 이 교제는 당연히 형제들의 물질적인 필요까지 포함된 것이었다. 따라서 이 같은 교제는 개체교회 안에 있는 신자들 사이에서 서로서로 먼저 황금율(마 7:12)에 따라 사랑을 실천하는 것으로 이루어져야 한다.

> "서로 지체가 되라(롬 12:5), 서로 우애하라(롬 12:10), 서로 존경하라(롬 12:10), 서로 먼저 하라(롬 12:10), 서로 받으라(롬 15:7), 서로 권하는 자가 되라(롬 15:14), 서로 문안하라(롬 16:3~6, 16), 서로 종노릇하라(갈 5:13), 서로 짐을 지라(갈 6:2), 서로 용서하라(엡 4:2), 서로 복종하라(엡 5:21), 서로 권면하라(살전 5:11)."[52]

이렇게 공동체로서의 개체교회는 중차대한 비영리단체인데, 이 공동체는 성경 말씀의 중심주제인 '하나님 나라의 사랑'을 현 삶의 정황인 '민주적인 자유주의적 자본주의'에 적용시켜 그 사랑을 실천해야 하는 선도적인 주체세력인 것이다.

여기에서 분명히 해둬야 할 관건이 있다. 이것은 다름이 아니라 그 삶의 정황이라 할 때의 그 삶의 정황은 구심력(centripetal force)으로 개체교회 안의 것을 전제로 하고 있다는 것이다. 다시 말해서 그 삶의 정황이라는 것이 개체교회 밖에다 두고 의미상 원심력(centrifugal force)적으로 말하는 것이 아니라는 뜻이다. 동심원리상 구심력이 있어야 원심력이 생기기에 하는 말이다.

이리하여 개체교회 안에서의 민주적인 자유주의적 자본주의에 따른 삶의 정황을 최우선적으로 성찰해 본다는 것은 중요한 과제가 된다. 이 세 가지의 시스템이 서로 상호보완하는 가운데 작동하고 있는 그 민주적인 자유주의적 자본주의에 있어서, 우리가 관심을 두고 주목해야 할 시스

템은 자본주의이다. 반면에 민주주의와 자유주의는 정치적인 시스템으로서 그 핵심가치는 거의 변함이 없을 것으로 사료된다. 이와는 달리 자본주의는 개조 02에서 이미 살펴 보았듯이 시대에 따라 자유방임주의 → 수정자본주의 → 신자유주의로 변천해 왔다. 주지하는 대로 1990년 대 말부터 시작된 신자유주의는 "자유자본주의의 시장은 언제나 옳다"는 시장제일주의로서 2000년 대에 이르기까지 정글의 법칙에 따라 많은 병폐현상을 야기시켰다. 이 법칙은 승자독식과 약육강식, 적자생존 등을 양산해냈다. 이러는 와중에 가장 큰 난문제로 대두된 것이 부익부 빈익빈이라는 양극화이었던 것이다.

그와 같은 양극화현상이 심화되어가면서 사회의 여러 영역에까지 미치는 그 악영향은 점점 더 극대화되기에 이르렀다. 이로 인하여 2000년 대 말부터 공생의 생태계(Ecology)를 주창하기 시작하였다. 이 주창하는 요지는 "이제는 시장(기업)이 공생의 생태계를 만들고 정부는 시장과 유기적인 상호작용을 이뤄가야 한다."[53]는 것이었다. 이 공생의 생태계를 만들어 보자는 것을 더 구체적으로 말하자면, 공동체자본주의를 만들어 보자는 것과 동일한 맥락이다.

이 공동체주의를 주창하고 있는 이들로서는 마이클 샌델(Michael Sandel)과 매킨타이어(A. Macintryre), 테일러(charles Taylor), 왈저(Michael Walzer)등이 있다.[54] 그들이 비판의 표적으로 삼고 있는 것은 민주주의가 아니라 시장경제와 사유화, 경쟁, 이윤을 핵심가치관으로 조합된 자유주의다. 이에 따라 그들은 자유주의의 개인주의야말로 공동체적 가치를 파괴하고 공적인 삶을 누적적으로 저하시키고 있는 신자유주의를 맹타하고 나섰던 것이다. 이에 그들은 한결같이 공동체의 전통을 회복함으로써 자유주의적 개인주의의 문제점을 해결할 수 있는 것으로 보았다. 이런 점에서 공동체주의는 공동체 속의 개인은 이기적 가치만을 추구하는 것이 아니라 그 무엇보다도 우선 이웃의 선을 고려하는 가치를 추구하는데 촛점이 맞춰져 있다.

영국 왕립경제학회 아나톨 칼레츠키(Anatole kaletsky)는 신자유주의를 대체할 새로운 경제 패러다임으로 자본주의 4.0을 주창하고 나왔다. 그가 말하고 있는 자본주의 4.0 시대에는 기존의 경제이론으로는 설명할 수 없는 예측 불가능성이 지배할 것이라고 일렀다. 이에 그가 시장과 정부가 서로의 역할을 어떻게 정립할 것인가에 따라 자본주의의 미래가 결정될 것이라고 주장은 하고는 있으나, 그 저변에는 공동체주의가 내재(內在)되어 있다는 것을 직시할 수가 있다.[55)]

이어 2008년 1월 24일 스위스 다보스에서의 세계경제 포럼 연설에서 자본주의에 대한 새로운 접근으로 창조적 자본주의(creative capitalism)를 제시한 바 있다. 이 내용의 골격은 "자본주의의 정수는 사익을 추구하는 것이 더욱 광범위한 이익에 이바지하도록 하는 능력에 있다. 이에 모든 사람이 혜택을 누릴 수 있도록 하기 위해서는 이 시대의 시스템을 개선해야 한다"는 것이었다. 이 착한 창조적 자본주의는 개선된 시스템으로서 공동체주의와 동일한 개념이다.[56)]

이상에서와 같이 주류 경제학에서 2000년 대 말부터 줄기차게 새로운 경제 패러다임으로 공동체자본주의를 주창해오고 있음이다. 그런데도 이제까지 20여년이 지나도록 그 어떤 조짐도 나타나 있지 않다. 그 정도로 신자유자본주의적인 극단적 이기주의가 그만큼 팽배해 있다는 것을 알 수가 있겠다. 솔직히 말해서 논자가 확신하기는 공동체주의를 일궈낼 수 있는 곳은 하나님 나라의 사랑을 실천할 수 있는 개체교회밖에 없다. 이런 믿음이 있기 때문에 논자가 본 글에서 빈번히 선도적인 주체세력의 교회가 되자고 그렇게 주창하였던 것이다.

그런데 이쯤해서 확인하고 넘어가야 할 것이 있다. 그동안 기독교 내에 일련의 공동체운동들이 없지 않아 있었다. 대표적인 것으로서는 프랑스의 떼제공동체와 베다니공동체와 라브리공동체, 레바 폴레이스 공동체 등이 있다.[57] 전 총신대학교 교목실장 문석호는 한국의 공동체운동으로서 가나안농군학교와 신앙촌과 예수원, 두레마을, 다일공동체, 장애우공동체 등을 들었다.[58] 이런 공동체운동들은 개체교회 중심의 사도행전의 예루살렘교회의 공동체주의와는 본질적인 기능상 전혀 다른 것으로 도피성이 강하며 지나치게 코이노니아(Koinonia)에만 집중되어 있다. 그래서 말씀과 교육이 거의 없다는 취약점이 있다.

이제 셋째 논점으로 논의하고자 하는 개체교회의 신자 수는 공동체주의를 실현하는데 있어서 중요한 관건으로 작용한다. 먼저 제3 개혁교회는 전도지상주의와 그에 따른 교회성장제일주의를 무엇보다도 철저히 배척한다. 동시에 성공신학(자기존중신학과 번영신학) 중심의 태도도 배척한다. 이러하기에 제3 개혁교회는 세드 고딘(Seth Godin)의 "작은 것이 큰 것이다."[59] 내지는 에른스트 슈마허(Ernst F. Schumacher)의 "작은 것이 아름답다."[60]는 마음의 다짐을 선호한다. 피터 드러커와 함께 현대 경영의 창시자로 불리는 경영의 대가 톰 피터스(Tom peters)는 사소함이 위대한 일을 만들어낸다는 리틀 빅씽(The Little Big Things)이라는 법칙을 주창하기도 하였다.[61]

이에 제3 개혁교회로서의 21세기 예루살렘교회가 되고자 할 때는 최소한도 적정선의 신자 수는 일단은 정해져 있어야 한다. 그래야만이 개체교회 안에서 공동체주의를 창출해낼 수 있기 때문이다. 말콤 그래드웰(Malcolm Gladwell)은 작은 변화로 예기치 못한 일이 폭발적으로 일어나는 그 순간을 티핑 포인트(Tipping Point)라고 표현하였다. 여기에는 소수의 법칙과 고착성 요소와 상황의 힘이 내장되어 있다. 이 소수의 법칙이란 극소수의 사람들이 대부분의 일을 저지른다는 말이다. 그리고 고착성의 요소는 작지만 기억에 남을 메시지가 엄청난 결과를 부른다는 것이다. 또 상황의 힘은 환경의 작은 변화가 전혀 다른 변화를 만든다는 법칙이다.[62] 따라서 그와 같은 일을 해내려면 적어도 150명 정도의 사람들이 어느 조직이든 필요하다는 것이다.

이런 말콤 그래드웰의 티핑 포인트의 법칙에 그대로 적중되는 150명의 교회가 있다. 이 교회는 미국의 목사 고든 코스비(Gordon Cosby)의 세이버 교회이었다. 그는 신자 수를 150명으로 제한하는 이유에 대해서 다음과 같이 표명하였다.

> "큰 규모는 실제로 효과를 반감시키며, 이것은 실로 반문화적이어서 깊이를 가지고 문화로의 중독을 거부하고 진정으로 복음의 증인이 되는 사람들의 공동체에는 불리하게 착용한다. 세이버교회는 숫자를 통해서 오는 힘의 유혹을 의도적으로 거부한다."[63]

이 세이버 교회의 150명의 신자 수는 1947년 설립한 이래 지금까지도 변함이 없다. 그럼에도 개체교회로서 교회가 마땅히 해야 할 일을 충분히 다 감당해 왔다. 그 부설기관으로서는 토기장이의 집과 그리스도의 집 및 사마리아인의 집 등이 있는데, 이곳에서 새로운 삶을 얻은 사람들이 많이 배출되었다.[64] 그들 중에는 세계적인 영성신학자 헨리 나우엔(Henri J. M. Nauwen)도 있다.

이렇다고 해서 21기 예루살렘교회의 신자 수는 반드시 150명이어야 한다는 것을 고착화시켜서 주장하고 있는 것은 아니다. 적어도 개체교회가 공동체주의를 효율적으로 실현시키려면 150명은 되어야 한다는 것을 말하고 있음이다. 물론 교인 숫자를 늘리기 위해서 교회성장제일주의에 함몰된 채 무한질주하라는 것도 아니다. 한국 교회의 상황에서 볼 때 신자 수 2,000명 정도가 적정선이 아닐까 싶다. 이 2,000명은 대략 500가정에 해당되는 신자 수이다. 이 500가정 정도가 되면 분수효과(fountain effect)를 일으키기에 충분한 수치다. 이리하여 개체교회 안에서 공동체주의를 실현시키는데 있어 구심력이 강하니 만큼 동시에 원심력 또한 작동될 것이다. 이 같은 순환과정을 통하여 주님이 직접 주신 지상명령(마 28:18~20)은 자연스럽게 이루어지리라고 본다.

개체교회의 신자 수를 적정선에서 보아 담임목회자에게 공동체주의적인 신앙양심이 조금이라도 남아 있다면, 조정해야 할 책임이 분명히 있다. 저명한 종교학자 윌프레드 캔트웰 스미스(Wilfred Cantwell Smith)는 종교를 이해하는데 있어서 중요한 두 가지의 개념을 제시하였다. 하나는 축적적 전통(cumulative tradition)이고 다른 하나는 신앙(faith)이다. 이 양자를 연결시켜주는 고리는 살아있는 개인 인격체라고 하였다.[65] 그가 말하고자 하는 의도는 모든 종교에 이미 역사적으로 주어져 있는 축적적 전통 - 한국 교회 식으로 표현하면 장로교 전통, 감리교 전통, 성결교 전통, 침례교 전통, 구세군 전통, 오순절교 전통 등 - 을 빌미로 삼아 신앙이라는 이름으로 신자들을 비인격적인 태도로 취급하지 말자는데 있다.[66]

남미의 목회자 후안 카롤로스 오르티즈(Juan C. Ortiz)는 오늘날 교회의 심각한 문제는 온통 지구촌의 모든 교회들이 신자들을 야적장에 널려 있는 벽돌로 취급하고 있다고 일갈하였다. 즉 벽돌 자체를 돈으로 간주하고 있다는 것이다. 이러하니 벽돌이 많으면 많을수록 좋다는 식의 다다익선(多多益善)이 되는 셈이다. 여기에 신자들의 인격성이 개입될 여지가 있을 리 만무하다. 이것이 극대화될 경우에는 하나님까지도 사유재산화(私有財産化)시키고야 마는 우를 범하게 되어 있다. 이 단적인 사례가 한국 교회의 보수성향의 고질병 중의 하나인 교회세습 행태인 것이다.

그래서 신학을 전공한 고전문학학자 도로테 죌레(Dorothee Soelle)는 하나님을 비사유재산화(Die Enteignung Gottes)하라고 강변하였음이다.[67]

이어서 그는 그 비사유재산화는 진솔한 인간적인 것과의 동화(Aneignung)를 의미한다고 부연하였다.[68] 이런 동화는 비도덕적이자 반지성적이라는 한국 교회의 오명을 벗어나게 하여서 한국 교회를 도덕적이자 지성적인 공동체로 만들어 낸다. 따라서 개체교회를 치리하는 목회자에게 있어서의 그 동화는 구도신앙적인 빼셈 목회행위에서부터 시작된다.[69]

4. 맺음말 : 넷째 논점과 다섯째 논점

이 개조 09의 '새로운 시대의 제3 종교개혁'에 대하여 논의하는 가운데, 정리 A(개조 01 ~ 개조 03) - 정리 B(개조 04 ~ 개조 05) - 정리 C(개조 06 ~ 개조 08)에 이어서 총정리(A+B+C)를 하였다. 그리고는 '새로운 시대'라는 제하에 현 삶의 정황에 대한 분석과 함께 한국 교회의 미래상에 대해서도 알아보았다. 이어 '제3 개혁교회'로 등판할 수밖에 없는 '한국의 회중교회'에 대하여 역사적으로 개관하였다. 동시에 제3 개혁교회는 21세기 예루살렘교회가 되어야 한다는 것을 직시하였다. 이를 위해서 우리는 다섯 가지의 논점으로 나누어 첫째 논점으로서는 신자들의 감소원인에 대해서, 둘째 논점으로서는 공동체 개념과 교회의 정체성의 상관관계에 대해서, 셋째 논점으로서는 개체교회의 신자 수의 적정선에 대해서 살펴보았다.

이제 남은 논점은 넷째 논점이 되는 것으로 진정 이웃은 실제로 누구인가에 대한 것과 다섯째 논점으로서 개체교회에 수입된 십일조 외 각종 헌금의 분배에 대한 것이다. 이 두 가지의 논점을 별도의 '맺음말'에서 다루어야 하는 이유는 제3 개혁교회로서 21세기 예루살렘교회가 되는데 있어 그것이 결정적인 요인으로 작용하기 때문이다. 이에 따라 넷째 논점으로서 실제로 진정 이웃은 과연 누구일까 하는 문제는 아주 간단하다. 상식적인 것이기에 그러하다. 그동안 프로테스탄트의 전통에서 보면, 이웃이라는 개념을 포괄적으로만 다루었지 특정해서 이웃의 문제를 심층 있게 논하지 않았던 것이다. 이는 두말할 필요도 없이 개체교회 안에서 같이 신앙생활하고 있는 형제자매들이 1차 이웃들이다.

이럼에도 그동안 교회들이 전도지상주의와 함께 교회팽창주의 내지는 정복주의에 매몰된 채, 그 1차 이웃들을 이미 잡아놓은 꿩(혹은 일개미) 정도로 생각하고 도외시한 까닭은 한마디로 말해서 개체교회 자체가 천민 자본주의적인 탐욕주식회사로 전락해 버렸기 때문이다. 이 같은 교회의 탐욕은 어제 오늘의 문제가 아니라 이미 고질병으로 자리를 잡은 맘모니즘이라는 우상숭배의 마음보이다. 1921년 영국의 정치경제학자 리처드 헨리 토니(Richad Henry Tawney)는 기독교의 정신이 탐욕사회에 오염되어 있다고 강하게 질타한 바 있다.[70)]

사도 바울은 갈라디아교회의 교인들에게 "기회 있는 대로 모든 이에게 착한 일을 하되 더욱 믿음의 가정들에게 할지니라"(갈 6:10)고 일렀다. 그리고 그는 "성도들의 쓸 것을 공급하며 손 대접하기를 힘쓰라"(롬 12:13)고도 하였다. 이렇게 개체교회 안에 있는 성도들을 1차 이웃으로 직시하여 쓸 것을 공급하는 등 착한 일을 많이 하는 공동체 신앙의 사랑 실천은 성도들 간의 물질적인 균등을 이루게 하는 촉발제가 되기에 충분하다.(고후 8:9,13~15 참조)

개체교회가 개체교회 자체를 물량적으로 팽창하고자 하는 목회자의 탐욕을 중단하지 않고서는 주님의 새 계명(마 22:37~40)을 따라 1차 이웃이 되는 교인들을 결단코 사랑 할 수가 없다. 뿐만 아니라 황금율(마 7:12)은 물론 기독교의 대헌장이기도 한 산상수훈의 말씀(마 5~7장) 또한 실천하지 않고 있는 것이다. 이렇게 1차 이웃을 특정한다는 것은 그 이웃에 대하여 개체교회가 책임을 지겠다는 것으로 중차대한 관건이 된다.

이런 맥락에서 보건대 일부 대 교회들이 연중행사로 연말연시가 되면 어김없이 1차 이웃을 배제한 채, 2차 이웃을 주님의 이름으로 사랑한답시고 선물공세를 펴는 것은 전형적인 신앙술의 쇼 패스터(show pastor)의 모습을 보여주고 있는 것이 된다. 이런 선물공세는 특정된 이웃이 아니기에 무책임한 것이다. 이렇다고 2차 이웃에게 사랑의 실천을 하지 말라는 것이 아니다. 그보다 앞서서 먼저 개체교회 안에 있는 교인들에게 사랑을 비일자부 전천후로 실천하라는 말이다. 주지하는 대로 사도행전의 예루살렘교회는 먼저 교회안에 있는 교인들에게 사랑을 실천하였다는 사실을 다시 한번 상기해야 되겠다.

이어지는 다섯째 논점은 개체교회안에 수입된 십일조(Tithe)와 각종 헌금 사용에 관한 일련의 내용이다. 이미 그 헌금 사용에 대한 것은 개조 07의 '인기스타 산업화된 교회시장과 헌금사업'에서 논의한 바 있다. 성경 말씀에 따라 헌금을 사용하지 않은 채, 제 아무리 신자 수가 많은 대교회라 할지라도 바로 이 교회는 열매를 잘못 맺은 아주 나쁜 나무에 불과한 것이다. 이런 교회는 신앙제일주의를 내세워 그 믿음이 행위에 선행된다는 것만 알지, 행위가 믿음에 의해 제한된다는 것만 모르고 있는 맹신교회(盲信教會)이다.[71]

이에 제3 개혁교회로서의 순수정통교회인 21세기 예루살렘교회는 사도행전의 예루살렘교회의 모습을 그대로 재현함에 있어서, 하나님 나라의 사랑을 민주적인 자유주의적 자본주의라는 삶의 정황에 직접 적용 시키는데 그 목적이 있다. 이리하여 그 하나님 나라의 사랑을 세 가지의 시스템인 민주주의와 자유주의와 자본주의에 따른 핵심 가치관에 그대로 대입시키게 되면, 현재 한국 교회의 실제 모습이 또한 그대로 드러나게 되어 있다. 이것을 다음과 같이 일목요연하게 정리할 수가 있다.

(1) 하나님 나라의 사랑 → 민주주의 : 자유, 평등, 박애
(2) 하나님 나라의 사랑 → 자유주의 : 시장경제, 사유재산, 경쟁, 이윤
(3) 하나님 나라의 사랑 → 자본주의 : 자유방임주의, 수정자본주의, 신자유주의

하나님 나라의 사랑을 실천해야 할 한국 교회는 민주주의적인 그 가치관에서 볼 때, 헌법 제20조의 종교의 자유(1항) 및 정교분리의 원칙(2항)에 따라 마음껏 자유를 누리고 있다. 그로 인해 성역화가 되어 있을 지경에까지 와 있다. 이런데도 정작 한국 교회는 특정한 신학 내지는 교리와 교권으로부터 자유롭지 못하다. 이런 것 때문에 한국적 신학이 다양하게 창의되지 못하고 있는 것이다. 그리고 민주주의적인 가치관 중의 하나인 그 평등을 보더라도 한국 교회는 사회로부터는 평등을 누리고는 있지만 한국 교회 내부에는 평등이라는 개념이 거의 실종되어 있다. 이 대표적인 것이 프로테스탄트의 정통교리 중에 만인제사장론(Priesthood of All Believers)이란 것이 분명히 있는 데도 여전히 '평신도'라는 말을 마구 사용하고 있다는 것이 그것이다.

다른 하나는 개척해서 성공을 일궈낸 대 교회를 중심으로 해서 횡행하고 있는 교회세습이 있다. 이는 평등의 개념에서 비롯된 공정과 상식마저도 없는 반사회적인 도덕적 불감증이자 반지성적인 행태인 것이다. 이 뿐만 아니라 교회세습은 박탈감과 함께 목회자들 간에 위화감을 조장해 주기도 하는 추잡한 구조악이다. 이외에도 한국 교회가 평등하지 못하다는 사실은 사이비종교재판 및 교단장을 선출하는 선거행위를 통해서도 하루가 멀다하고 비일비재하게 일어나고 있다.

이어 민주주의적인 가치관 중에는 박애(philanthropy)라는 것도 있다. 이 박애를 실천하기 위하여 그 방편으로 만들어놓은 장치가 사회보장제

도인 것이다. 이 박애와 관련하여 한국 교회는 1885년 이후 선교 초기부터 지금까지 조금도 변함없이 밖에 있는 이방인들(2차 이웃들)을 상대로 하여 전도한다는 명분을 내세워 집중적으로 펼쳐왔다. 이제는 누차 강조해 왔듯이 그 박애를 개체교회 안에로 돌려야 한다. 반드시 그래야만 하는 이유는 개체교회의 밖에 있는 2차 이웃들(이방인들)에게 박애를 베푸는 경우에 조족지혈(鳥足之血)로 - 게다가 한창 한국 교회가 모욕을 받고 있는 상황에서 - 아무런 영향력이 없을 정도로 한국이 경제대국 10 위권에 이미 진입해 있는 선진국이기 때문이다.

이제는 하나님 나라의 사랑과 자유주의의 가치관의 상관관계를 논의해 보고자 한다. 이에 하나님 나라의 사랑을 실천해야 하는 한국 교회는 시장경제에서 그 어느 영리단체보다 더 영리단체답게 경쟁심리를 발동시켜 종교시장을 독점하려고 고군분투한다. 그래서 그렇게 프랜차이즈(franchise)처럼 지성전을 세우고 노선별로 교회차량을 운행하고 있음이다. 이래야만 손에 잡히는 이윤이 그만큼 많아지기 때문이다. 이 남아도는 이윤을 남주기가 아까우니 신앙이라는 이름을 빙자해서 신앙술로 갖은 변명을 앞세워 아들이나 사위에게 돈덩어리가 되는 교회를 덜컹 세습해 주고 있는 것이다.[72)]

이런 상황에 비쳐 볼 때에 한국 교회야말로 세계 교회도 마찬가지지만 그 얼마나 철두철미하게 자유주의적인 교회인가를 직시할 수가 있겠다. 이에 더하여 가일층 정글의 법칙만이 작동되어 승자독식과 약육강식과 적자생존 등이 휘둘려 있는 신자유주의가 한 몫을 더했다는 사실에 주목할 필요가 있다. 이와 같은 자유주의의 병폐와 신자유주의적인 부조리 상황을 잘 숙지하고 있었던 주류 경제학자들이 2,000년 대 말부터 그 대안책으로 공동체주의(자본주의 4.0)를 주창하고 나왔던 것이다.

사실 말이야 바른 말이지 그런 공동체주의를 그들보다 먼저 주창하고 나왔어야 할 전문가들은 신학자들이어야 하였다. 그 이유는 교회에 주어진 본연의 기능들 중에 분명히 섬기는 나눔의 공동체신앙이 있기 때문이다. 이제라도 늦지 않았다. 개체교회의 목회자들이 교회안에 있는 교인들을 1차 이웃으로 직시하고 공동체주의를 적용시켜 하나님 나라의 사랑을 실천하면 되는 일이다. 이런 의미에서 교회는 세상에 희망을 주는 등대로서 여전히 선도적인 주체세력인 것이다.

이에 개체교회는 그 무엇보다도 첫 걸음으로 "보화가 있는 곳에 마음이 있다."(마 6:21)고 말씀하였으니, 적어도 십일조의 용처에 따라 하나님 나라의 사랑으로 십일조 총액의 3분의 1은 무조건적인 구제비로 교인들에게 분배해주는 일부터 시작하여야 한다. 이 구제비는 교회기초연금이자 사회안전망으로서 기본소득(basic income)인 셈이 되겠다. 세계적인 기본소득 권위자 필리프 판 파레이스(Philippe Van Parijs)는 "기본소득이란 한 사회의 모든 성원이 되는 개개인에게 다른 소득 원천이 있든 없든 아무 조건도 내걸지 않고 현금의 형태로 정규적으로 소득을 지급하는 것이다"[73]라고 정의를 내렸다.

2006년에 노벨평화상 수상자인 대주교 데즈먼드 투투는 기본소득에 대한 지지를 강하게 표명한 적이 있다.[74] 이 훨씬 전에 인권운동가 말틴 루터 킹 역시 기본소득 지지의 뿌리가 기독교 신앙에 있다는 것을 천명하기도 하였다.[75] 이어서 「진보의 역사」를 펴낸 바 있는 유럽의 젊은 사상가 뤼트허르 브레흐만(Rutger Bregman)은 기계화로 인해 생기는 부를 재분배해야 한다면서, 이제는 기본소득이 있는 쪽이 더 효율적이라고 일렀다.[76]

이런 가운데 한국에서도 일군의 학자들이 기본소득에 관하여 신학과 사회과학의 대화를 시도하며 나름대로 기본소득에 관한 입장을 표명하였다. 먼저 성서학자 김희권은 기본소득의 토대 중의 하나를 모세 오경의 땅 신학에서 모색하였다. 이 땅 신학의 명제들 중의 하나로서 십일조를 통한 사회부조·하나님의 율법이 명하는 하나님 예배 및 이웃 사랑의 실천을 예로 들었다.[77] 그리고 교회사가 김유준은 희년사상을 중심으로 하여 루터와 칼빈의 경제신앙에서 기본소득의 정당성을 찾아냈다. 즉 이웃 사랑을 위해 소유를 나눠주면 그것 자체가 공정과 형평에 기초한 공의로운 경제사상이기에, 빈곤의 문제를 해결할 수가 있다는 것이다.[78] 이어 기독교윤리학자 곽호철은 타자윤리학의 입장에서 볼 때에 기본소득은 반드시 필요하다는 것을 역설하였다.[79]

이상의 신학자들은 서로 간에 무슨 합의라도 보았듯이 동일하게 기본소득 자체가 성서적인 것이라는 것을 분명히 해 두었다. 하지만 문제는 그 기본소득을 어느 누가 어떤 장소에서 해당되는 사람들에게 지급할 수 있겠는가 하는데 있다. 단언하건대 이 정글의 법칙에 따라 성장만 있고 낙수효과적인(trickle down effective) 분배는 거의 없는 신자유자본주의가 공동체주의로 변신되지 않는 한, 기본소득 지급은 그저 무지개 색칠만 해 놓은 신기루와도 같은 것에 불과한 것이다.

이에 더하여 크리스챤 학자들의 기본소득에 대한 견해를 다음과 같이 정리해 보려고 한다.

> "강남훈(한신대학교 경제학자, 기본소득국민운동본부 상임대표) : 성서적인 근거가 있는 기본소득은 경제민주주의와 불평등 축소를 위한 수단이 된다. 이것은 기본소득의 사회과학적인 탐색을 필요로 한다.
>
> 감기업(희년함께 공동대표) : 요한복음 1장 1절의 말씀은 기본소득에 대한 것이다. 이는 발생하는 모든 이익은 모두 함께 누려야 한다는 로고스(말씀)를 담고 있기 때문이다.
>
> 안효상(기본소득한국네트워크 이사장) : 기본소득은 소득불평등의 위기하에서 하나님 나라를 세우는 새로운 이정표다.
>
> 이승윤(중앙대학교 사회복지학자) : 기본소득론은 인간과 하나님의 모

> 든 피조물과의 관계성과 공동체성을 전제한 생명중심의 인간담론으로 채우기 위해 부단히 애쓰는 노력이다."(정미현 책임편집, 한국 교회-기본소득을 말하다. 새물결플러스, 2022, 뒷표지 참조)

그런데 여기에서 간과할 수 없는 희망적인 사건이 일어났다. 이것은 다름이 아니라 기본소득으로 새로운 공동체를 만들어 가자면서 2019년 1월 9일 전국에서 2만여명의 지지를 받아 창당한 기본소득당이 그것이다. 〈창당선언문〉에서 "모두의 것은 모두에게 분배하자"는 구호와 함께, 기본소득이야말로 새 시대의 새로운 상식이라면서 새로운 대한민국을 만들겠다고 다짐하였다.

현재는 기본소득당의 상임대표이자 국회의원으로 용혜원이, 공동대표로서는 오준호(전 대통령후보)가 고군분투하고 있다. 기본소득당의 주어진 목표는 전 국민 모두에게 아무런 조건없이 매월 65만원을 기본소득으로 지급하는데 있다.

한편 진보경제학자 김공희는 이르기를 기본소득의 지급은 "우리의 미래를 책임지기에는 구태의연하고 허술한 무기"라면서 거의 실천하기가 불가능하다고 하여 부정적으로 보았다.[80] 다시 말해서 기본소득의 지급은 공상 혹은 환상이라는 것이다. 이 같은 그의 주장은 현금의 신자유주의적인 측면에서 볼 때에 어느 정도 정확한 판단이다. 그러나 사회안전망이자 기본소득으로서의 구제비를 지급하고 있는 21세기 예루살렘교회(사도행전의 예루살렘교회의 현실화)인 제3 개혁교회라는 입장에서 보건대, 그의 주장은 오류를 범하고 있는 셈이 된다.

여기에서 기본소득의 지급에 관련된 상세한 내용은 더 이상 언급하지 않기로 하겠다. 그동안 여러번 보편복지 또는 시혜복지에 따른 시행착오한 끝에 정리한 내용은 기독교한국회중회 제일교회(한국 교회 최초순교자 토마스기념예배당)의 「회중 협약」(2021)에 구체적으로 수록되어 있다.

공정하게 경쟁하지 않고 있는 종교시장의 바닥에서 물량적인 성장만을 추구하여 교인을 사물화(Reification)시키는 교회성장지상주의는 이제 과감히 지양하고 기본소득을 분배하는 사랑의 실천주의로 혁신되어야 한다. 칼빈은 목회자의 청빈한 무소유가 윤리적으로 능력 있는 설교를 하게 한다고 일렀다. 그래서 그는 목회자가 부유하거나 높은 지위에 오르면 오를수록 능력 있는 설교는 불가능하게 되어 있다는 것을 강변하였다.[81]

개체교회에 있어서의 성장과 분배는 두 마리의 토끼가 아니라 한 수레의 두 바퀴이다. 이 두 바퀴는 하나님 나라의 사랑을 실천하는 가운데 서로 보완하면서 공동체주의의 믿음으로 교인들 하나 하나를 행복하게 만든다. 이러하기에 그 두 바퀴 중에 하나가 망가지면 수레는 덜컹거려서 온전히 작동하기가 불가능해진다. 파이(Pie)를 키우는 것도 늘 해야 하는 일이지만, 그에 못지 않게 키워놓은 파이를 있으면 있는 만큼 분배하는 일도 중요하다는 말이다. 전 미국 대통령 빌 클린턴(William J. Clinton)은 나눔(분배)이 세상을 바꾸는 원칙이라면서, 특히 물질의 나눔을 강조하였다.[82]

이에 개체교회를 중심으로 작동되어 성장과 분배가 서로 균형을 이루는 공동체주의는 공존상생(共存相生)의 정치경제학적인 개념이기도 한 바, 스스로 돕는 교인들을 돕는 교인들과 더불어 사는 자본주의(Compassionate Capitalism)이다.[83] 이 공동체주의는 자본주의 4.0시대를 선도하는 주체세력으로서 교회와 교인들을 더 이상 경영의 대상으로 삼지 않는 새로운 리더십이 되는 언리더십(Unleadership)을 지향한다.[84] 이런 의미에서 공동체주의는 노박(M. Novak)의 말을 빌리자면 경제학의 신학(a theology of economics)이 된다.[85] 이래서 사도행전의 예루살렘교회를 현실에 맞게 그대로 모방하고자 하는 개체교회에서의 공동체주의는 서로서로 구제비를 받고 세상을 바꾸는 밀레니얼 경제공식에 따라 부익부 빈익빈이라는 양극화 현상까지도 타파하는 위코노미(Weconomy)를 형성한다. 이 위코노미는 개인적인 탐욕이 극대화된 자유주의와 짝해 출현하게 된 슈퍼자본주의(Supercapitalism)에 의해서 병들어 있는 민주주의와 자본주의를 자연스럽게 치유한다.[86] 여기서 치유한다는 의미는 경제학자 장하성의 말과 같이 민주주의와 자본주의를 고쳐서 다시 쓰자는 것이다.[87]

이에 더하여 공동체주의는 개체교회의 밖에 있는 2차 이웃들도 중요시하기에, 윌리암 채드윅(William H. Chadwick)의 충언을 받아들여 양도둑질(Stealing Sheep)을 일삼지 않는다.[88] 그 무엇보다도 양도둑질은 한국교회가 깨진 유리창 및 기울어진 운동장과 같은 상황 하에서 하나님의 호주머니들을 서로서로 철새마냥 왔다갔다 하는 것으로 풍선효과(balloon effect)는 일으키고 있기에 더욱 그리하다.

하버드 경영대학원 종신교수 에이미 에드먼슨(Amy C. Edmondson)의 말대로 두려움이 없는 조직(fearless organization)으로서의 21세기 예루살렘교회의 공동체주의는 부요한 노예(Slave)를 배척한다. 이와 함께 교인들로 하여금 하나님 나라의 사랑의 실천자로 자존감을 갖도록 하는데 있다. 이렇게 하다보면 병들어 있는 '민주적인 자유주의적 자본주의'를 개량할 수가 있는 것이다. 이런 맥락에서 교인들에게 공동체주의의 공동선으로 최대 다수의 최대 행복을 주는 제3 개혁교회로서의 21세기 예루살렘교회는 여전히 시대정신(時代精神)을 당당하게 앞서가는 선도적인 주체 세력임에는 틀림이 없다.

주(註)

1) 은준관, 「신학적 교회론」, 대한기독교서회, 1998, p.445.
2) 최진석, 「경계에 흐르다」, 소나무, 2020, p.167.
3) Han Byung-chul, *Müdigkeitsgesellschagt*, M&S.B.V., 2010, 김태환 역, 문학과 지성사, 2012, pp.17~18, 21~22.
4) *Ibid.*, pp.69~70, 101~102.
5) David F. Ford, *Theology*, Oxford University Press, 1999, 강예원 · 노치준 역, 동문선, 2003, p.228.
6) cf. 이승한, 「창조 바이러스 H_2O」, 렌덤하우스, 2009, pp.8~9.
7) 유동식, 「한국신학의 광맥 : 한국신학사상사 서설」, 전망사, 1983.
8) Richard E. Nisbett, *The Geography of Thought*, Brockman, Inc., 2003, 최인철 역, 김영사, 2018, pp,10~11,
9) *Ibid.*
10) 이어령, 「생명이 자본이다」, 마로니에북스, 2015, p.367.
11) *Ibid.*, p.363.
12) *Ibid.*, p.369.
13) *Ibid.*, p.354.
14) 와카스 아메드, *The Polymath:Unlocking the Power of Human Versatility*, John Wiley & Sons Limited, 2019, 이주만 역, 로크미디어, 2021, pp.51~53, 81~99, 140~146, 268~310.
15) 한국철학사상연구회, 「현실을 지배하는 아홉가지 단어」, 동녘, 2010.
16) 최연구, 「미래를 예측하는 힘」, 살림, 2009, p.7.
17) *Ibid.*, p.37.

18) 하인호, 「미래를 읽는 9가지 방법」, 일송북, 2008, pp.41~233.
19) Herman B. Maynard. Susan E. Mehrtens, *The Fourth Wave*, Berrett-Koehler Publishers, Inc., 1993, 한영환 역, 한국경제신문사, 1994, pp.10~11, 119~137.
cf. Alvin Toffler, *The Third Wave*, 1980, 원창엽 역, 홍신문화사, 2008.
20) *Ibid.*, pp.62~64.
21) 안병무, 「해방자 예수」(현대사상총서1), 현대사상사, 1933, pp. 64~74.
22) *Ibid.*, pp.275~278.
23) *Ibid.*, pp.284~287.
24) *Ibid.*, pp.287~290.
25) *Ibid.*, pp.301~302.
26) 이성희, 「미래사회와 미래교회」, 대한기독교서회, 1996, p.314.
27) *Ibid.*, p.315.
28) 최윤식, 「2020 2040:한국 교회 미래지도」, 생명의 말씀사, 2018, pp.341~349.
29) 최윤식, 「2020 2040 : 한국 교회 미래지도2」, 생명의 말씀사, 2017, pp.274~276, 286~290, 309~311, 325~327.
30) *Ibid.*, pp.327~328.
31) 「회중협약」, 기독교한국회중회 제일교회출판부, 2021, p.20
32) 원종천, 「청교도 언약사상:개혁운동의 힘」, 대한기독교서회, 1998, pp.138~155.
33) *Ibid.*, p.143.
34) *Ibid.*, p.154
35) 이에 대한 구체적인 내용은 민병호의 「한국 개신교 최초의 순교자 : Robert J. Thomas 목사 연구」(홍익재, 1984, pp.48~54)를 참조하라.

Cf. 저자인 목사 민병호는 미국 필립스대학교 신학대학원(M.Div.) 출신으로 논자의 장형이다. 따라서 본서는 논자가 집필한 것으로 장형의 이름으로 펴낸 것임을 밝혀 둔다.

36) 졸저, 「회중신학」(제1권), 세계종교현상연구소, 1984, pp.116~126 : 이 글은 Chester E. Rogers의 *A Brief History of the Pilgrims, Plymouth* (The Rogers Print, 1947, pp.22~36)을 전역한 것이다.

37) Manfred. W. Kohl, *Congregationalism in America*, Congregational Press, 1977, pp.29~63.

38) 졸저, *Op. Cit*, pp.130~138.

39) *Ibid.*, pp.148~157.

40) *Ibid.*, p.153.

41) 아더 A. 라우너, 「청교도의 후예」, 류성열 역, 들소리, 1983, p.13.

42) *Ibid.*, pp.51~130.

Cf. Malcolm K. Burton, *Desting for Congregationalism*, Modern Publishers, Inc., 1953, pp.67~98.

43) 백락준, 「한국개신교사:1832~1910」, 연세대학교출판부, 1991, p.44.

44) *Ibid.*

45) *Ibid.*

46) 윤이흠, 「한국종교연구」(4권), 집문당, 1999, pp76~77.

47) 박아론, 「새벽기도의 신학」 세종문화사, 1974.

48) 소강석, 「안나가? 가나안!」, 쿰란출판사, 2016, pp.163~165.

49) 함석헌, 「한국 기독교는 무엇을 하려는가?」(함석헌전집), 한길사, pp.29~34 : 오늘의 가나안 및 안나가는 한국 교회 참조.

50) 윤이흠, *Op. cit*, pp.78~79.

51) 윤이흠, 「한국종교연구」(6권), 집문당, 2004, pp.115~116.

52) Gene A. Getz, *Building up One Another*, Scripture Press Publ.

Inc., 홍병룡 역, 생명의 말씀사, 1993.

53) 김덕한, 「자본주의 4.0 로드맵」, 메디치, 2012, p.11.

54) Michael Sandel, *Justice : what's the right thing to do?* 2009, 이창신 역, 김영사, 2010, pp.308~309.

55) Anatole Kaletsky, *Capitalism 4.0:The Birth of a New Economy*, Bloomsburg Publishing, 2010, 위선주 역, 컬처앤스토리, 2011.

56) Michael Kinsley, *Creative Capitalism, A Conversation with Bill Gates, Warren Buffett, and other Economic Leaders*, 2008, 김지연 역, 미콘, 2011, pp.21~23.

57) 김현진, 「공동체신학」, 예영커뮤니케이션, 1998, pp.447~471, 482~503.

58) 문석호, 「한국 교회와 공동체운동」, 줄과 추, 1998.

59) Seth Godin, *Small is the new Big*, Do you Zoom, Inc., 2006, 안진환 역, 재인, 2009.

60) Ernst F. Schumacher, *Small is beautiful:A Study of economics as if people mattered*, Vintage, 1993, 이상호 역, 문예출판사, 1996.

61) Tom Peters, *The Little Big Things*, Harper Collins Publishers, 2010, 최은수 역, 더난출판사, 2010.

62) Malcolm Gladwell, *Tipping Point*, Janklow & Nesbit Associates, 2000, 임옥희 역, 21세기북스, 2004, p.185.

63) 유성준, 「세이버교회」, 평단출판사, 2006, p.13.

64) 김현진, *Op, cit.*, pp.503~511.

65) Wilfred Cantwell Smith, *The Meaning and End of Religion*, Harper & Row, 1978, pp.201~250.

66) 길희성, "윌프레드 캔트웰 스미스의 인격주의적 종교연구", 김승혜 편저, 「종교학의 이해:종교 연구방법론을 중심으로」(종교학 총서1), 분도출판사, 1986, pp.203~217.

67) Norbert Kutschki, *Gott Heute*, Chr. kaiser Velag, 1967, 전철승 역, 범우사, 1987, pp.107~124.

68) *Ibid.,* p.120.

69) 김상훈, "권두언 : 덧셈과 뺄셈", 「신학지남」(봄호), 신학지남사, 2015, pp.3~7.

70) Richard Henry Tawney, *Acquisitive Society*, Harcourt, Baace & Company, 1921, 정홍섭 역, 좁쌀한알, 2021, pp.140~151.

71) 정훈택, 「열매로 알리라 : 마태복음에 나타나는 믿음과 행위의 관계 연구」, 총신대학교 출판부, 1993, pp.475~ 492.

72) cf. 배덕만, 「교회세습, 하지맙시다」, 홍성사, 2016.

73) Philippe Van Parijs - Yannick Vanderborght, *Basic Income*, Harvard University Press, 2017, 홍기빈 역, 흐름출판, 2018, pp.21~22.

74) *Ibid.,* p.455.

75) *Ibid.*

76) Ohno Kazumoto, *Mikan No Shihonshugi*, PHP institute, Inc., 2019, 최예은 역, 한스미디어, 2020, pp.151~154, 162~163.

77) 김희권, "기본소득의 두 토대", 정미현 책임편집, 「한국 교회, 기본소득을 말하다」, 새물결플러스, 2022, p.58.

78) 김유준, "루터와 칼빈의 경제사상으로 보는 기본소득 : 희년사상을 중심으로", *Ibid.,* pp.126~131.

79) 곽호철, "기독교윤리의 시각에서 본 기본소득의 필요성과 방향성 : 타자윤리학을 중심으로", *Ibid.,* pp.160~182.

80) 김공희, 「기본소득, 공상 혹은 환상」, 오월의 봄, 2020.

81) 박희석, "권두언 : 기독교 역사에 나타난 재물관", 「신학지남」(여름호), 신학지남사, 2012, p.7.

82) William J. Clinton, *Giving : How Each of Us can change the world*, Random House, Inc., 2007, 김태훈 역, 풀푸레, 2007, pp.75~91.

83) 김성주, 「자본주의와 민주주의:상생의 정치경제학을 위하여」, 박영사, 2020, pp.241~262.
cf. Rich Devos, *Compassionate Capitalism*, 1993, 신현규 역, 아름다운 사회, 1999, pp.319~372.

84) Niels Pflaeging, *Die iz neun Gesetze der Fuehrung*, Campus Verlag, 2009, 박규호 역, 흐름출판, 2020.

85) M. Novak, *The Spirit of Democratic Capitalism*, Madison Books, 1991.

86) Robert B. Reich, *Supercapitalism*, 2007, 형성호 역, 김영사, 2008, pp.84~88.

87) 장하성, 「한국 자본주의:경제민주화를 넘어 정의로운 경제로」, 헤이북스, 2014, pp.401~603.

88) William H. Chadwick, *Stealing Sheep*, Intervarsity Press, 2001, 전의우 역, 규장문화사, 2002.

종교전문 대형이론가의 후기

1 한국인의 사회는 다종교 상황에 처해 있다. 그런데 주도적인 특정종교가 없다. 이 사실은 그 어느 특정한 종교가 사회변혁의 주체적 역할을 하고 있지 않다는 것을 시사한다. 이런 가운데 한국 교회는 다교파상황(多教派狀況)을 이루고 있다. 이래서 혼돈(chaos)을 야기시키고 있음이다. 이 경우의 혼돈은 가치혼돈을 의미한다. 이 사실 역시 그 어느 특정한 교파가 주도적인 교파로서 사회변혁의 주체적 역할을 하고 있지 않다는 것을 시사한다.

2 종교학(Religiology)은 19세기 중엽부터 시작된 학문으로서 종교를 그 연구 대상으로 삼고 있는 현대 학문의 분야이다. 이 연구의 방법에는 종교학의 주류(본영)와 종교의 이론적 연구와 교의학적 연구가 있다. 특히 종교학의 주류는 막스 뮐러(Friedrich Max Müller)가 주장한 바

와 같이 기독교 신학 또는 특정종교의 교리학으로부터의 독립을 출발점으로 삼는다.

이에 종교학은 주관적이고 선험적인(a priori) 학문 태도를 거부하고 객관적이며 경험적인 자세를 지킨다. 이런 맥락에서 신학계에서 가르치고 있는 비교종교학은 종교학의 비주류(이류)로서 종교학의 주류와는 방법론상 전혀 다르다.

3 신학에서 비교종교학이 모든 것을 해결할 수 있다고 믿었던 때가 있다. 그 이유는 신학에서 비교종교학이 다른 종교나 종교현상을 자신의 입장에서 모든 것을 이해할 수 있다고 확신하고 있었기 때문이다. 그러나 종교학의 주류는 객관적인 입장에 서 있기에 '있는 그대로'(as it is) 보아, 섣불리 다른 종교 혹은 다른 교파에 대하여 주관적인 선입주견에 따라 가치판단 내리는 것을 지양한다. 이런 가운데 가장 바람직한 종교학은 종교를 신학과 나란히 협동해서 연구하는 태도에 있다.

4 새로운 세대에 종교의 방법론적인 제안으로서는 종교의 총체적 연구(holistic)와 다면방법(multi-method)의 연구와 이론적 교구주의(theoretical parochialism)의 극복이 있다. 이에 따라 종교를 연구하는 종교학의 주류의 종교학도에는 대형이론가(grand theoriests)와 특정종교전문가(specialists)의 두 부류가 있다.

그런데 여기에서 주목해야 할 또다른 부류는 연구 방법론상 특정종교전문가의 입장에서 대형이론가의 태도를 수용하는 중간형태의 관점(middle range perspective)으로서의 통섭의 종교학도가 있다는 것이 그것이다.

5 한국 교회에 나타나 있는 도덕적 불감증의 실체는 자폐증적 이기주의에서 비롯된 것이다. 이런 이기심이 경쟁의식에 편승할 때 그 도덕적 불감증은 더 한층 강화된다. 그래서 사회적 공익집단과 공공이익을 주는 비영리적인 공동체라는 의식이 실종되어 있는 것이다. 이리하여 상대적인 교회들이 각각 영리단체로 변신해서 경쟁적으로 자기팽창에만 주력하고 있다면, 그들은 모두가 다 하나의 성역화된 이익집단일 수밖에 없게 되어 있다.

그와 같은 한국 교회에 대한 오명(汚名)을 벗어나고자 할 때에, 당연히 한국 교회는 차원 높은 도덕성 회복으로 협력체계로서의 다원주의(多元主義)를 관용적으로 수용하는 태도를 지녀야 할 것이다.

6 무정란의 역사를 유정란의 역사로 만드시고자 이 땅에 침투하신 주 예수님이 보여주신 삶의 모본은 그야말로 불나비 같은 삶이었다. 그 분은 세속적인 욕망과는 관계 없는 삶을 사셨다. 예수님은 주지하는 바 많은 이적을 행하였다. 그러나 그 분의 이적은 이기적인 동기와는 관계가 없는 것이었으며, 세속적인 욕망과는 더더욱 관계가 없는 것이었다. 바로 이 점에서 한국 교회는 한국인 사회의 교회로서 주위로부터 칭송을 받을 정도로 다시 태어나야 한다. 교회가 성장하는 것과 예수님의 메시지가 지상에서 살아 움직이게 하는 것은 전혀 다른 문제이다. 다시 말하여 교회 자체가 물량적으로 성장하였다고 해서, 그 교회가 예수님의 메시지대로 신앙생활을 하였다는 증거가 될 수 없다는 것이다.

7 지금까지는 우리 역사 속에서 화용언어(사회적 언어) 없는 한국 교회가 성장하는 과정상 그저 아무렇게나 해도 상관이 없었다. 성장하는 것 자체가 축복이었다. 그러나 이제 한국의 사회보장제도가 확장되고 또 개인주의·무한경쟁이 확산되는 21세기에 가서도 80년대의 상황과 똑같은 교회운영과 교회생활을 할 때, 과연 축복을 받을 수 있을 런지 솔직히 의문이 든다.

그동안에 많은 사람들이 교회에 들어왔다가 많은 사람들이 교회에서 나갔다. 이에 교회에 대해서 모르는 사람들이 없을 정도가 되었다. 앞으로 다음 세대에는 더 많은 사람들이 교회에서 나갈 것이다. 하지만 남은 자(Remnant)로서 남아 있는 사람들이 있긴 있을 것으로 보인다. 이 남아 있는 사람들은 어떤 기능(function)을 해야 할까. 그것은 제3의 개혁자로서 올바르게 사는 것이다.

이리하여 세태가 아무리 세속화(Secularization)의 물결이 거세게 휘몰아쳐와도 당당하게 우뚝서서 "그래, 너희들은 그렇게 살아도 나는 이렇게 살아야 하겠다"하는 것을 용감하게 보여줄 수 있는 사람이어야 한다. 이것은 '생활'로 간증하는 사람이 되어야 함을 말한다. 그리고 이런 사람들이 남아 있는 한, 한국 교회는 분명히 21세기에 몰아닥칠 온갖 세속화의 그 물결을 과감하게 막아낼 수 있는 유일한 희망이 된다.

8 이 졸저를 마무리하면서 당부를 드리고 싶은 말씀이 있다. 이 졸저의 내용들은 종교학적인 방법론과 신학적인 방법론을 동원하여 인문학과 사회과학에까지 넓혀 그 종교학적으로 창조적인 해석학(creative hermeneutics)의 작업을 시도해 본 것이다. 그에 기초하여 제3 종교개혁

이라 이름하고 논의하는 가운데 9개조로 나누어 논제하였던 것이다.

이렇다보니 이 졸저에 언표(言表)된 일련의 내용들이 경우에 따라서 읽으시는 독자 제현들에게는 얼마든지 생각이 다를 수 있겠다는 생각이 들었다. 이 때문에 이 졸저의 〈개혁을 위한 입문: 4. 교회의 성역화와 공론적 논쟁〉에 대하여 피력하는 가운데, 종교학적인 방법에 따라 그 공론적 논쟁을 제안하였던 것이다. 이에 따라 이 졸저의 그 어떤 내용이든 공론적 논쟁을 요청해오면, 그 어느 누구를 막론하고 건강한 한국 교회를 위하여 겸허히 받아들일 것임을 밝혀둔다.

이런데도 불구하고 만에 하나 상대적인 가치판단을 내리게 되어 있는 특정 신학 및 특정교리를 절대적인 것인 양 성역화(聖域化)시킨 나머지, 졸저의 논제를 문제삼아 큰 일이 난 것같이 일방적으로 재단하지 않기를 바라는 마음이 간절하다. 이것은 앞서 언급한 대로 그에 우선하여 학문적으로 공론적 논쟁이 필요한 과정이기에 하는 말이다. 이렇게 논자가 공론적 논쟁을 제의하였음에도 그런 과정없이 일방적으로 한계점을 벗어나 사선(dead line)을 그어서 재단을 하는 경우에, 그 어떤 주장을 상대방이 펴도 포용적인 태도로 항상 수용해 왔던 논자로서는 어떻게 해야만 할까?

논자는 젊은 시절에 어느 대교회의 이단성을 간파하고 그 실체를 정통교리라는 측면에서 밝히는 저서를 펴낸적이 있다. 이로 인해 결국은 해당 목회자가 〈성명서〉를 발표하는데 있어, 바로 그 저서가 견인차 역할해 주었다. 이어 어느 대교단 목회자들의 통일교 관련자들의 실상을 공개하는 저서를 펴내 경각심을 심어주기도 한 바 있다.

그리고 1981년에는 이단종파를 심층 연구한 「기독교 종파운동사」(성광문화사)를 펴내었다. 또 2006년에는 한국에 실재해 있는 모든 종교들(원시시대부터 현대까지)을 종교사적인 방법으로 연구한 「한국종교사: 상·중·하」(왕중왕)를 출간하였다. 이 저서는 5년에 걸쳐서 집필한 것으로 무려

총 1,217페이지(17.5cm×24.5cm)가 되는 방대한 역작이었다. 이어서 2008년에는 한국 교회의 교회 세습의 행태를 도저히 간과할 수가 없어, 처음으로 그 세습의 신앙병리 현상을 학문적으로 조명한「교회세습의 바벨론포로」(왕중왕)을 발간하였다. 이 저서는 어느 대교단이 '세습방지법'을 제정하는데 있어서 단초를 제공해 주기도 하였다.

지금까지 50여년의 목회생활을 해오면서 위와 같은 종교적인 연구체험은 논자로 하여금 한국교회 내지는 세계 교회를 이해하는데 자양분이 되어주기에 충분하였다. 그래서 그런지 국내외를 막론하고 모든 교회들과 목회자들 및 신학자들의 모습들이 자연스럽게 눈에 들어왔으며, 마음이 움직이기 시작하였다. 그리하여 얻어낸 결론은 제3 종교개혁이 절실히 필요하다는 것이었다. 곧바로 기도에 들어갔다. 하나님의 음성을 들었다. 응답받았다. 이 졸저는 그와 같은 일련의 경험과 과정을 통해서 집필된 것이다.

> 저희가 사도의 가르침을 받아 서로 교제하며 떡을 떼며 기도하기를 전혀 힘쓰니라 사람마다 두려워하는데 사도들로 인하여 기사와 표적이 많이 나타나니 믿는 사람이 다 함께 있어 모든 물건을 서로 통용하고 또 재산과 소유를 팔아 각 사람의 필요를 따라 나눠 주고 날마다 마음을 같이 하여 성전에 모이기를 힘쓰고 집에서 떡을 떼며 기쁨과 순전한 마음으로 음식을 먹고 하나님을 찬미하며 또 온 백성에게 칭송을 받으니 주께서 구원 받는 사람을 날마다 더하게 하시니라(행 2 : 42~47)
>
> 빌기를 다하매 모인 곳이 진동하더니 무리가 다 성령이 충만하여 담대히 하나님의 말씀을 전하니라 믿는 무리가 한 마음과 한 뜻이 되어 모든 물건을 서로 통용하고 제 재물을 조금이라도 제것이라 하는 이가 하나도 없더라 사도들이 큰 권능으로 주 예수의 부활을 증거하니 무리가 큰 은혜를 얻어 그 중에 핍절한 사람이 없으니 이는 밭과 집 있는 자는 팔아 그 판 것의 값을 가져다가 사도들의 발 앞에 두매 저희가 각 사람의 필요를 따라 나눠줌이러라(행 4 : 31~35)

지은이 목사 민병소의 저서 목록

1. 영어권 저서

God-centered Theology and Missio Dei to Destory the Works of the Evil: A Religiological Approach, Religious Phemimenon Institute, 1989.

2. 역서

C.W. Brister, *The Promise of Counseling*, Harper & Row, Publishers, 1978, 성광문화사, 1981.

E.M. Rosser, *Korea's First Christian Martyr and the Two Visits of the Rew. R. J. Thomas to Korea*, The Terrace Torquay Devon TOIIDP, 1982, 세계종교현상연구소, 1985.

3. 소설

「일본이 사라졌습니다」, 도서출판 기빙백, 2014.
「통일이 되었습니다」, 도서출판 기빙백, 2014.

4. 저서

「기독교 종파운동사」, 성광문화사, 1981.
「순복음 대명사 조용기 목사」, 도서출판 들소리, 1982.
「감리교 지금 어디로 가는가」, 세계종교현상연구소, 1983.
「한국적 신학 형성을 위한 회중신학」(제1권 입문론), 세계종교현상연구소, 1984.
「한국 목사심리론」, 세계종교현상연구소, 1985.
「예언자 14인 신상명세서」, 세계종교현상연구소, 1986.
「성경의 여성 17인 생활기록부」, 도서출판 회중서당, 1986.
「종교학 총론」, 세계종교현상연구소, 1988.
「목회서신 강해」, 세계종교현상연구소, 1988.
「성서회중론」, 세계종교현상연구소, 1988.
「성서의 사건과 배경」, 세계종교현상연구소, 1988.
「사중복음의 역사적 넌센스」, 세계종교현상연구소, 1988.
「너는 누구관대 이웃을 판단하느냐」, 세계종교현상연구소, 1988.
「킹스킹덤 성경통전원리 50」, 성광문화사, 1991.
「주일성수의 안식과 축복」, 도서출판 회중서당, 1992.
「성경통달 문답식 비법 50」, 성광문화사, 1992.
「하나님 말씀의 수학과 한자」, 도서출판 회중서당, 1993.
「신앙현상과 전체복음 25」, 도서출판 회중서당, 1993.

「신학통전 핵심적 주제 25」, 도서출판 회중서당, 1993.
「킹스킹덤 커리규럼 - MET(100)」, 도서출판 회중서당, 1993.
「한국종교사에 나타난 관용적 포용주의에 대한 연구」, 서울대학교 대학원, 2000.
「한국 감리교회의 재발견」, 도서출판 기빙백, 2003.
「한국종교사」(상 · 중 · 하), 도서출판 왕중왕, 2006.
「나는 꿀벌이다」, 도서출판 기빙백, 2007.
「교회세습의 바벨론 포로」(한국교회의 혁신론), 도서출판 왕중왕, 2008.
「빅터 시크릿」, 도서출판 왕중왕, 2011.
「바알토피안」(Baaltopian), 도서출판 기빙백, 2012.
「하늘 신부 웨딩드레스」(성서적 종말론), 도서출판 기빙백, 2013.
「사랑을 총정리한 백과전서: 사랑의 네 계절」, 도서출판 기빙백, 2014.

5. 미간행된 저서

「한국교회의 희망: 구도신학」, 「성령의 에너지로 넘어지는 현상」, 「성령의 능력」, 「레지스탕스」, 「삼통축복」, 「성령 충만할 때 회복되는 현상들」, 「다음과 같이 구원의 확신을 가지라」, 「삼통축복을 받는 지름길」, 「용서 받았으니 용서하라」, 「승리의 삶」, 「예수 그리스도를 당당하게 시인하라」, 「하나님 아버지의 이름들」, 「시험을 이기는 자의 복」, 「남은 자의 믿음」, 「성화의 삶」, 「예언의 은사를 사모하라」, 「고통에서 진주를 만들라」, 「구령하라」, 「삼합일체 인간」, 「제발 지옥에는 가지 말라」, 「하나님을 경외하라」, 「세 가지의 하늘들」, 「양자로 입양되었다」, 「율법과 은혜」, 「성령의 능력」, 「성령 충만한 행동」, 「성령의 여러 명칭들」, 「나실인」, 「진솔하게 회개하라」, 「하나님의 존재」, 「예수 믿을 때 일어나는 일들」, 「중생의 비밀」, 「전심전력하는 기도」.